U0085679

書山有路勤為徑，學海無涯苦作舟

書山有路勤為徑，學海無涯苦作舟

三國演義之鐵膽英雄

趙子龍

三國第一奇男子

戴宗立◎著

趙子龍一生歷經七十餘戰皆未敗過，因此被稱之為一常勝將軍；有勇有謀、有膽有識。
長阪坡之戰：單槍匹馬，縱橫於千軍萬馬之中，視數十萬大軍如草芥。
單騎救主：為救幼主劉禪，不顧己身，橫眉冷對，浴血奮戰銳不可當。
一夫當關：據漢水，單人單騎，橫槍立於營外，豪氣干雲，敵人膽喪。

序言一 古來征戰扶危主，唯有常山趙子龍

俯瞰三國時代數十年的烽煙歲月，出了多少俊逸雄武、豪情勝慨、衝鋒驍勇的武略人才，這些人或受人歌誦，或受人景仰，但這當中，擁有最完美的形象的將軍就屬趙子龍了。

趙子龍一生歷經七十餘戰皆未敗過，因此被稱之為常勝將軍；他這個人不爭功名、不耍心機、任勞任怨、有勇有謀、有膽有識、德才兼備，諸葛亮每次遇到有重大的任務時，總是說：「非子龍不可行也。」

他在長坂坡之戰，單槍匹馬，縱橫於千軍萬馬之中，「手起處，衣甲透過，血如泉湧」，視數十萬大軍如草芥，表現出來的是勇；為救幼主阿斗，不顧己身，浴血奮戰，「主人將甘、糜二夫人，與小主人阿斗託付在我身上，今日軍中失散，有何面目去見主人？不如去決一死戰，好歹要尋主母與小主人下落！」表現出來的是忠。

據漢水之上，單人單騎，橫槍立於營外，大演空城計而嚇退曹兵，表現出來的是智。

馬謖失街亭後，僅趙子龍一路人馬全師而歸，諸葛亮取金五十斤、絹一萬匹犒賞他，以表彰他的功績，趙子龍卻說：「三軍無尺寸之功，某等有罪；若反受賞，乃丞相賞罰不明也。且請寄庫，候今冬賜與諸軍未遲。」表現出來的是仁。當劉備要起兵以雪關羽、張飛之仇時，趙子龍上諫說：

「漢賊之仇，公也；兄弟之仇，私也；願以天下為重。」表現出來的是公。

就是這些近乎完美的人格特質，讓趙子龍雖名列五虎將之末，終究大發光芒。

本書描寫趙子龍，從一身是膽到為國盡忠，從生澀到穩重、成熟，逐漸造就出趙雲這一個人物；小說的迷人之處，就在營造出主角是活生生，有血有淚的一個人，這本小說中除了看到有人物情感、功臣血淚以及許多的榮悲交替之外，更有不同的戰爭場面：攻城、守城、野戰、水戰、對陣，讀來驚心動魄，尤其是三國歷史中最著名的橋段——趙子龍救阿斗，更是描寫得波瀾壯闊，令人熱血沸騰。

趙子龍征戰一生，每戰必克，只因隨諸葛亮第一次北伐，在箕谷打了一個小敗仗，由原來的「鎮東將軍」貶為「鎮軍將軍」，回成都養病後，沒想到竟帶著這個貶號去世，連個封侯也沒有，是這本小說最令人唏噓的地方，但卻更強化了趙子龍的完美，成為一個人人敬佩的英雄人物。

趙子龍一生，是如此光彩照人……

小說的最後，藉由他長子趙統之手，頒給他一個「常勝將軍」的封號，可謂當之無愧。

·目錄·

楔子

成都東面的錦屏山，峰高八百多公尺，形勢奇絕，鶴立平川，曲徑通幽，整年被重重的濃霧掩蓋著，整座山落在雲水蒼茫之中。

山坡上一邊是蔥翠的樹林，古意盎然；一邊是怪石嶙峋的陡壁，流水從中急速傾瀉而下，聲震四方，穿透寧靜的幽谷。山林裡飛鳥四處盤旋，金絲猴在枝上肆意跳躍著；從山腰高處俯眺，遠山隱隱，平野青青，景緻十分宜人。

樹林盡處，有一道石梯通往山頂，石梯寬約三公尺，由大小石板鋪設而成，石梯兩邊長滿參天的柏樹，整齊的排成兩行，茂茂密密的遮住滲進來的聲音，更顯得無比清雅，此刻正是黃昏時分，樹影被染成一串串的金黃色。

這時有有兩個人，一老一少，正緩緩的踏著步，循著石梯，蜿蜒盤山走來；愈往上走，氣溫愈低，兩人口中都呼出團團的白氣。老人鬚髮灰白，容貌憔悴，從眼神看得出來他久歷風霜；這名老人叫趙統，今年七十二歲，右手牽著的是他唯一的孫子，叫趙平，今年五歲，一臉的稚氣，正好奇得看著周遭的景色。

趙平看趙統走得氣喘呼呼地，呀呀的說：「爺爺，休息一下嘛。」

趙統瞇著眼睛，直視前方說：「就快到了，就快到了。」

二人走了將近半個時辰，來到一座墓丘，這墓丘相當老舊了，斜旁立了一株蒼勁的古柏，枝葉錯綜交雜，像是替墓丘加蓋了一層翠綠天幕，趙統指著柏樹對趙平說，蜀漢後主劉禪曾在這棵柏樹下避雨，所以這棵柏樹就叫做「阿斗柏」。

但趙平似乎對那塊斑駁的墓碑比較有興趣，小巧的嫩手順著墓碑，一字一字的念：

漢大將軍順平侯　趙雲墓，大漢建興七年仲冬十二月初五日

趙平眨著眼睛，疑惑的問：「爺爺，這是誰啊？」

這個孫子才五歲，就已經懂得那麼多字了，趙統欣慰的說：「那是你曾祖父。」

趙平開心的說：「原來我曾祖父叫趙雲啊？」趙統點點頭，十分憐愛的摸著趙平的頭。

「那這上面寫什麼啊？」

趙平指的是墓丘旁的一塊石碑，這塊石碑的碑首是名為「暈首」的圓頂設計，暈首上浮雕著龍紋，碑側也雕刻著精細的花紋，是專門立在墓地旁，以文字追述前人的功德。

由於碑面上密密麻麻寫了一堆字，趙平沒辦法一次看完，乾脆開口問他的爺爺。

「這上面寫著……」

趙統的回憶一下子湧現上來，飄到很遠很遠……

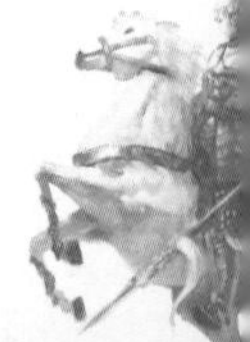

第一章　英雄相會，惺惺相惜

一

漢獻帝初平三年（公元一九二年），袁紹邀公孫瓚共同攻打冀州，並約定平分其地。等到攻下冀州之後，袁紹的謀士逢紀對袁紹說：「冀州乃是錢糧廣盛的地方，主公怎麼可以與他人平分呢？」

當時冀州囊括今河北西南部，地廣民富，人才輩出；又是農民起義的地區，積糧和兵源都優於其他州郡，進可一爭天下，退可固守一方，是逐鹿中原最佳的戰略根據地。

袁紹聽完後，仔細的想了想，覺得逢紀的話也不無道理，於是對與公孫瓚的盟約開始反悔起來了。等到公孫瓚派其弟公孫越來向袁紹討地時，袁紹表面上答應，並對公孫越加以款待一番，等到公孫越一離開，袁紹就召逢紀、沮授等人商議。

「公孫瓚這廝！」袁紹恨恨的說：「攻打冀州時，他出到什麼力？此時卻要來向我要地，但我也答應公孫越了，你們說該怎麼辦才好？」

「主公！」沮授說：「我們可以派兵在公孫越班師回北平的路上截擊他，讓他無法回去覆命。」

袁紹搖搖頭說：「那我豈不是會被天下人譏為背信之人？事情不能這樣幹的。」

此時逢紀站起來說：「讓他們假裝成董卓的士兵，讓公孫瓚把這筆帳記到董卓的頭上。」

袁紹大喜道：「哈！這真是一條妙計啊！」

於是派出一隊軍馬，快馬加鞭趕去截殺公孫越。

「官道漫漫，馬鳴蕭蕭……」公孫越正因完成討地的任務，而喜孜孜的騎在馬上哼著歌。不料剛行到一處路口，就有一隊軍馬從道旁竄出，大喊：「留下頭來。」

公孫越吃了一驚，勒馬喝道：「你們是什麼人？竟敢擋我公孫大爺的路！」

帶頭的軍官說：「我們是董卓的部隊，奉命來取你的狗命！」說完後便招了招手，命兵士放箭，颼颼颼幾聲，公孫越來不及回馬逃跑，就被亂箭射死在馬上。而其餘的隨從不是被射死，就是被砍殺。其中有一個隨從因躲進草叢內，而逃過一劫；等到袁紹兵馬都離開，這名隨從趕緊背著公孫越的屍體，趁著星夜趕回北平。

當公孫瓚看到公孫越的屍體時，不禁大怒：「是誰膽敢殺害我弟？」

隨從揮著汗說：「他們報說是董卓的士兵，可是……」

公孫瓚厲聲問：「可是什麼？」

隨從吞吞吐吐的說：「在下認得……認得那些人是袁紹帳下的士兵。」

公孫瓚拍案痛罵：「袁紹這豎子，誘我起兵攻打冀州韓馥，他從中得到不少好處，現在又詐董卓兵來射死吾弟，明擺著要與我作對，此冤如何不報！」

公孫瓚是長期與烏桓、鮮卑作戰而發展起來的軍閥，曾在平定幽、冀張純叛亂中立下功勞，是

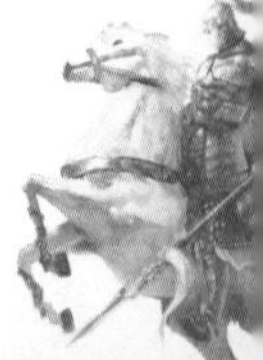

當時河北勢力最大的軍閥，因此根本不把袁紹放在眼裡。於是盡起本部大軍，殺向冀州，要找袁紹報仇。

袁紹聽聞公孫瓚來攻，也親率大軍而出。兩軍會於磐河之上，公孫瓚軍於河橋西，袁紹軍則屯於河橋東。

公孫瓚一見殺弟仇人，就策馬立於橋上，瞪著眼大喊：「袁紹背義之徒何在？我公孫瓚今天來向你討個公道。」

袁紹也拍馬至橋邊，指著公孫瓚冷冷的說：「冀州是韓馥情願讓給我的，與你何干？」

公孫瓚怒說：「昔日我認為你是忠義之人，所以推舉你為關東軍盟主，不想你表裡不一，至漢室興亡於不顧；今日見你所為，又實是狼心狗肺之徒，這樣你還有什麼面目立足於世間！」

漢獻帝初平元年（公元一九〇年）春，渤海太守袁紹、後將軍袁術、冀州牧韓馥、豫州刺史孔由、袞州刺史劉岱、河內太守王匡、陳留太守張邈、東郡太守橋瑁、山陽太守袁遺、濟北相鮑信等十路人馬結為聯軍，諸侯們齊聚在酸棗這一個地方，誓言討伐董卓，共扶漢室。各路諸侯公推袁紹為盟主，歃血誓盟，以反對董卓廢立皇帝為口號，軍馬總數共二十萬，浩浩蕩蕩殺向洛陽。當時眾諸侯都把袁紹看作是推翻董卓政權的領袖，袁紹卻利用這種政治優勢，趁機奪占地盤，擴充自己的實力，搞得關東聯軍內部分裂，最後解散了事。

袁紹見公孫瓚在眾人面前揭露他的短處，不禁大怒喊道：「誰去把公孫小兒的頭砍下來？」

「讓我來！」此時文醜應聲而出，策馬挺刀直殺上橋去。

文醜乃是袁紹帳下猛將，身高八尺，板肋長鬚，面黑身長，兩臂有千斤之力，性格火爆，號稱河北第一勇士。

公孫瓚身邊的四名副將見狀，一齊拍馬向前迎戰，不料卻都被文醜一一斬下馬。

文醜斬了四名副將後，望公孫瓚殺去，公孫瓚只好硬著頭皮與文醜交手，雙方你來我往，戰不到十回合，公孫瓚下盤落空，被文醜一刀砍中大腿，血流如注。公孫瓚自知不敵，趕緊虛晃一招，回馬往陣中敗走。文醜吼叫著衝入陣中，驅馬往來砍倒許多士兵，見公孫瓚倉皇往山谷中逃去，厲聲大喊：「快下馬受死！」

公孫瓚嚇得弓箭盡落，連頭盔都不要了，披頭散髮縱馬轉向山坡而逃，恨不得馬兒多生出兩條腿來。

山坡上雜木野草叢生，亂石堆積，坑坑洞洞，公孫瓚騎的馬忽失前蹄，將公孫瓚拋落坡下。

文醜見狀急忙提刀來砍。

「我完了！」公孫瓚眼見就要命喪於此，閉著眼大呼一聲。

就在文醜的眉尖刀要落下時，從草叢左側轉出一個銀盔白袍的年青武將，舉槍將文醜的刀格開，救了公孫瓚一命。

文醜見這個人揮手一槍就輕鬆的把自己格開，大感意外，知道不是簡單角色，也卯足了勁與他廝殺。

雙方大戰五、六十回合，不分勝負，此時公孫瓚部下軍士趕來相救，望文醜衝殺過來。文醜心想再待下去可能要吃大虧，於是忿忿的說：「今日暫且饒你一命。」便撥馬回營去了。

公孫瓚見危難已過，趕緊從地上爬起，向那名年青人道謝，並問其姓名。那年青人下馬欠身

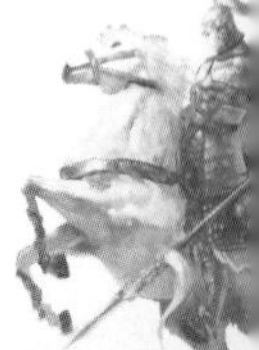

道：「我乃是常山真定人，姓趙，名雲，字子龍；原本是投靠在袁紹陣營，因為不受重用，又看透袁紹並無忠君救民之心，所以離開他而欲投閣下，想不到卻在此處與閣下相遇。」

這名喚做趙雲的武將，一一詳訴自己如何在關東聯軍討伐董卓時，率領同鄉的義從兵加入袁紹，後來見袁紹胸無大志，鼠目寸光，覺得盲目追隨下去也沒什麼意思，所以單身離開袁紹陣營，往北來投公孫瓚。

公孫瓚仔細端詳趙雲，見他身長八尺，濃眉大眼，闊面重頤，威風凜凜，說起話來不卑不亢的，就打從心裡喜歡他；又見他有立志報國之心，所以開懷大笑道：「有趙雲你這名虎將，真是天助我也。」於是邀請趙雲回營，共商討袁大事。

根據當時的禮俗，人名是幼時所起，供長輩呼喚的。男子到了二十歲舉行成人的冠禮後，要起另一個字，以供朋友、平輩等稱呼，所謂「君父之前稱名，他人則稱字也。」因此趙雲聽到公孫瓚直呼自己的名，而不是字時，等於是承認自己加入他的陣營，便十分欣喜地隨公孫瓚回營去了。

二

原本公孫瓚因趙雲武藝高強，因此想命趙雲為先鋒，要他明日率軍攻打袁紹。不料公孫瓚部將嚴綱見公孫瓚看重趙雲，怕自己的地位不保，便私底下對公孫瓚說：「我看這個叫做趙雲的人非常可疑，好好的袁紹處不待，卻無緣無故跑來說要投靠主公，依我看，可能是袁紹派來的奸細，主公千萬要再三考慮，不可輕易將兵士交給他人，到時候說不定被人從後面捅一刀呢。」

公孫瓚被嚴綱這麼一說，當下就愣住了，暗自思忖著。

過了一會才緩緩的對嚴綱說：「我知道該怎麼做了，你退下吧。」

嚴綱見說動了公孫瓚，這才心甘情願的回營去整備了。

公孫瓚這個人雖飽讀經書，卻不懂得以義待人，連救他一命的趙雲也懷疑起來了。當晚趙雲獨自一人走上土坡，望著一座又一座的軍營，整齊的排列著，安靜得感覺不到肅殺之氣；當晚風吹過，上面繡著「公孫」醒目大字的橘紅色軍旗，迎風招展著；趙雲此刻心裡在想：「黃巾賊造反，使得天下大亂，漢賊董卓又禍亂朝政，讓國家傾危不安，漢室衰微；我從軍不求封疆列土或是封侯拜相，只求戰死沙場，為國盡忠也就夠了。希望公孫瓚真是我要尋找的明主，也不枉我一片報國之心……。」

隔日辰時，部隊在校場集合，將台前豎立著大紅圈金線帥字旗，步兵三萬人為方陣，騎兵分為左右兩隊，兩翼各五千騎，一眼望去，都是白馬，煞是壯觀。

公孫瓚在任遼東長史時，每次奉命征伐塞外烏桓、鮮卑部族，總是騎著渾身雪白的高頭大馬，往來奔馳於草原上殺敵。由於他每戰必勝，每攻必克，因此久而久之，「遇到騎白馬的人，一定要趕快逃走，否則性命不保。」烏桓、鮮卑都這麼互相轉告著。

公孫瓚知道烏桓、鮮卑害怕騎白馬者後，於是精心挑選白馬數千匹，由剽悍的騎士組成一支戰力極強的奇兵隊伍，稱之為「白馬義從」。

趙雲看到這場面，腦中不禁浮現出白馬隊伍出征時，寂靜的塞外喊聲震天，塵土飛揚，白壓壓的一片鋪天蓋地奔馳著，連草原也為之震動，烏桓、鮮卑兵士聞風喪膽，逃之夭夭的畫面。想到這裡，不禁熱血沸騰起來。

不多時，將台旁擂起戰鼓來，公孫瓚走上將台一一點將，點將完畢後，公孫瓚就在台上發號施

令。

公孫瓚喊：「田楷聽令！」

田楷出班應道：「末將在。」

公孫瓚說：「命你領五千騎兵為左軍，協助殺敵，不得有誤。」

公孫瓚又喊：「公孫范聽令！」

公孫范應道：「末將在。」

公孫瓚說：「命你領五千騎兵為右軍，與左軍互成羽翼之勢。」

田楷、公孫范領命而去。

公孫瓚又命嚴綱為前鋒，公孫度為後軍，而自己則領中軍壓陣。當時趙雲站在台下，公孫瓚就是不派任務給他，等到派撥已畢，接著就要擊鼓出擊，趙雲不禁詫異向公孫瓚問道：「主公為何不派任務給我？是否不信任我呢？」

公孫瓚一時語塞，只好含糊的說：「我見趙將軍勇猛，因此想讓你隨軍在後支援，這也是重任，請趙將軍不要誤會才好。」

公孫瓚擺明不讓自己領兵，這一點趙雲心知肚明，但大敵當前，趙雲只好拱手答應說：「末將一定不辱所託。」

公孫瓚於是命隨即擂起戰鼓，大軍便往界橋出發。

而袁紹獲報公孫瓚大軍來犯，便命顏良、文醜各領一千名弓弩手為左右軍，令左軍發箭射公孫瓚右軍，右軍發箭射公孫瓚左軍，以阻擋騎兵的攻勢。又命部將麴義引八百名弓手及一萬名步兵為前鋒，而袁紹自己則領三萬馬步軍在後接應。

嚴綱一到橋上，就上前叫陣，麴義命弓手皆伏於遮箭牌下，聽到砲響才准發箭。

嚴綱叫陣一會，見麴義不前，於是持刀吶喊著向麴義殺去，麴義的兵見嚴綱奔來，都伏而不動；等到嚴綱來到近前，一聲砲響，八百名弓弩手都站起來射箭。嚴綱見狀就要撥馬後退，卻被麴義舞刀斬於馬下；嚴綱兵見主將被斬，不由得大懼，皆棄甲四散逃跑，麴義率步兵向前衝殺，嚴綱兵自相踐踏，死傷極多。

田楷、公孫范左右兩軍要去救應，都被顏良、文醜的弓弩手射回。麴義一直殺到界橋邊，先斬執旗將，然後再把軍隊精神象徵的牙門旗砍倒；公孫瓚見兵敗，回馬下橋便走。麴義引軍衝到後軍要追公孫瓚，卻撞上趙雲，趙雲挺槍躍馬，直取麴義，戰不到幾回合，麴義就被趙雲一槍刺中麴義右臂，翻落馬下，被公孫瓚兵湧上前縛綁去。

趙雲單騎縱入中軍，左衝右突，力敵眾兵，毫無懼色，槍起槍落，鮮血飛濺，如入無人之境般的廝殺，嚇得袁兵魂不附體，連忙逃生，公孫瓚也引兵殺回。

此時袁紹正在本營中，聽聞探馬回報麴義斬將砍旗大勝而沾沾自喜，呵呵大笑：「公孫瓚無能之輩！」便引帳下持戟軍士數百人，弓箭手數十騎，與謀士田豐一同騎馬欲往前線觀戰，正得意之時，冷不防趙雲就已經趨馬衝殺到自己面前，袁紹大驚，命弓箭手急射，趙雲揮槍擋掉弓箭，接連刺死數十人，並吶喊：「我乃常山趙子龍，誰敢擋我！」

此時謀士田豐早已嚇得腿軟，眼看趙雲就快殺到跟前了，袁紹還是按兵不動，於是慌忙指著背後的土牆，對袁紹說：「主公趕緊進土牆後面躲避！」

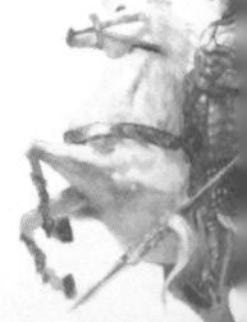

袁紹喝斥道：「大丈夫臨陣死鬥，豈可畏畏縮縮的入牆躲避？」說完便將頭上戴的兜鍪取下，擲地大呼：「誰後退就斬誰！」

袁軍將士見主公如此，也願同心死戰，於是齊聲吶喊，望趙雲回殺過來，此時顏良、文醜也率軍趕到，大隊忽然掩至，趙雲只好保著公孫瓚殺出重圍，袁紹見機驅兵大進，在橋上大開殺戒，公孫瓚軍落水而死的士兵不計其數。

趙雲與公孫瓚剛過橋不久，袁紹軍就已趕到，喊聲震地，鼓角喧天，將兩人團團圍住。

趙雲回頭對公孫瓚說：「我殺開一條血路讓主公離開。」說完毫不遲疑的衝入陣中死戰，但由於袁兵人數實在太多，趙雲力戰還是不能得脫。

這時山谷背後忽然喊聲大起，從中閃出一彪軍馬，率先殺入敵陣的，是一名豹頭環眼，燕頷虎鬚的大漢，見他手持一丈八的鋼矛，瞪眼咆哮著，殺得袁軍的後方混亂起來；隨後又有兩名大將趕到，其中一名身長九尺，面如重棗，髯長二尺，手持鑌鐵打造的青龍偃月刀，揮舞起來威風八面的；另一名騎白馬的，面如冠玉白潤，唇若塗脂鮮紅，相貌堂堂，手持雙股劍，兩人也同時加入戰局。

趙雲得三人相助，終於可以喘口氣；只見那三人殺退袁軍之後，又各持兵器直取袁紹；袁紹見三人如此勇猛，當下驚得魂飛天外，連手中的寶刀也握不住了，連忙撥馬而逃，幸虧顏良、文醜等人相救才得以過橋回營。

公孫瓚見袁軍退去，也鳴金收軍歸寨。公孫瓚一回到主營中，就握著三名大將的手，感激的說：「若不是你們三人今日來救，我就命喪於此地了。」公孫瓚說完後，便召趙雲等人進來，一一介紹認識。

那名豹頭環眼，雁頷虎鬚的大漢名叫張飛，字益德，涿郡人；面如重棗，髯長二尺的大漢名叫關羽，字雲長，河東解縣人；而另一名面如冠玉，兩耳垂肩的大漢名叫劉備，字玄德，涿郡涿縣人。三人因共同的政治和報國理想，一見傾心，欲共結為異姓兄弟；三人於是相約於莊內桃園中焚香祭告，指天誓言：「念劉備、關羽、張飛雖然異姓，既結為兄弟，則同心協力，救困扶危；上報國家，下安黎庶；不求同年同月同日生，但願同年同月同日死。皇天后土，實鑑此心。背義忘恩，天人共戮。」三人雖然萍水相逢，但結義之後情同手足，肝膽相照，一時傳為美談。

公孫瓚介紹完三人後，又把趙雲介紹給他們認識，劉備見他眉揚臉方，體格強壯，十足當世武將之才，又目睹趙雲今日英勇的表現，便十分敬愛，想把他納入自己的陣營，但礙於他是公孫讚部下，因此也不便開口，僅是對他稱讚連連。

當晚公孫瓚在後廳召開酒宴，宴請劉備三人，廳前的石階上站滿手持長矛的士兵，而廳內則是賓客滿座，燭火亮麗輝煌，人影晃動，十分熱鬧。

坐在廳堂正中的公孫瓚，舉杯向劉備敬酒：「今日得玄德相助，不枉你我相識一場。」

漢靈帝熹平四年（公元一七五年），公孫瓚在涿郡大名士盧植門下讀經，結識了劉備，兩人同窗一年，情同手足。而劉備今日在平原探知公孫瓚與袁紹相爭，便與關羽、張飛二人領軍前來助戰。劉備趕緊起身回敬：「這是伯珪兄軍隊訓練有素，麾下武將勇猛過人，讓袁紹聞風喪膽，我只不過盡點棉薄之力而已。」

公孫瓚聽完哈哈大笑：「玄德兄客氣了，來，來，大家一起來，我先乾為敬！」說完舉杯一飲

而盡。

「乾！乾！」眾人也舉杯一飲而盡。

公孫瓚接著說：「玄德兄此次立下不小功勞，我向朝廷表舉玄德兄為平原相如何？」

劉備感激的說：「多謝伯珪兄抬愛。」

公孫瓚道：「好說，好說！哈哈哈！」

公孫瓚幾杯黃湯下肚後，已有五分醉意，便開始口無遮攔起來：「若是有幾位的幫忙，助我掃平袁紹，那我稱霸北方，逐鹿中原的日子也不遠了。」

劉備等人聽了不禁怔住，公孫瓚平時不是打著扶助皇室的名號行事，今日怎麼酒後吐真言，露出自己的野心？於是盡皆默然。

公孫瓚頓覺失言，十分尷尬，於是趕緊拍手喚上一隊樂女，令其奏樂。

在悠揚悅耳的音樂聲中，公孫瓚卻忘了給趙雲表功⋯⋯⋯⋯。

三

酒宴結束後，趙雲回房休息，心裡不禁在想著今日所發生的事，與公孫瓚的所做所為，思考自己是否跟對明主？正在沉思之際，劉備帶著關羽、張飛來訪，趙雲趕緊請入內室，敘禮之後，分賓主坐在屏風旁的涼席上。

劉備先開口說話：「趙將軍今日英勇的表現，真叫在下佩服。」

趙雲淡淡的說：「皇叔過獎了，倒是皇叔三人桃園結義，肝膽相照，榮辱與共的精神才令在下欽羨。」

在一旁的張飛忍不住插嘴道：「別在那邊欽過來佩過去的，既然互相欣賞，趙將軍不如現在就加入我大哥的陣營吧！」

劉備對張飛喝斥道：「你在胡說什麼？」

又轉而對趙雲說：「我這三弟是個粗人，講話不經大腦，請趙將軍別見怪才是。」

趙雲微微一笑說：「張將軍的直言，說得也不無道理。」

張飛瞪著眼說：「本來就是嘛！君擇臣，臣也要擇君才對啊。」

趙雲說：「父子有親，君臣有義，我才剛跟著公孫主公不久……」

張飛打斷趙雲的話說：「呦！吊起文章來啦？這我也會。孟子說……孟子說……」

「喂！二哥，孟子說過什麼？」張飛拍著關羽的肩膀問道。

關羽代為回答：「君之視臣如手足，則臣視君如腹心；君之視臣如犬馬，則君視臣如國人；君之視臣如土芥，則臣視君如寇仇。」

張飛拍手叫道：「這就對了嘛！也不看看你出生入死的付出，人家公孫瓚是怎麼對你？連個屁都不給一個，視你如土芥呢！」

張飛指的是趙雲屢次冒死相救，公孫瓚卻沒給趙雲表功的事。

趙雲沉默了。

這時劉備懇切的說：「好了，三弟就別再為難趙將軍，山高水長，終有相合的時候。」

張飛揮著手說：「哼！只要趙將軍說一聲，若是公孫瓚不放人，我就把他綁起來鞭打，到時候不怕他不放人。」大家瞧張飛一本正經的模樣，忍不住就笑了起來。

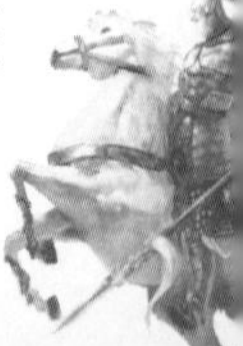

一夜促膝長談，四個人從出身聊到復興漢室，從抱負談到處世之道，都有相見恨晚之感。

卻說袁紹在界僑打了敗仗，便採堅守不出的戰術，不論公孫瓚陣營如何叫戰，就是相應不理。兩軍如此相拒兩個多月，雖已疲憊不堪，但為了面子問題，誰也不願意先退兵。

有人將這情形報給長安的太師董卓，董卓即召李儒進宮詢問意見。

李儒是董卓的謀士，當初董卓廢少帝令立陳留王劉協為漢獻帝，就是他的建議；後來董卓毒殺少帝和太后，也是他負責執行的，這個人可說是一肚子壞水，常替董卓出餿主意。

李儒一進宮，坐在太師椅上的董卓就問道：「袁紹和公孫瓚兩人在界橋相持不下，再鬥下去會兩敗俱傷，你趕快幫我拿個主意吧。」

李儒吊著三角眼說：「袁紹和公孫瓚二人，都是當今的豪傑人物，在北方的勢力也不可小覷，將來太師都可能用得上他們。不如假傳天子之詔，派人下旨命他們講和；如此一來，二人必然感念太師之德，何愁他們不順太師呢？」

董卓聽了大喜，便命太傅馬日磾，太僕趙岐帶詔前去宣制。

二人一到河北，便先往袁紹軍營處去，袁紹聽聞天使到，便親自前往迎接，並即刻擺案焚香接旨。袁紹早就巴不得有人出來做和事佬，因此太傅馬日磾一宣詔，說天子要他與公孫瓚二人休兵講和時，袁紹便

歡喜得再拜奉旨。

隔日二人又到公孫瓚處宣旨，公孫瓚樂得把這個人情賣給朝廷，因此也甘願受旨；更主動派使者去向袁紹遞交講和書；太傅馬日磾，太僕趙岐二人見任務完成，便回京復命去了。

既已講和，公孫瓚便下令班師回北平，而劉備也被表舉為平原相，即日便要去上任。

當劉備要離開的時候，趙雲一直送到官道，劉備牽著趙雲的手，默默的垂淚，不忍離去。

趙雲說：「我昔日誤以為公孫瓚是英雄，如今觀他所為，與袁紹實沒什麼兩樣。」

劉備哽咽的說：「趙將軍暫且屈身事之，他日必有相見之日。」

說完便從腰際取出一塊玉佩，遞給趙雲說：「我過的是四處飄零的戎馬生活，實在沒什麼東西可以送給趙將軍的，就以這一塊玉佩作為你我友情的見證吧。」

趙雲激動的說：「子龍定不忘今日之恩，他日必為皇叔效命左右。」

兩人又哭了一陣才灑淚而別。

紅日西沉，天空不時飛過一群群雀雁，離別是這麼樣的感傷，劉備、關羽、張飛三人騎著馬，緩緩的消失在蒼茫的天際。落日把劉備三人的身影拉得很長很長，趙雲望著遠方，直到看不見三人的身影，才策馬回營。

「總有一天，我會與劉皇叔一起扶助漢室的！」趙雲在馬上這麼想著。

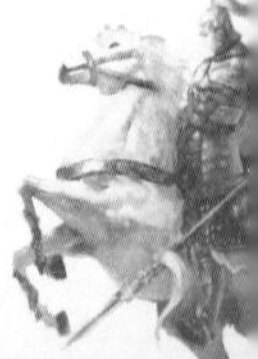

第二章　藉故告假暫歸鄉

一

漢獻帝初平三年（公元一九二年），青州黃巾軍又起，當時任東郡太守的曹操奉命討伐。曹操正因苦無機會出頭，獲知朝廷調派他，便欣然領旨，會合濟北相鮑信一同興兵討賊。

曹操，為沛國譙縣人，字孟德，小名阿瞞，祖父曹騰，以宦官歷仕安、順、質、桓四帝；父親曹嵩，是曹騰養子，官至太尉；曹操因祖輩世居高位，因此二十歲時就被舉為孝廉，後因軍功升為東郡太守。曹操身長七尺，細眼長鬚，年輕時就有很大的抱負和野心，當年他以孝廉為郎，並任洛陽北部尉時，就幹過一件轟動朝廷的大事。

漢靈帝熹平三年（公元一七四年），曹操被司馬懿之父，任京兆尹的司馬防舉薦做了洛陽北部尉，負責查禁盜賊及維持治安。

曹操一上任，首先修繕他所管轄的城門，並命人造五色棒數十條，並掛在城門的左右兩邊，出告示申明禁令：

有犯禁者，不避豪強，皆棒殺之。

數個月來，都無人敢犯曹操的禁令。有一日，漢靈帝寵信的宦官小黃門蹇碩的叔父違禁夜行，他根本不把官職低微的北部尉曹操放在眼裡，當門吏抓住他之後，他還口出狂言地說：「我是蹇碩的叔父，看你們敢把我怎麼樣！」

正愁無人開棒示威的曹操，立即下令將他活活打死。曹操向權勢挑戰的作為，的確達到殺一儆百的效果，洛陽城內一時「京城斂跡，莫敢犯者」，曹操的膽識打響他的名號，名士許劭就曾評論他是「治世之能臣，亂世之奸雄。」

曹操與濟北相鮑信的大軍一開到壽陽，便遇到黃巾軍的主力軍，當時曹操被黃巾軍包圍，鮑信為救曹操，被黃巾軍亂箭射死，曹操非常難過，於是化悲憤為力量，將黃巾軍追趕到濟北，並加以圍剿；兵馬到處，所向披靡，不到百餘日，便收黃巾降兵三十餘萬，男女百姓百餘萬口；曹操挑選精銳者十萬人，組成號稱天下無敵的「青州兵」。朝廷也因曹操討賊有功，加封他為鎮東將軍。

此時的曹操麾下武有夏侯惇、夏侯淵、曹仁、曹洪、許褚、典韋、樂進、于禁、張遼等勇將，文有荀彧、荀攸、郭嘉、程昱、賈詡等謀臣，可說是威鎮山東，聲名遠播。

由於曹操的父親隱居在瑯琊避難，曹操便派泰山太守應劭去接他到袞州來享福。

曹嵩接到曹操的書信後，便與其弟曹德及一家老小四十餘人，帶隨從百餘人，車百餘輛往袞州

出發。途中路經徐州，徐州刺史陶謙為討好曹操，就出境迎接，並加以款待。

當曹嵩要出發的時候，陶謙還派都尉張闓帶五百名兵士護送。

當時正值夏末秋初，行到半路時，忽然來了一場大雨，一行人只好躲進一古寺廟中休息。由於這五百名士兵的衣服都被雨淋濕，因此頗多怨言，幾個頭目便跑去向張闓發牢騷：「下這麼大的雨，路又難行，張都尉怎麼領到這般的苦差事啊。」

張闓苦笑道：「這差事是刺史派下來的，我又能怎麼辦呢？」

其中一名頭目說：「苦差事歸苦差事，主要是撈不到什麼油水才叫人怨恨。」

張闓沉吟了一會，便輕聲的對眾頭目說：「我們本來是黃巾餘黨，勉強才降順陶謙的，但歸順之後也沒任何好處；我看曹家的輜重車有百餘輛，當中必定有許多金銀珠寶之類的，不如今夜三更，大家合力把曹嵩一家殺了，取了貴重的財物，再一同往山中落草如何？」

眾頭目都應允道：「富貴就看今日。」

當晚風雨不停，曹嵩正在廳內與曹德閒聊，忽聞門外喊聲四起，曹德提劍要出去察看，一到門口就被亂刀砍死，曹嵩見狀慌忙與一名妾躲入廁所當中，最後還是被拖出來砍死；張闓等人盡殺曹嵩全家及百名隨從後，便取財物，再放火燒寺，然後逃奔淮南去了。

而曹操一獲報父親被陶謙的部將所殺，當場哭得昏了過去。等眾人把他救醒後，曹操咬牙切齒的說：「陶謙縱容部下殺害我父親，此仇不共戴天！我要盡起大軍，血洗徐州，將陶謙碎屍萬段，才能解我心頭的怨恨！」

於是命荀彧、程昱領軍三萬守鄄城、范縣、東阿三縣，夏侯惇、曹仁、典韋、于禁為先鋒，領大軍殺向徐州。又下令凡是攻下城池，就盡行屠戮城中百姓，以洩心頭之恨。

二

在曹操強烈報仇心的猛烈攻擊下，陶謙丟了十幾個縣城，只好退守徐州城。

這時任東郡從事的陳宮，與陶謙素有深交，知徐州有難，又見曹操一路上殺戮人民，挖掘墳墓，於是跑去向曹操陳情。

陳宮說：「今聞明公率大軍攻打徐州，欲報尊父之仇，所到之處盡殺百姓，因此我特來向明公進言。陶謙乃是仁人君子，而非好利忘義之輩；尊父受害，是張闓個人所為，與陶謙無關。況且州縣內的百姓，與明公無仇，殺之不祥，希望明公三思而行。」

曹操此刻正在氣頭上，這些道理哪聽得進去，於是把陳宮痛罵一頓，然後把他轟了出去。

陳宮退出之後，搖頭嘆息說：「曹操如此殘暴，會有報應的。」又覺無面目以見陶謙，於是馳馬投陳留太守張邈去了。

曹軍一路猛攻，僅用了十餘日就到徐州城下。

徐州地處蘇、魯、豫、皖四省之交，又扼汴、泗二水，交通形勢和戰略地位十分重要，素有「五省通衢」及「軍事重鎮」之稱。東漢末年，群雄割據，徐州一直是群雄爭奪的焦點。

泗水河畔，烏雲漫天，秋雨不停，使得河水波濤起伏不定。

曹操站在義安山上，望著高達五丈的徐州城，夏侯惇、曹仁、典韋、于禁等人在旁邊等候曹操的命令。曹操身穿縞素之服，旁邊豎立著白旗兩面，上面寫著「報仇雪恨」四個大字，在秋風中顯得格外鮮明。

四周軍馬早已列好陣勢，鋪霜湧雪般一片，蓄勢待發著。

不一會，曹操左手抬起，猛然向前揮去，陣內鼓聲即刻大作，無數兵士從軍營裡衝殺出去。

「咚—咚—咚———」

「殺—殺—殺———」

陶謙軍也從城裡衝出來突圍，雙方搏殺在一起，刀斧交錯，盾牌碰擊，人馬嘈雜，曹軍像一波波浪潮般撲向對方，陶謙軍開始抵擋不住；斬、坑、殺，曹軍肆意屠殺，戰場上充滿著血腥之氣。

曹軍有的用刀斧將敵人的頭顱擊得粉碎，有的用尖銳的槍矛狠狠地戳進敵人的胸口，不一會就屍橫遍野，哀嚎聲不斷。陶謙軍近三萬兵士就在城外被斬殺殆盡。此時城外百姓也趕緊相隨逃命，一路上哭聲震天，跪在城門外哀求著：「刺史救救我們啊……」

在城上的陶謙見狀，哽咽的說：「我獲罪於天，致使徐州百姓受此大難……」說完就要下令開城門，讓百姓進城躲避。

這時部將曹豹趕緊說：「主公千萬不可開城門，以免曹軍趁機湧入，那麼我們就全完了。」

陶謙聽後淚流滿面，跪地喃喃的道：「百姓何辜？百姓何辜啊……」

城外的百姓見進不了徐州城，只好往別處逃生，但泗水卻擋住了百姓的去路，他們紛紛躍入河流，在激流中擁擠的掙扎著；曹軍卻像狂風掃落葉般，瘋狂的追趕上來，像是殺紅眼般，曹軍在河邊橫衝直撞，在絕望的慘叫聲中，河水迅速變成殷紅一片，無數百姓冤死在波濤之中，無辜的百姓竟然活得如此沉重……

生命如草芥般被踐踏，一個個孱弱的生命在死亡邊緣掙扎著，曹兵早就砍殺得雙手發麻，也被百姓的哀嚎慘叫聲驚得雙腿發軟，曹操還是下令不准停手。喊殺聲、哭號聲、呼救聲匯成一幅人間地獄的景象。幾個時辰過去，曹軍停止攻擊，共殺全城百姓數十萬於泗水，血流成河，泗水為之不流……

陶謙望著河上漂浮著如麻的死屍，忍不住閉上雙眼說：「投降吧………」於是聚集眾官對他們說：「曹兵勢大難敵，都是針對我一個人而來的，你們把我縛綁起來，送到曹營，任其他們宰割，這樣或許能夠救徐州一郡百姓的命。」眾官此時也想不辦法，也只能站著掉眼淚。

陶謙嘆氣說：「你們趕緊動手吧。」

「萬萬不可！」這時有人站出來進言。

陶謙回頭一看，原來是東海朐縣人，任徐州別駕從事的糜竺。

糜竺對陶謙說：「府君久鎮徐州，施行仁政，人民感恩；今曹兵雖眾，但若是府君與百姓死守，徐州是不會即刻被攻破的；我雖不才，願施小策，定叫曹操死無喪身之地！」

陶謙問：「子仲有何妙計？」

糜竺胸有成竹的說：「我願冒死前往北海郡，求太守孔融起兵救援；請府君另派一人往青州田楷處求救；若是二處兵馬齊來，曹操必定退兵。」

「眼下也只好如此了。」陶謙語帶無奈的說。於是修書二封，命麋竺赴北海求援，又命陳登往青州討救兵，自己則率眾守城，防備曹軍的攻擊。

當日北海太守孔融正在會見賓客，忽報徐州麋竺來訪，孔融趕緊請入廳堂，並問其來意。

麋竺一面掏出陶謙的書信，一面說：「曹操為報父仇，起兵圍攻徐州，情勢緊急，希望明公垂救。」

孔融說：「我與陶恭祖交情深厚，子仲今日又親到此地，我怎能不答應？我即日便起兵相援徐州。」

麋竺感激的說：「多謝明公大義相救！」於是快馬趕回徐州覆命。

孔融等麋竺離去後，又喚部將太史慈說：「我聽聞平原劉玄德乃是當世英雄，二位義弟更是勇猛過人，若是請得他們前來相助，徐州之圍就可解了。」太史慈因久受孔融之恩，於是毫不遲疑的說：「請府君修書，我即刻送去。」孔融大喜，於是修書讓太史慈送往平原郡。

太史慈一到平原郡，即刻求見劉備，太史慈施禮完畢後，便呈上孔融的書札，請劉備前往相助。

劉備肅然道：「孔北海竟知世間有我劉備這個人？」

文章絕世代豪
氣貫長虹座
上客常滿
杯中酒
不空

於是偕同關羽、張飛點齊精兵三千名，隨太史慈往北海郡進發。

劉備一到北海郡，孔融就迎接進城，並大設筵宴款待；酒席上陶謙將張闓殺害曹嵩，曹操為報父仇而圍困徐州的事告訴劉備，劉備感嘆的說：「陶恭祖乃是仁人之君，不意受此無妄之冤。」

孔融說：「公乃漢室宗親，如今曹操殘害百姓，倚強凌弱，何不即刻與我同往救之？」

劉備說：「為了大義，備當然不敢推辭，但兵微將寡，恐難輕動；不如請文舉先行，我先至公孫瓚處借三五千兵馬，隨後趕到。」

孔融說：「公切勿失信。」

劉備正色道：「公以為我劉備是何許人耶？聖人云：『自古皆有死，人無信不立。』備到公孫瓚處，無論借不借得到兵馬，我必然親至徐州與公會合。」

孔融大喜道：「如此甚好！」於是便點兵啟程往徐州救援去了。

劉備別了孔融之後，便與關羽、張飛趕到北平去見公孫瓚。

一到北平，劉備對公孫瓚言明來意，希望公孫瓚借兵去救徐州。

公孫瓚勸解說：「曹操與君向來無仇，君何苦替人出力，無端招惹曹操呢？」

劉備說：「備已答應孔文舉，實不敢失信。」

公孫瓚深感為難的說：「這個嘛……………」

這時站在一旁的趙雲打破沉默說：「劉皇叔與陶謙沒有骨肉之親，亦無鄉黨之誼，只因有仁義之心，欲救救百姓之危難，情操實令人欽佩，子龍願帶兵隨同解圍。」趙雲的仗義執言，讓劉備十分感激。

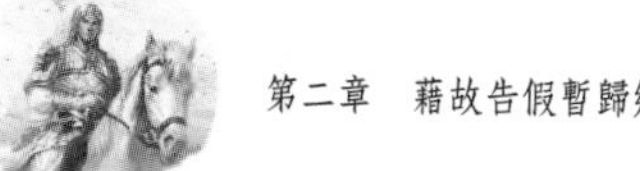

公孫瓚說：「現在徐州城受到曹兵的重重包圍，你的勇氣雖然可佩，但未免太冒險了。」

趙雲壯懷激烈的說：「為百姓而戰，不惜裹屍沙場！」

公孫瓚還是遲疑不定。

趙雲提高音量說：「事情已經非常緊迫，請主公不要再疑慮了。」

公孫瓚見趙雲如此堅決，便對劉備應允道：「我就借你二千名兵馬，隨同救援。」

劉備說：「縱有二千名兵馬，也沒有一個趙子龍好用，請讓子龍同行。」

公孫瓚心想，既已答應借兵給劉備了，再借他一個趙雲又何妨？便點頭答應。於是劉備便與關羽、張飛引本部三千兵為前軍，趙雲引北平援軍二千兵隨後，急行軍往徐州去了。

就在劉備往北平討救兵的同時，孔融和田楷兩路兵馬也趕赴至徐州，由於懼怕曹軍勢猛，於是遠遠的依山下寨，不敢輕進。

曹操見兩路援軍到達，也分兵防守，因此就暫緩攻城。

三

兩日之後，劉備援軍也到，便到山上的本營去見孔融。

孔融皺著眉頭說：「曹兵數量太多，曹操又善於用計，因此不可輕易交戰；不如先觀其動靜再進兵。」

劉備說：「但徐州城內已經無糧，恐怕難以持久。不如我留關羽、張飛二人領軍四千人，在公帳下相助；然後我與子龍殺奔曹營，趁亂進入徐州城內，與陶使君商議如何？」

孔融大喜，於是會合田楷之軍為犄角之勢，關羽及張飛領兵兩邊接應，掩護劉備入城。

等部署完畢後，劉備和趙雲率一千名兵士殺入曹營，正行之間，忽然一聲鼓響，騎兵和步兵如浪潮般湧出，為首一員大將勒馬呼喝：「我乃曹操帳下大將于禁，特來取你這狂徒的頭！」

趙雲見狀也不答話，挺槍直取于禁，兩人纏鬥不到數回合，于禁不敵敗走，於是趙雲舉槍在前衝鋒，劉備持雙股劍在後麾兵前進，一直衝到徐州城下。

這時在城上的陶謙見城下兵士湧至，以為是曹兵又來攻城，急令防備；待仔細一看，見紅底白字的軍旗上寫著「平原劉玄德」，於是趕緊命人開門迎入。

劉備入城之後，陶謙接到府衙，設宴款待，又一面勞軍。

陶謙見劉備儀表軒昂，語言豁達，心中大喜，便命糜竺取來徐州牌印，雙手遞給劉備。

劉備大吃一驚說：「陶公這是什麼意思？」

陶謙說：「如今天下紛亂，王綱不振，你乃是漢室宗親，正宜力扶社稷。老夫年邁無能，使徐州受難，現在我願將徐州相讓給你，請你不要推辭。我當自寫表文，申奏朝廷，表舉你為徐州牧。」

劉備離席拜說：「劉備雖是漢室後裔，但功微德薄，任平原相尚唯恐不稱職，怎敢奢望其他？今日領兵前來相助，是為百姓、為大義；公出此言，莫非懷疑劉備有吞併徐州之野心？若是我有此念，願受天譴！」

陶謙趕緊上前把劉備扶起，懇切的說：「這乃是老夫的肺腑之言，請你別再推辭。」

劉備還是再三推辭不受。

趙雲進言道：「如今兵臨城下，不如先商議退敵之策；待事平之後，再談相讓之事。」

劉備此時深深感覺到，趙雲實在是個非常冷靜的將才。於是對陶謙說：「子龍所言甚是，不如我先遣書曹操，勸令雙方和解。若是曹操不從，再來廝殺也不遲。」

陶謙恨不得曹操趕緊退兵，便點頭答應。於是劉備傳令城外二寨先按兵不動，修書派使者送去給曹操。

這時曹操正在軍帳中與諸將議事，聞報徐州送來戰書，曹操拆開來看，乃是劉備所書，上面寫道：

備自關外得拜君顏，嗣後天各一方，不及趨侍。向者，尊父曹侯，實因張闓不仁，以致被害，非陶恭祖之罪也。且今黃巾遺孽，擾亂於外；董卓餘黨，盤踞於內。願明公先朝廷之急，而後私仇；撤徐州之兵，以救國難；則徐州幸甚，天下幸甚！

曹操看完後，將書信丟在地上猛踩，並破口大罵：「劉備自以為是什麼人，敢來勸我？」於是命人將來使拖出去斬了，就要號令攻城。這時忽有快馬飛報：「兗州告急！」

原來是陳宮見勸解曹操不成，逕去投陳留太守張邈後，對張邈進言：「如今天下分崩，群雄並起，君有千里之眾，卻處處受制於人，不覺慚愧嗎？現在曹操東征徐州，兗州空虛，而公帳下的呂布乃當今勇士，公若與他共取兗州，還怕大業不成嗎？」陳宮極盡所能挑撥著。

張邈聽後大喜，便命呂布率三萬軍馬，先破濮陽，後又攻占兗州，曹操的領地只剩鄄城、范縣、東阿三縣，靠著荀彧、程昱死守才得以保全；留守袞州的夏侯淵屢次攻戰，都不能勝，所以趕緊派人向曹操告急。

曹操聞報後大驚：「袞州若是有失，我將無家可歸。」

此時郭嘉指著地上的書信對曹操說：「主公不如趁這個機會，從徐州退兵去赴袞州，也順便賣個人情給劉備。」

曹操不禁苦笑：「到手的鴨子真的給飛走了。」於是命三軍即刻拔寨退兵，又修書一封回覆劉備。陶謙得知曹軍已退，如釋重負，便大開慶功宴，並差人去城外請孔融、田楷、關羽、張飛等人進城赴宴。

酒宴上，陶謙將劉備請到上座，拱手對眾人說：「老夫年邁無用，而兩個兒子又不才，不堪擔當重任；劉公乃是帝室之冑，德高才廣，老夫今日就把徐州讓給劉公，我也好乞閒養病。」

糜竺也附和道：「徐州殷富，戶口百萬，人人安居樂業，劉使君若是領有徐州，只要精勵圖治，將可為漢室的復興出一番力量。」

劉備受寵若驚，趕緊起身道：「孔文舉命我來救徐州，乃是為了大義；我若是今日無端據有徐州，天下人將以為備是無義之人。」

陳登也說：「陶使君多病，不能視事，況且一年動刀兵，十年不太平，曹操還會再來圖取徐州的，徐州正需要像明公這樣的人來領導，明公勿再推辭才是。」

張飛在旁插嘴道：「對對對！只要人手多，城牆也可搬過河呢。」

劉備瞪了張飛一眼後，對陶謙說：「袁術四世三公，海內所歸，且又近在壽春，何不將徐州相

讓給他？」

這時孔融跳起來說：「袁術如塚中枯骨，不足掛齒！今日之事，乃是上天要與劉使君你的，若是不取，悔不可追啊。」

劉備還是堅持不受。

陶謙淚流滿面道：「君若捨我而去，我死不瞑目，徐州百姓死不瞑目啊……」

關羽勸劉備：「既然陶公執意相讓，大哥不如權且接受。」

張飛也叫說：「是陶公好意相讓，又不是我們搶奪他的州郡，眼睜睜的事實，大家都看到啦，天下人可是啞巴見爸媽—沒話說。」

劉備為難的說：「你們這是陷我於不義啊！」

盡管陶謙推讓再三，劉備只是不受。

陶謙無奈，只好說：「若是玄德不願接受徐州牧一職，那離此三十里處有一縣城，名曰小沛，足可屯軍；請玄德暫駐軍在那，以保徐州，不知意下如何？」

在場眾人均勸劉備留駐小沛，一直都未開口的趙雲也說：「陶公言之有理，皇叔若是駐軍小沛，不僅三軍可得休養，又可保

徐州百姓不受曹軍殘害，這是一個兩全其美的辦法。」

趙雲的話向來都是非常中肯，劉備是聽得進去的，於是便慨然允諾。

劉備一到小沛，便修整城牆，撫諭百姓，並命關羽、張飛加強訓練士兵，以防曹操再次來攻。等到一切就緒之後，趙雲就要回北平向公孫瓚覆命，便來向劉備告別。

劉備握著趙雲的手，淚流滿面的說：「幾日相處下來，我早已把你當做自己兄弟了，此次與你分別，不知何時才又得見。」

趙雲感激得直掉淚，說不出話來。

張飛卻興奮得叫道：「好啊！好啊！那我們又多了一個四弟了。」

關羽也拱手道：「保重！」

趙雲這才依依不捨的騎上馬，回北平去了。

劉備之不受徐州，讓趙雲再一次感受到，劉備是個有仁德的明主。自己向來對曹操非常敬佩，但曹操血洗徐州的作為，卻讓他寒心，於是便在心裡頭發誓，要做一個效忠漢室，拯救百姓苦難的人。

時日經過三個月之後，陶謙忽然染病不起，知道自己大限將至，便叫糜竺、陳登商議身後事。糜竺說：「上次曹操退兵，是因為呂布突然襲擊兗州的緣故。今年可能因歲荒糧食歉收而罷兵，但來年說不定又會起兵來犯，徐州危矣。府君三番兩次想要讓位給劉玄德，當時因為府君身體尚稱強健，因此劉玄德不肯接受；如今府君病重，正可趁此機會將徐州讓給他，劉玄德也不好推辭，這樣才可保徐州平安。」

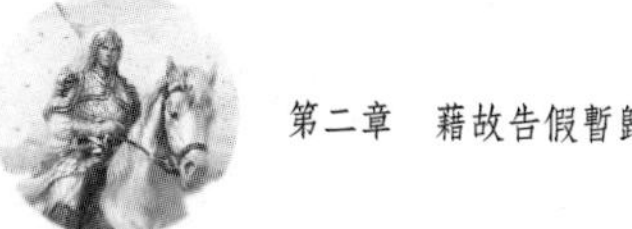

陶謙說：「如此甚好。」於是便命人到小沛去請劉備。

劉備一到徐州，陶謙便將他請入內室，說：「這次請玄德前來，不為別的，乃是因為老夫命在旦夕，朝夕難保，萬望明公可憐徐州百姓，以漢室家國為重，受取徐州牌印，這樣老夫死也瞑目！」

劉備問：「陶公不是有兩個兒子，為何不傳位給他們？」

陶謙感傷的說：「長子商，次子應，其才能都不足以堪任。老夫死後，還望明公教誨，千萬不可讓他們執掌州事。」

劉備說：「備哪能當此大任？」

陶謙說：「我舉薦一人，可為輔佐。此人為北海郡人，姓孫，名乾，字公祐，可任他為從事。」說完又喊糜竺說：「劉公乃當世人傑，你要好好輔佐他。」

糜竺流淚道：「我當克盡股肱之力！」

陶謙以手指心說：「今後徐州就交給你們了。」說完後就嚥氣死了。

在場的眾人莫不哀慟，糜竺捧印就要交給劉備，劉備還是推辭不受。這時府外忽然一片嘈雜，原來是徐州的百姓都擁擠到門口，哭著跪拜說：「劉使君若是不領此郡，我們百姓都不能安生利養矣！」

關羽也勸劉備說：「這些人都害怕曹操興兵再來報復，現在徐州百姓的死活，就憑大哥的一念。」

糜竺、陳登等人更捧印跪地再三相勸。

張飛叫說：「大家都求成這樣了，大哥就先接掌又何妨！」

劉備知再不能推辭，只好勉為其難的說：「那備就先暫領徐州事，等到一切安定時，再還給陶公長子，如此可好？」

眾人就怕劉備不答應，都說：「甚好！甚好！」而百姓知道劉備願領徐州牧，皆歡呼而去。

劉備於是命孫乾、糜竺為從事，陳登為幕官，一方面調派小沛的兵馬入城防守，讓百姓安心；一方面安排陶謙的喪事，並派人申奏朝廷。

在鄄城的曹操得知陶謙已死，由劉備掌領徐州牧，勃然大怒道：「我父仇未報，劉備這不要臉的大耳賊，竟不費半箭之力，就坐得徐州，我必起兵先殺劉備，再戮陶謙的屍體，以雪先父之怨！」隨即號令，即日起兵攻打徐州。

這時曹操陣營的首席謀士荀彧入諫道：

昔高祖取天下，命蕭何守關中，光武占據河內，皆深根固本，以正天下。進足以勝敵，退足以堅守，故雖有困，終濟大業。明公本首事兗州，河濟乃天下之要地，是亦昔之關中河內也。今若取徐州，多留兵則不足用，少留兵則呂布乘虛寇之，是無兗州也。若徐州不得，明公安所歸乎？今陶謙雖死，已有劉備守之。徐州之民既已服備，必助備死戰。明公棄兗州而取徐州，是棄大而就小，去本而求末，以安而易危也。願明公熟思之。

曹操反問：「如今歲荒乏糧，我們大軍坐守於此，終非良策。」

荀彧說：「不如先東略陳地，使我大軍取糧就食於汝南穎州。黃巾餘黨何儀、黃劭等人劫掠州郡，多有金帛和糧食。這班烏合之眾非常容易擊破。破而取其糧，以養三軍，朝廷喜，百姓悅，這

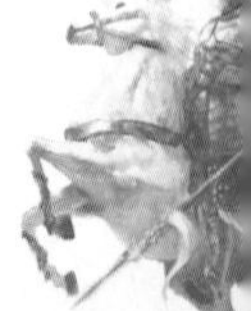

才是順天應民之道。」曹操大喜，這才打消攻打徐州的念頭。

四

趙雲回到北平之後，正逢公孫瓚要起兵征討劉虞。

劉虞是朝廷宗室，自從任幽州牧之後，「務存寬政，勤督農植」，又在邊地開互市，在境內整頓鹽鐵的生產，長久下來，幽州各地呈現一番和睦太平的景象，吸引青、徐二州的百姓遷入，大大提升了劉虞的聲望，因此招惹公孫瓚的怨恨，這一次公孫瓚就是趁劉虞忙著安撫塞外烏桓、鮮卑等民族，在薊城屯兵，趁機發難。

趙雲上諫說：「百姓久歷戰事，都渴望過安定的日子，若是貿然征戰，只是徒增傷亡而已；況且劉虞也沒有什麼大過錯，請主公以百姓為重！」

公孫瓚不高興的說：「我看你是怕打仗吧？」

趙雲說：「既然從軍就不怕打仗。」

公孫瓚冷冷的說：「那你幹嘛替劉虞說話？」

趙雲又待辯解，公孫瓚卻說：「去不去在你，退下吧！」

趙雲退出帳後，心想：「主公如此不明，實非漢室之福，但若是此次不隨軍出征，百姓不曉得又要受害多深？不如且去，盡己一力，盡量使軍隊勿殘殺百姓。」於是便去對公孫瓚說：「末將願意領兵出征，但求主公勿錯殺一名百姓。」

公孫瓚大喜道：「這就對了嘛！但上陣與敵廝殺，會不會錯殺、誤殺，可就很難說，我盡量約束就是了。」

「唉……」趙雲無奈得發出一聲嘆息，輕微到只有他自己才聽得見。

劉虞知公孫瓚來攻，便率十萬兵眾予以抵擋，公孫瓚初戰失利，退回城內，被劉虞大軍團團圍住。由於薊城規模不大，劉虞部將提議只要用火攻，薊城就可輕易拿下。劉虞怕傷及無辜，便命令不准放火，再三告誡說：「罪魁禍首是公孫瓚一人而已，千萬不可傷害其他人。」

公孫瓚得知後，大笑的說：「劉虞真是迂腐啊。」便命趙雲徵募勇士數百人，出城往劉虞中軍衝殺。

劉虞大軍雖有十萬，但都是臨時拼湊而成，根本抵擋不住趙雲的猛烈攻勢，於是陣腳大亂，士兵紛紛潰逃。公孫瓚乘勝追擊，俘虜了劉虞和他全家老小，然後班師凱旋回薊城。

漢獻帝得知公孫瓚占據幽州，並俘虜劉虞，由於劉虞是皇室宗親，於是漢獻帝便派使者段訓前往薊城宣詔：增置劉虞封邑，督六州事；升任公孫瓚為前將軍，封易侯，假節督幽、并、青、冀四州。

公孫瓚接詔後，便對段訓說：「皇上聖明，但恕在下難以奉詔從命。」

段訓詫異的問：「這是為何？」

公孫瓚趾高氣昂的說：「劉虞腐敗，保不住幽州，如今聖上卻增加他的封邑，又命他督六州事，那我公孫瓚豈不是以後要受他節制？這是什麼道理！」這時的公孫瓚正欲獨占幽州，哪裡肯放過劉虞。

公孫瓚又接著說：「劉虞曾與袁紹聯合，欲稱尊號，不把聖上放在眼裡，理應處死才對呀！」

段訓皺著眉頭說：「這是誣告吧？」

原來劉虞的兒子劉和在朝廷任侍中，漢獻帝要擺脫董卓的控制，便派劉和偷偷回幽州，命劉虞率兵勤王；當劉虞起兵時，公孫瓚卻慫恿袁術逮捕劉和，兼併劉虞兵馬，劉和得知消息後，星夜逃亡，被袁紹收留，因此事實根本不是如公孫瓚所說。

但公孫瓚欲將劉虞置於死地而後快，便不聽段訓勸告，將劉虞斬殺，而劉虞一家四十六口也跟著遇害。段訓無奈，只好回長安向漢獻帝覆命。

趙雲見公孫瓚無端加害劉虞一家，知公孫瓚此時正擁兵自重，自鳴得意，接下來可能就會與袁紹一決高下，自己再勸也沒有用，便決定離開公孫瓚，此時趙雲的兄長正好病逝，於是以奔喪為理由，向公孫瓚告假，正式脫離公孫瓚陣營。

第三章 古城龍虎際會

一

漢獻帝建安四年（公元一九九年），曹操東擒呂布、擊殺袁術，又掌握了被稱之為「天下要地」的兗州地盤，一時勢力大盛，然而當時稱雄的軍閥還有袁紹、劉表、馬騰、劉備等人，曹操為盡早統一北方，便召開軍事會議，討論相關事宜。

曹操問帳下謀士：「目前北方較有勢力的有袁紹、馬騰、劉備三人，應當先征討誰才好？」

程昱首先站起來說：「馬騰屯軍西涼，將勇兵猛，不可輕易用兵，只要用計將他誘入京城，再趁機殺害即可；而劉備如今據有徐州，帳下有關羽、張飛等武將，孫乾、糜竺等文臣輔佐，亦不可輕視；而袁紹屯兵在官渡，常有圖我許都的野心，當先起兵伐之。」

曹操搖頭說：「我倒不這麼認為，劉備乃是當世人傑，今若不擊，等到他羽翼已成，就難以圖之了。袁紹雖強，但生性多疑，不足為患。」

程昱擔憂的說：「主公所言極是，但若是我們東征劉備，劉備一定向袁紹求救，袁紹如果乘虛來襲許都，那就危險了。」

曹操覺得這倒是個大問題，思量片刻之後，打定主意似的，眼睛往底下的謀士掃過一遍，然後

目光就停在郭嘉身上。

郭嘉，字奉孝，穎川陽翟人，極富謀略，是曹操最得力的謀士之一。最初郭嘉是北上歸附在袁紹的陣營，但卻不受袁紹重用，後來透過荀彧的介紹，才加入曹操集團。他在曹操陣營中，屢出奇計，有很大的建樹，深得曹操信任。

郭嘉知曹操要他回答，向曹操發出會心的一笑後便說：「袁紹性格遲鈍多疑，底下的謀士又互相妒忌、排擠，起不了作用，若是我們東征劉備，量他也不會出兵來取許都；而劉備在徐州立足不久，眾心未服，丞相若是引兵討伐的話，當可……」

郭嘉頓了一下說：「當可一戰而定！」

曹操拊掌大笑：「好！好個一戰而定。奉孝所言正合我意，即刻起兵征伐徐州！」

此時在小沛的劉備得知曹操起二十萬大軍，兵分五路進攻徐州，便與孫乾商議退敵之策。孫乾說：「如今之計，只有求救袁紹，才可解徐州之危。」

劉備於是修書一封，命孫乾帶至河北見袁紹。

孫乾一到河北，便先去拜訪田豐，向其言明來意，並請田豐引見袁紹。

田豐於是帶著孫乾去見袁紹，卻見袁紹面貌憔悴，衣冠不整從內堂走出來，孫乾把劉備的求救信呈上，袁紹卻是看也不看，田豐不解的問：「今日主公為何如此模樣？」

袁紹嘆了一口氣說：「我就要死了！」

田豐嚇了一跳問：「主公為何這麼說？」

袁紹愁眉不展的說：「我有五個兒子，但其中就袁尚最得我喜愛；現在他患有疥瘡之疾，命在旦夕，為此，我擔心得飯也不能吃，覺也睡不好，難過得要命。」

田豐說：「如今曹操起大軍東征劉玄德，許昌內部空虛，若起義兵乘虛而入，不僅上可保天子，下也可救萬民，這是千載難逢的機會，希望主公不要放棄。」

袁紹訥訥的說：「我也知道這樣最好，但我心中恍惚，恐怕出兵不利。」

田豐問：「何來恍惚呢？」

袁紹說：「都是為了袁尚的病啊，若是他有什麼差失，我也活不長了，現在哪裡還有心情討論其他事呢。」

不管田豐如何規勸，袁紹就是不願起兵。田豐以杖擊地，氣急敗壞的喊：「這是難得的機會，主公竟以小兒之病而坐失，此機一失，大事去矣，可惜可歎啊！」

袁紹不理，轉頭對孫乾說：「你回去告訴玄德，若有不盡如意之處，可來投我，我自有相助之處。」

孫乾見袁紹不願發兵相救，便起身拜辭，星夜趕回小沛去了。

劉備知道情況之後，大驚的說：「這下徐州完了！」

站在一旁的張飛說：「大哥請勿擔憂，曹軍遠道而來，必定疲憊不堪，不如我們趁勢先去劫

寨，如此可破曹軍。」

劉備高興的說：「我向來以為你是一名勇夫而已，想不到你還頗懂兵法。」

張飛傻笑道：「大哥過獎了，我這是大姑娘出嫁─頭一遭。」

當晚夜色昏暗，劉備留孫乾守城，與張飛各領一千名輕騎，分兵兩隊向曹營進發。

張飛一到曹營，見曹營安靜無聲，帳中似乎還傳出鼾聲，自以為得計，正要下令進攻時，忽然四周火光大起，吶喊聲不斷，正東張遼，正西許褚，正南于禁，正北李典，東南徐晃，西南樂進，東北夏侯惇，西北夏侯淵，共八路軍馬殺到。

張飛知是中計，不敢戀戰，率軍左衝右突，前遮後檔，只求殺開重圍撤退；但所領軍兵，原是曹操手下舊部，見情勢不利，都下馬跪地投降去了；張飛在馬上揮舞著丈八蛇矛，刺倒了十幾名曹兵，正逢徐晃持大斧殺到，張飛大喝一聲迎上，正與他交戰時，後方夏侯惇、樂進、李典等人趕到，張飛料雙手難敵四拳，便拋開徐晃，盡力往前突圍，幾經廝殺，終於讓他殺開一條血路，這時身邊只剩數十騎跟定。

張飛敗逃之後，原本要回小沛，但路上全是曹兵，去路已斷；想要往下邳去，又恐曹軍半路攔截，百思無奈，只好往南方的芒碭山而去。

而劉備這一邊的情況更糟，還不到曹營寨門，就被曹軍從後面截去一半人馬；不一會，夏侯惇等人又趕到，劉備不敵，只好突圍而走，想要逃回小沛，卻見小沛城中火起，早已被曹軍攻占，轉身要往徐州，又見曹軍漫山遍野，截住去路，而後面夏侯惇等人又追上來；在這危急的時候，劉備忽然想起袁紹說過「若不如意，可來相投」的話，於是認定往青州的路，單騎落荒北逃而去。

劉備日行三百里，終於趕到青州，袁紹聽聞劉備前來，趕緊派人出鄴郡三十里迎接；待劉備一到鄴郡，袁紹接入廳堂說：「我因小兒病重的緣故，所以未派兵救援，為此怏怏不安，如今幸得相見，大慰生平渴想之思。」

劉備拜謝道：「備乃一介村夫，很早就想投入門下，奈何機緣未到；如今被曹操所攻，妻兒失散，想將軍容納四方之士，所以不避羞慚，特來相投，望將軍收容。」

袁紹說：「曹操的敵人就是我袁紹的朋友，你就放心在我這裡住下吧。」

劉備感激的說：「將軍如此大德，有朝一日，備誓當圖報。」

袁紹大笑說：「哈哈哈！這倒不必，哈哈哈！」

於是劉備便與袁紹同回冀州。

曹操當夜攻占小沛之後，隨即進兵攻打徐州城，留守城內的糜竺、簡雍抵擋不住，只好棄城逃跑，陳登就把徐州獻給了曹操。小沛、徐州已得，曹操便與眾人商議攻取下邳事宜。

曹操問：「劉備的領地只剩下邳一城，應當如何攻取，你們獻上計來。」

荀彧說：「下邳城由關羽把守，此人猛不可當，況且又身負保護劉備妻小的責任，必定死守此城，一時之間可能難以攻取。」

程昱說：「雖難攻取，但若是不速取，恐怕為袁紹所圖。」

這時許褚不服氣的叫說：「關羽不過就是一個人嘛，有什麼可怕的，丞相讓我我帶大軍圍攻，還怕不能斬殺他嗎？」

曹操笑說：「許將軍言之有理，但我素愛雲長武藝人才，想要收為己用，不如派人去說降他，

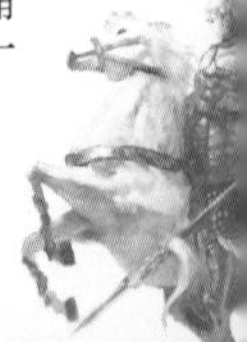

如此可好？」

郭嘉說：「關羽這個人義薄雲天，一定不肯歸降。若是派人去說，恐怕反而被害呢。」

曹操沉吟道：「這倒是一個問題……」

就在眾人拿不定主意的時候，帳下一人出班說：「我與關羽有點私交，願前往說服他來歸順丞相。」眾人聞言視之，乃是張遼。

郭嘉說：「文遠雖然與關羽有舊交，但我觀察此人，不是用言語可以說服的，我有一計，使他進退無路，然後文遠再去遊說，必能前來歸順。」

曹操大喜說：「是何妙計，奉孝趕緊說來。」

郭嘉說：「關羽有萬人之敵，非智謀不能取……」

許褚不快的插話說：「萬人敵能夠拉牛嗎？」

許褚是曹操的貼身侍衛，力大無窮，未投靠曹操前，在家鄉與族人組織自衛隊抵抗黃巾賊；有一次許褚與賊寇商量，以牛換米，等到米一送到，許褚就牽牛給對方，其中有兩隻牛奔走，許褚快步趕上，以雙手抓住兩隻牛的尾巴，硬生生的把牛拉回，賊寇嚇得連牛也不要就退走了。

夏侯惇推了推許褚說：「你讓軍師把話說完嘛。」

許褚瞪著眼哼了一聲，就不說話了。

郭嘉接著說：「丞相可派劉備手下投降之兵，入下邳城去見關羽，只說是逃回的，便伏於城內為內應；接著引關羽出戰，詐敗誘他追趕，然後以精兵攔截他的歸路，等他走投無路時，自然就好說服。」

曹操大喜說：「就依奉孝之計！」

於是命徐州降兵數十人，逕往下邳去見關羽，關羽也不疑有詐，便把他們留在城內。隔日，曹操命夏侯惇帶一千兵馬到下邳城叫戰，關羽就是不出。夏侯惇便命十幾個人在城下辱罵。

「關羽號稱萬人敵，卻是躲在城內的縮頭烏龜！」

「劉備、張飛敗逃，關羽怕戰，說出去可讓人笑掉大牙！」

「如此怕死，乾脆回家抱老婆好了！」

曹兵是愈罵愈難聽，關羽氣不過，便引三千兵馬，出城與夏侯惇交戰，戰約十餘回合，夏侯惇詐敗，撥馬便走，關羽大喝：「逃哪裡去！」便策馬追趕；關羽往前追趕約二十里，唯恐下邳有失，提兵便回，忽然一聲砲響，左邊徐晃，右邊許褚領兵殺到，關羽奪路而走，徐晃、許褚也不追趕，只命弓弩手放箭射殺關羽士兵，一時箭如雨下，關羽手下士兵死傷無數，關羽見狀，幾次回馬要救，都被箭雨射回。

就在奔馳之際，忽然一支箭飛射過來，射中關羽的馬，那馬驚恐的長嘶一聲，頹然跪倒在地，關羽沒了馬，眼見部下兵士不得救，只好步行回下邳。不料走到半路，又被夏侯惇領軍截住，關羽隻身戰至黃昏，體力漸漸不支，又無路可歸，只好奔至一座土山上暫時歇息；由於曹操下令不得斬殺關羽，夏侯惇便命兵士只將土山圍住，不讓關羽下山。

正當關羽在山上歇息時，卻遙遙望見下邳城中火光沖天，原來是曹操派出的詐降兵在城內放火，又偷開城門，讓曹操大軍殺入城中。關羽見下邳火起，心中驚惶萬分，連夜幾次衝下山去，都被亂箭射回。

二

關羽在山上捱到天明，正要再度下山衝殺時，忽見一人騎馬上山，一看乃是張遼。關羽提刀向前問道：「文遠是來抓我關某？」

張遼棄刀下馬說：「我是來救你的。」

關羽詫異的問：「莫非文遠來助我下山？」

張遼搖搖頭說：「不是。」

關羽又問：「既然不是來助我，那你所為何來？」

張遼說：「如今玄德不知去向，益德生死未卜，昨夜曹丞相已攻破下邳，城內軍民盡無傷害，更派人護衛玄德家眷，不許曹兵驚擾，曹丞相如此寬宏相待，我特來報給你知曉，希望你能歸順丞相。」

關羽聽了勃然大怒，義正嚴辭的說：「我雖身處險地，但絕不投降曹賊，你回去告訴曹賊……」關羽提高音量說：「關某視死如歸！」

張遼又要勸說，關羽揮手打斷說：「別再說了，我是不會投降的；你趕快離去吧，我即刻下山迎戰，你我下次再見面時就是敵人了。」

張遼語重心長的說：「你這麼說可是會被天下人所恥笑的。」

關羽慨然說：「我仗忠義而死，安得天下人所恥笑？」

張遼說：「你若今日戰死，便有三罪。」

關羽說：「何罪之有？」

張遼說：「當初劉使君與你結義時，誓同生死，倘若有一日使君復出，而你戰死，欲求你相助而不可得，豈不是有違當年之盟誓？這是第一條罪；劉使君放心的將家眷託付給你，若是你今日戰死，二位夫人將無所依靠，如此有負使君所託，這是第二條罪；你武藝超群，兼通經史，不思與使君共扶漢室，徒逞匹夫之勇就死，哪能稱之為義？這是第三條罪。」

張遼見關羽似乎有所動搖，便接著說：「今曹兵四面包圍，你若不降，則必然戰死；但徒死無益，不如暫且先降丞相，再四處打聽劉使君的音訊；如此一者可保二位夫人安全，二者不違背桃園之約，三者可留有用之身以報效國家，有此三便，希望你能詳加考慮。」

關羽聽完後雙目微閉沉思，過了一會才緩緩的說：「我有三條約定，若丞相能答應，我自當卸甲歸順，若是不能答應，我情願身負三罪而死。」

張遼說：「丞相為人寬宏大量且又愛你之才，莫說三條，就是三十條，丞相也會答應。」

關羽說：「第一，我曾與皇叔發誓，共扶漢室，所以我今日所降是降漢帝，而非降曹丞相；第二，曹丞相須以皇叔的俸祿發給兩位大嫂，且上下人等，均不許到門打擾；第三，若是有朝一日，關某探得皇叔下落，不管千里萬里，便當辭去；如此三件事，缺一不降，文遠可速回報曹丞相。」

張遼於是便回下邳城內向曹操回報，曹操見關羽願降，樂不可支，滿口答應。

隔日，關羽隨曹操班師回許都，曹操特撥一府給關羽居住，三日一小宴，五日一大宴，又經常送些綾羅綢緞及金銀器皿給他，待之如上賓，希望藉此收買關羽的心。

曹操如此厚待關羽，關羽通常只是輕聲道謝而已，這樣的情形早已引起曹操麾下武將的不滿。

有一日，曹操又設大宴，宴請眾文臣武將，宴席上，曹操以客禮請關羽上座，關羽連聲道謝也沒

有，老實不客氣的就往上坐，與會的眾人都對著關羽怒目而視。

這時許褚忽地站起來，怒目橫眉的說：「關雲長！聽說你武藝超群，口說無憑，讓我這個『虎癡』來會一會你。」

關羽起身拱手說：「那些都是旁人妄加的虛名，不足掛齒。」

許褚喝道：「打一場就知道虛不虛了！」然後轉頭對曹操說：「請丞相同意我和關羽比試一番。」

這時曹操也想試試關羽的武藝，於是便笑說：「好！我也想看看兩位的武藝，但須點到為止，不准傷害到對方。」說完便命人牽馬到廳堂外面的廣場，等到雙方都穿好防護盔甲，許褚隨即跳上馬，舞著大斧向關羽殺去，關羽也上馬挺刀接戰。

雙方你來我往，鬥了一百多個回合，不分勝負；許褚一時性起，當場卸了盔甲，裸著筋盤肌實的上身，與關羽決戰；兩人又鬥了三十餘回合，許褚奮力揮斧，霍霍的砍向關羽，關羽閃過，隨即回刀砍向許褚的肩膀，許褚以斧擋住，鏗鏘一聲，兵器都碰出了火花，關羽手一麻，心想：許褚這人真是力大無窮。於是趕緊策馬向旁閃出，許褚隨即追上，又是一斧一斧的砍，關羽也不敢大意，橫刀回擋，兩個人在馬上戰得昏天暗地，在旁的眾人都看得屏息無聲。

這時關羽所騎的馬忽然前腿一軟，體力不支的往前便倒，關羽也被拋跌下來。許褚見狀大喜，提著斧就要砍將下去。

「停手！」曹操在旁大喊。

在曹營中，許褚只聽曹操的命令，許褚聽得曹操的聲音一出，趕緊收斧往旁邊站定。

曹操大笑說：「好好好！一個虎癡，一個武聖，我今天真是大開眼界了，哈哈哈！」說完後命人拿出金銀珠寶賞賜給許褚，又叫人牽一匹馬來，那馬渾身火紅，狀甚雄偉，曹操指著馬問關羽：「你可識得此馬？」

關羽看了看說：「莫非是呂布之前所騎的千里馬─赤兔？」

曹操笑說：「哈哈哈！正是赤兔，我知道你騎的馬在下邳城被射死，於是想以此赤兔馬相贈；英雄不騎名馬，哪叫英雄呢？」關羽高興得一再拜謝。

曹操詫異的問：「我累次以美女金帛相贈，你都不曾道謝；現在我只是送你一匹馬，你卻喜而再拜，這是什麼緣故呢？」

關羽興高采烈的說：「我知道此馬能日行千里，今有幸得到，若是探知兄長下落，關羽騎乘此馬，只需一日便可相見。」

曹操當場愣住了，自己盡心盡力討好關羽，金銀珠寶，綾錦名馬，無所不贈，想不到他還是忘不了劉備，常懷去心，覺得此人若是不除，將來必與我為敵；曹操看著關羽，忽然目露凶光，雙手握著腰間的玉帶，略微往上提了提。

在旁的郭嘉想起上次孔融介紹來的禰衡，因為口出狂言，裸衣怒罵，曹操想要殺他，也曾有過這樣的動作，現看曹操手提玉帶，知道曹操又要殺人了，於是趕緊跪呼：「丞相英明！」

眾人搞不清楚狀況，以為郭嘉是讚曹操禮遇人才，也跟著齊聲歡呼：「丞相英明！丞相英明！」

曹操聽到呼聲，猛然驚醒，並呼了一口氣，自己差點因為一時的衝動，而破壞自己愛才的美

名。於是不冷不熱的說：「雲長義薄雲天，真叫人佩服。」

宴席就在這樣尷尬又殺氣騰騰的氣氛中結束了。

三

趙雲離開公孫瓚之後，便單人單騎要回常山真定奔喪，趙雲行至一處無名的村落，有幾十棟的房子整齊的排列在道旁，趙雲停下馬來，想討碗水喝，才發現十室之中竟有九空，趙雲心想，百姓可能都逃避戰禍去了。趙雲不由得感傷起來，思緒一下子飄回到自己從軍前：

朝廷被董卓掌握之後，董卓放縱士兵燒殺搶劫、姦淫擄掠，並收聚財寶、奸亂宮廷、無惡不作，以至挑起其他諸侯的不滿情緒，爭相發兵討伐董卓。

漢獻帝初平元年（公元一九〇年），曹操因不願與董卓同流合污，所以回陳留郡招兵買馬，並向各路諸侯發出討伐董卓的檄文：

操等謹以大義布告天下：

董卓欺天罔地，滅國弒君，穢亂宮禁，殘害生靈，狼戾不仁，罪惡充積！今奉天子密詔，大集義兵，誓欲掃清華夏，剿戮群凶。望興義師，共洩公憤，扶持王室，拯救黎民。

檄文發出後，共十八路諸侯起兵響應，諸侯們齊聚在酸棗這一個地方，誓言討伐董卓，共扶漢室。各路諸侯公推袁紹為盟主，歃血誓盟，以反對董卓廢立皇帝為口號，軍馬總數共二十萬，浩浩蕩蕩殺向洛陽。

關東大軍營寨綿延連接二百餘里，著實讓董卓懼怕，於是董卓殺太傅袁隗、太僕袁基及袁氏宗族數十人，並鴆殺弘農王，挖掘帝陵及公卿墓塚陪葬品，收為己有，接著又焚洛陽宮室，並遷漢獻帝及關東數百萬百姓西入長安。

董卓火燒洛陽造成「舊京空虛，數百里中無煙火」的慘況，讓東漢兩百年政治、文化、經濟中心的帝京，短短三個月的時間，變成了一片瓦礫廢墟。

而關東聯軍雖然打著扶助皇室的旗幟，但除了曹操之外，各路諸侯加入聯盟，其實是為了自身的利益，打響名號、搶奪地盤或是趁亂掠奪，才是各路諸侯最後的目的。

聯軍的兵力及裝備雖然遠在董卓之上，但由於是臨時編成的混合軍，盟主袁紹又欠缺果斷，遲遲不下總攻擊的命令；各路諸侯都希望保存自己的實力，沒有人願意主動發動攻擊，對於他人的主動出擊，更採取袖手旁觀甚或是互扯後腿的態度，內部開始出現爭雄混戰的局面，最後因糧盡而解散。

當時自己正投在袁紹帳下，聯軍解散後，因觀察到袁紹沒什麼大志，所以才改投公孫瓚，沒想到公孫瓚也是個窮兵黷武的莽夫而已。

離開公孫瓚之後，還有誰可以值得自己去投奔呢？

江東孫策勇猛豪氣，善於攻戰，但胸無大謀略，未成氣候，只能為寇，不能成王。

荊州劉表大有名氣，但徒有虛名，偏守一方，難成大事。

曹操雖然愛才，但血洗徐州的殘暴行徑，讓自己寒心。

劉璋、張繡、張魯、韓遂、馬騰……等人又是自私、心胸狹窄、目光短淺的人。

這些人為擴張地盤而四處征戰，百姓就是被這些軍閥害得家破人亡，無辜生靈被這些自稱英雄

的人踐踏著……

現在想來，這世上只有劉皇叔才是真正有仁德的明主，於是當下決定，回鄉奔喪之後，便去徐州投靠劉備。

這時土牆後面傳來女人的呼救聲，打斷了趙雲的思緒，趙雲策馬跑向前去，看到一個女人披頭散髮的躺在地上，有四個山賊正露出邪惡的淫笑，爭相拉扯著她的手腳，其中一個已經強壓了上去。

趙雲吼道：「你們幹什麼？」

那四個山賊抬起頭來，露出不耐煩的表情，其中一個從地上撿起腰刀揮了揮說：「你算哪根蔥，敢來壞大爺們的好事？」

趙雲也不答腔，跨個箭步上前，就一槍狠狠的刺進他的胸口。

這些山賊原本就是欺弱懼強之輩，其他三個山賊見狀，趕緊鬆開那女人，拔腿逃命去了。

趙雲救了那個女的，便取些銀兩要她離去。

不料那女的卻跪地哭說：「壯士救命！」

趙雲趕緊把她扶起來，問：「妳有何事相求呢？只要是有道理的，我一定替你做到。」

那女的告訴趙雲，她叫小蓮，是隔壁村莊的人，由於離這個村莊不遠處有一臥牛山，上面聚集了數百名的黃巾賊餘黨，不時下山來侵擾，她的丈夫裴元紹便組織村民與之對抗，長久下來，山賊雖恨得牙癢癢的，但也無法越雷池一步。

小蓮哭哭啼啼的說：「今日活該有事，我隨我家相公進城去採買武器、糧食，也不曉得山賊是如何得知的，早上帶著一彪人馬，殺進村莊來，村民不敵，不是被殺就是被擄去，我公公和婆婆也慘遭殺害；後來我相公回來一看，咬牙切齒的提槍要去找山賊報仇，便把我先安頓在此，不料卻被幾個山賊發現，若不是壯士相救，我就被污辱了……」

趙雲聽完後，破口大罵山賊太可惡。

小蓮接著說：「我家相公上山去已一個多時辰，生死未卜，請壯士代為上山尋找。」

趙雲問：「我這就去，但不知臥牛山是在何處？」

小蓮說：「就在此去西南方三十里處。」

趙雲說：「你且在此處藏身等候，待我上山去把你相公救回。」

小蓮感激的說：「多謝壯士，壯士一路小心。」

趙雲撥馬便走。

小蓮看著趙雲的背影，忽然想起一件事，大聲的喊問：「壯士可否告知大名？」

趙雲頭也不回的說：「我乃常山趙子龍！」

四

關羽在白馬替曹操斬了袁紹的大將顏良和文醜後，劉備得知關羽在曹操處，便寫了一封信，交給袁紹部將陳震，偷偷送去許都給關羽。關羽收到信後，知是劉備寫來的信，便趕緊打開來看，上面寫道：

備與足下，自桃園結盟，誓以同死；今何中道相違，割恩斷義？君必欲取功名，圖富貴，願獻備首級以成全功！書不盡言，死待來命！

關羽看完後，知道劉備誤會他了，激動的哭說：「關某豈是圖富貴而背誓約的人？」

陳震說：「既然不忘舊盟，應當速去相見。」

關羽說：「人生天地間，無始無終者，非大丈夫。我來時明白，去時不可不明白，你先回去告知我大哥，等我向曹操辭行，就帶著兩位大嫂去鄴郡相見。」於是便寫了一封信交由陳震帶回。

關羽於是入內將情形告知兩位大嫂，然後留書一封，掛印封金，跨上赤兔馬，手持青龍刀，率領舊日跟隨的軍士和僕役，護送二位夫人離去。關羽一行人走了五天，終於到達黃河渡口，只要過了黃河就是袁紹的地方，關羽恨不得趕快與他大哥相見，便急命軍士去僱小舟渡河。

等到舟船找齊，正要上船時，背後有人大喊：「關將軍等一等！」

關羽以為是曹操派來阻擋他的，便提刀在手，等到回頭一看，乃是孫乾。

孫乾跑向前來說：「劉皇叔派我來此接關將軍到汝南去。」

關羽問：「不是在袁紹處嗎？」

孫乾說：「因為關將軍替曹操殺了顏良和文醜，袁紹一不高興，便要殺皇叔，幸好皇叔命大，脫身往汝南劉辟處去了，皇叔怕關將軍不知道這事，還到袁紹處，反而被害，因此叫我在此等候。」

關羽感嘆的說：「想不到我為曹操立功，卻差點害死我大哥。」

於是便與孫乾保護著二位夫人往汝南進發。

走了幾日，遙望一座山城，關羽問當地居民說：「這是什麼地方？」

居民說：「這座城名叫古城，數個月前，有一個自稱張飛的將軍，將縣官逐去，占據了古城，之後便四處招兵買馬，囤積糧草，如今城內已有四五千人。」

關羽寬慰的說：「自從徐州兵敗，三弟就不知下落，沒想到在這裡重逢。」

於是命孫乾入城通報，要張飛出來迎接二位大嫂。

孫乾入城見張飛後說：「今日終於又見到張將軍了，皇叔如今人在汝南，而關將軍保護著二位夫人，現正在城外，請張將軍出迎。」

張飛聽了喊了一聲：「知道了！」隨即披衣持矛上馬，領著一千名士兵出城。

在城外的關羽，遠遠見到張飛前來，興高采烈的拍馬向前，急急問道：「三弟可好？」張飛也不答腔，睜著環眼，倒豎虎鬚，大吼一聲，揮著長矛向著關羽就砍。關羽側身躲過，驚訝問道：「三弟為何如此？難道忘了桃園結義之情嗎？」

張飛怒斥道：「你這無義之人，有何面目來見我？先刺你幾矛再說！」說完又連刺了幾矛，關羽邊躲邊說：「我如何無義？」

張飛叫說：「你背棄大哥，降了那曹賊，享受那封侯賜爵的快活，今日來找我，是不是要我也投降去？我現在就與你拚個死活！」

這時孫乾剛好從城內走出，急忙叫說：「張將軍誤會了！」

張飛停手冷笑說：「連孫乾也被你們收買了？」

關羽終於落得空檔解釋說：「這事說來話長，我也難說，現今二位大嫂在此，詳細情形請三弟自問。」

二位夫人聽到關羽這麼說，揭簾探頭呼說：「三叔何故如此？」

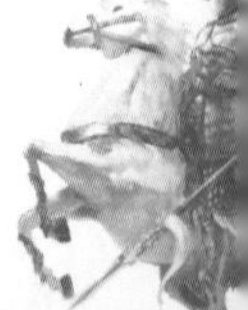

張飛回頭說：「二位嫂子勿驚，等我結果了這無義之賊，再請二位嫂子進城安歇。」

甘夫人說：「二叔因為不知道你們的下落，不得已才暫時棲身曹氏，三叔錯怪了。」

糜夫人也說：「二叔會留在許都，是出於無奈。」

張飛說：「嫂嫂休要叫他給瞞騙了！忠臣應該是寧死不屈，豈有事二主的道理！」

關羽無奈的說：「三弟冤屈了我。」

孫乾說：「關將軍事特定來找張將軍的。」

張飛指著孫乾，怒斥道：「你也跟著胡說，他哪裡有這麼好心，我看是來捉我的吧。」

關羽解釋說：「我若是要來捉你，怎麼不帶兵馬來？」

張飛手指後方說：「哼！那不是兵馬難道是木偶嗎？」

關羽回頭一看，後面果然塵埃四起，馬蹄聲咚咚震地而來，迎面大旗清清楚楚的寫著一個「曹」字。

張飛大怒說：「看你還有什麼話說！」又要挺著蛇矛刺去。

關羽急忙喊住：「三弟且慢，我就斬此來將，以證明我的真心。」

張飛說：「好！就給你三通鼓的時間，看你是真是假。」

斬蔡陽兄弟釋疑

關羽於是拍馬向前，見為首大將乃是蔡陽，舉刀便砍；這時張飛在旁親自擂鼓，一通鼓未盡，關羽便提著蔡陽的頭回來，其他的曹兵見主將被砍，都紛紛四散逃走了。

張飛見狀，知道是自己誤會了關羽，便跪在關羽跟前說：「張飛頭腦不清，請二哥勿怪。」

關羽將張飛扶起說：「三弟何出此言？二哥怎麼可能怪你呢，不打不是好兄弟嘛！」

張飛聞言抱著關羽痛哭。哭了一會，便請二位嫂嫂及眾人進城歇息，並引糜竺、糜芳參見二位夫人及關羽。當晚張飛設宴慶賀，大家互訴別後的遭遇，都不勝唏噓。

次日，張飛要與關羽同去汝南見劉備，關羽說：「三弟先留在此城保護二位大嫂，我與孫乾去汝南接大哥回來就行了。」

張飛應允說：「好！二哥怎麼說怎麼是。」

孫乾在旁挖苦說：「現在會二哥長二哥短了呀？剛剛還叫關將軍是無義賊呢！」

張飛只好尷尬的笑了笑。

關羽與孫乾一到汝南，便迫不及待的進城去見劉備。這時劉備正在太守府內枯坐，聽到下人報關羽前來，便高興得趕緊起身走向前門，並命人開門迎接。

劉備一走到門前，剛好關羽也到，關羽一見到劉備，激動得說不出話來，投地便拜。

劉備將關羽扶起，淚濆濆的直說：「二弟辛苦了……二弟辛苦了……」

兩人執手啼哭不已，都把手握得很緊，深怕會再分離。

這時一名老者帶著一個年青人走過來，向著劉備跪拜，劉備便問這是何人。

關羽說：「此人姓關，名定，是我在來汝南路上的一處村莊結識。」又指著那名年青人說：

「這是關定的次子，年方十八歲，說要跟著我從軍，我就帶著他們來了。」

劉備見關平身長八尺，面白嘴闊，便十分喜歡他，含笑的說：「好！好！」然後轉頭問關定說：「我二弟尚未有子，既然賢郎願意跟隨，不如叫我二弟收他為義子可好？」

關定高興得眼淚直流，直說：「有出息了！有出息了！」

關平便跪拜關羽為義父，稱劉備為伯父。

隔日，劉備等人收拾行李，要回古城與張飛會合。一行人走到一處山下，關羽見此山草木茂盛，蓊蓊鬱鬱，又坡陡谷深的，便問：「這是何處？」

有家鄉在此附近的士兵答道：「此為臥牛山，上面聚集了許多山賊。」

關羽於是號令說：「大家一切小心！」

正是說話之間，前面數十騎馬來到，為首一人黑面虬髯，身材十分高大。關羽趕緊命軍士保護劉備，然後挺馬上前，橫著刀站在路中央。黑大漢來到離關羽幾步前便停馬不動，仔細著端詳關羽。過一會黑大漢突然開口問：「你是關雲長嗎？」

關羽說：「我就是！」

那名黑大漢急忙下馬，跪在路旁說：「周倉拜見。」

關羽嚇了一跳說：「壯士何曾認識關某？」

周倉便說他原本是黃巾軍張寶帳下部將，張寶死後，他便聚眾在臥牛山為賊。因為之前跟隨張寶時，曾見關羽討黃巾賊勇猛，便生敬慕之心。周倉又說：「昔日曾識尊顏，恨不能相隨，今日有幸拜見，如果將軍不棄嫌，我願早晚為將軍執鞭隨鐙，死也甘願啦！」

關羽說：「你若是隨我，你那些手下怎麼辦？」

周倉說：「都願跟隨！」

關羽一時拿不定主意，便去請劉備過來。

劉備心想：自己也正在逃難當中，如何還能帶著這批賊寇同行？於是上前說：「壯士大義，劉某十分感佩，但因目前尚有不便，不如你先回山上，等我到古城與我三弟相會後，再來相招。」

周倉急忙叩首說：「倉乃是粗莽之夫，只因一時糊塗才落入賊道，今遇將軍們，如重見天日，豈能就此錯過？」這時從後面走上一個粗眉大漢插話道：「對啊！我們的山寨都被奪了，不跟你們，我們跟誰去呀？」

劉備瞇著眼睛問：「這位壯士是？」

大漢粗裡粗氣的說：「我叫廖化，襄陽人，也幹過黃巾軍，後來跟著周倉大哥上山討生活耶，我們有心歸正，就看你們收不收了。」

周倉在旁斥道：「廖化休得無理！」然後對劉備揖說：「都是粗人，請勿見怪。」

劉備覺得這些人率直得可愛，不能因為他們落草為寇，就把他們都打翻掉，將他們引到正途來，藉以報效國家，也是美事一樁。思考一番之後，便說：「既然各位壯士有心，那你們就暫時跟

在關將軍的帳下吧，往後就看你們立功了。」

周倉和廖化見劉備願意收下他們，喜不自勝的跪地拜謝，後面的十餘人也都一齊下馬跪拜。

劉備趕忙請他們起來，疑惑的問：「剛剛你們說山寨沒了，是怎麼一回事？」

周倉便詳細的將失寨的情形一一道出。

五

趙雲答應小蓮尋找裴元紹後，便提槍策馬，直上臥牛山。一路上遙望，只見此山四周盤繞著山巖和山峰，層巒疊嶂，地勢甚是險峻；枯萎的樹木倒掛下來，靠在凌空的石壁上，蓋住當頭的烈日；瀑布急水拍擊石頭的聲音，在山壑中迴響著，像是雷鳴一般，若不是賊寇占領，這裡倒是一幅如詩如畫的景色。

整座山只有一條黃泥路可以上去，只要有人守住這路口，就是一萬人的軍隊也上不去，難怪官府拿山上的賊寇一點辦法也沒有。趙雲行至一處彎道，就聽到遠處傳來兵器互擊及喊殺的聲音。趙雲驅馬上前一看，只見數十名大漢圍攻一個騎著白馬的人。趙雲認定那騎白馬的就是裴元紹，見他袍上滲血，知道他已受了傷，再打下去就要吃虧了，便策馬上前助他。

賊寇見有人來助，便分批來圍趙雲，只見趙雲毫不畏懼，舉槍突刺，只見銀光亂閃，一槍結果一個。趙雲連續刺死十餘人後，賊寇亂成一團，有的躲進樹林裡，有的逃下山去，其中幾個慌忙入寨報知寨主。

當時裴元紹上山來叫戰時，寨主周倉認為不過是隻不知天高地厚的鼠輩，便命手下出去迎敵，自己則坐在堂內喝酒；不一會，見幾名嘍囉爭先恐後的擠進堂內，周倉不禁怒喝道：「慌慌張張的做什麼？」

嘍囉們面如土色的稟報說：「有……有……有人來搗寨了……」

周倉怒斥道：「不就是一個村夫嘛，你們那麼多人也打不過，是幹什麼吃的？」

嘍囉顫聲的說：「裴元紹倒沒什麼，但現在卻有一個人上山來助他，此人耍起槍來，甚是厲害，已經有十多名弟兄喪生在他槍下了……」

周倉氣得舉腳把稟報的那人踢倒，罵了一句「沒有用！」便提著鋼鞭出去了。

周倉一出門口，見趙雲和裴元紹正往這邊奔來，便氣沖沖的舉鞭迎了上去。

周倉邊騎邊問：「來者何人？」

趙雲也不回答，舉槍就向周倉猛劈下去，周倉趕緊提起手中的鋼鞭向上一擱，「噹」的一聲巨響，只震得周倉虎口發麻，眼冒金星，連鋼鞭也脫手飛上了天。正驚訝之際，見趙雲又一槍刺來，慌忙俯身緊貼馬背，雙腿猛夾馬腹，轉身便走。其他的賊寇見寨主如此不濟，再打下去也是白費性命，也跟著周倉往山下逃命去了，山上頓時成為一座空寨。

趙雲趕走賊寇之後，便去探視裴元紹的傷勢，裴元紹感激的跪地說：「壯士救命大恩！」

趙雲把他扶起，便把小蓮拜託他的前事說了。裴元紹聽了又跪下去說：「救命救妻的恩德，雖萬死也難以回報，不知壯士大名？」

趙雲說：「我姓趙，名雲，字子龍，常山真定人。」

裴元紹高興的說：「常山真定？我故居石家莊，你我也算是小同鄉了。趙大哥對我有救命大恩，又有同鄉之誼，不如你我結為異姓兄弟如何？。」

趙雲見裴元紹是個非常有正義感的人，這種人很合自己胃口，便一口答應。由於趙雲的年紀較大，因此趙雲為兄，裴元紹為弟。趙雲見裴元紹肩膀受傷，便提議先暫時待在山寨休養，等傷勢好一點再下山報官，裴元紹連忙稱好。

不到半天的時間，又聽山下叫罵，趙雲認得是周倉的聲音，便起身對裴元紹說：「賢弟先在此稍候，待我下山去逮了那個惡賊，再來找你。」

裴元紹說：「大哥小心！」

趙雲便全副披甲，持槍驟馬下山。

周倉早跟劉備說好對策，由自己去引趙雲下山，然後讓關羽與他對戰。因此周倉一見趙雲下來，回馬就走。關羽見對方誘到，便縱馬向前，架著青龍偃月刀，就等一戰。

這時後面的劉備忽然眼睛一亮，大喊道：「前面來的人可是子龍？」

趙雲聽到熟悉的聲音，仔細一看，原來是劉備和關羽，便趕緊翻身下馬，伏地便拜。周倉在旁看得都驚呆了，不知這是怎麼回事。

劉備將趙雲扶起，說：「太好了！果然是子龍，但子龍為何不是在公孫瓚處，會到此地？」

趙雲說：「自從上次別了皇叔，覺得不想再待在公孫瓚處，便告辭離去，後來公孫瓚因不聽善言，以致兵敗自焚………」

劉備驚訝的說：「公孫瓚死了？」

就在曹操攻占徐州之後，袁紹發動大軍包圍公孫瓚的薊城，公孫瓚派遣他的兒子去向黑山賊求援，想要裡應外合一舉擊潰袁紹；公孫瓚與黑山賊約定進攻的日期，以燃火為信號，不料書信卻落到袁紹的手中，袁紹就命士兵假冒援軍，如期在外放火，公孫瓚誤以為救兵來到，就率軍出來作戰，卻被埋伏的袁軍大敗，公孫瓚只好退回城裡固守；袁紹又命人挖掘地道，穿出地面縱火，公孫瓚見大勢已去，走投無路的情況下，就把妻兒子女完全殺盡，然後再自殺而死。

趙雲接著說：「公孫瓚死後，袁紹屢次派人招我，我想袁紹是跟不得的人，便沒有答應；本來要去徐州投靠皇叔，後來聽到徐州失守，皇叔失蹤的消息，深感無我容身之處，便想回鄉奔兄喪後再作打算，沒想到在此遇見叔。」

趙雲又把受人之託，上山解救裴元紹，並與裴元紹結為兄弟的事一併說了。

劉備笑說：「當初周倉說有一極其威武，卻不知姓名的人，一個人就把山寨挑了，我們還在想是誰如此勇猛。」

周倉在旁不耐的叫說：「這是怎麼一回事啊？」

劉備介紹說：「這位就是在界橋打敗文醜的趙子龍。」

周倉嚇了一跳，吐了吐舌頭說：「也不早說，還好我逃得快。」

眾人都因周倉的話，笑得合不攏嘴來。

劉備此時知公孫瓚已死，趙雲也有投己之意，暗自心喜，但又不便把話說得太明，希望趙雲先行表態，於是說：「我初見子龍，便有留戀之意，今日有幸再與你相遇，可見，上天對我還算不薄。」

趙雲感激涕零的說：「雲奔走四方，志在擇明主而事，而天下明主未如皇叔的；今如得相隨，乃是生平所願，雖肝腦塗地也無恨了。」

劉備大喜，當下收了趙雲，又命人去山寨接裴元紹下來，又回村莊去接小蓮，然後率眾前往古城。這時張飛早在古城內等得心煩意躁，直喊：「大哥怎麼還未到？」

一聽到報說劉備一行人已經到來，便帶著二位大嫂和糜竺、糜芳、簡雍前去迎接。眾人見面，又是一陣感嘆哭泣，訴說失散之情；劉備見兄弟相聚，又得趙雲、關平、周倉、廖化、裴元紹等人加入，安慰不已，命人殺牛宰馬，先拜謝天地，接著犒賞諸軍；又招開宴會，一連醉了幾天。歡宴過後，趙雲暫時向劉備辭別，說要回鄉奔喪。

劉備流著淚說：「子龍早去早回，免得我相思之苦。」趙雲應允，劉備便命裴元紹與趙雲一齊同行。這是劉備第三次對趙雲流淚了，但這次卻是欣喜的淚、含笑的淚。

劉備將趙雲送到城外，再三囑咐趙雲早日歸來。

趙雲和裴元紹「得—得—」的馬蹄聲，慢慢遠去，直至隱沒不見。

劉備抬頭望見，西方的晚霞包裹著血紅的殘陽，一道紅光斜射著大地，像是一條飛龍；旁邊伴隨著一片孤雲，連接著天邊，顯出黑沉沉的樣子，像是一隻臥虎。

龍者，能興雲雨，利萬物，為四靈之首；虎者，能招風勢，穰萬災，為祥獸象徵。

雲從龍，風從虎。

劉備喃喃的說：「今日君臣重聚義，正如龍虎會風雲。」

趙雲、關平、周倉、廖化、裴元紹這些人，後來追隨劉備南征北討，立下無數汗馬功勞。

第四章　官渡之戰曹軍大敗袁紹

一

春風和煦，陽光明媚，山邊開始長出嫩綠的雜草，枝頭也綻出綠意，小鳥爭著啼唱，一派鬧春的喧嘩景象。

但在官渡卻是呈現著肅殺的氣氛，北面，是袁紹的七十萬大軍，旌旗如林，刀槍閃閃，盔甲鏗鏘，營寨連綿九十餘里；往南面看，是曹操的七萬軍兵，雖然人數不如袁軍來得壯盛，但氣勢如虹，早已排好森嚴的方陣。

曹操身穿金盔金甲，錦袍玉帶，立馬陣前。左右站著夏侯惇、夏侯淵、曹仁、曹洪、張遼、許褚等武將，身後是郭嘉、荀攸等謀士。更後面是五千名弓箭手，五千名敢死隊，一萬名撥弩手，一萬名騎兵和四萬名步兵。

遙望遠方的袁紹大軍，曹操的心情如波濤般起伏不定，他回想著為什麼會與袁紹在官渡對陣。

漢獻帝建安二年（公元一九七年），曹操征討張繡回許都後，袁紹派人送來書信，信中寫到由於要討伐公孫瓚，所以要向曹操借糧借兵；由於信中的言辭非常傲慢，讓曹操十分生氣，於是問郭嘉：「袁紹如此可惡，因此我想藉機討伐他，奈何我現在的實力還不夠，該怎麼辦？」

郭嘉為增加曹操的信心，便向曹操說：

劉項之不敵，公所知也。高祖惟智勝，項羽雖強，終為所擒。今紹有十敗，公有十勝；紹兵雖盛，不足懼也。紹繁禮多儀，公體認自然，此道勝也；紹以逆動，公以順率，此義勝也；桓靈以來，政失於寬，紹以寬濟，公以猛糾，此治勝也；紹外寬內忌，所任多親戚，公外簡內明，用人惟才，此度勝也；紹多謀少決，公得策輒行，此謀勝也；紹專收名譽，公以致誠待人，此德勝也；紹恤近忽遠，公慮無不周，此仁勝也；紹聽讒惑亂，公浸潤不行，此明勝也；紹是非混淆，公法度嚴明，此文勝也；紹好為虛勢，不知兵要，公以少克眾，用兵如神，此武勝也；公有此十勝，於以敗紹無難矣。

這就是歷史上有名的「十敗十勝論」，郭嘉以劉邦、項羽為例來鼓舞曹操的意志，並從道勝、義勝、治勝、度勝、謀勝、德勝、仁勝、明勝、文勝、武勝十個角度來評價袁、曹二人，其深入的見解與侃侃而談，讓曹操聽後哈哈大笑：「如照你所說，我如何擔當得起？」

這時剛投靠曹操的孔融卻說：「袁紹土廣民強，其部下如許攸、郭圖、審配、逢紀都是智謀之士；田豐、沮授乃一介忠臣；顏良、文醜二人武藝高強，勇冠三軍；其餘像是高覽、張郃、淳于瓊等人，俱是獨當一面的名將。」孔融建議曹操不可與袁紹為敵。

急欲統一北方的曹操，聽到孔融這麼說，臉色馬上拉了下來，很不高興的哼了一聲。

郭嘉見曹操動氣，瞪了孔融一眼，趕緊補充說：「袁紹兵士雖多，但因為領導無方，軍紀紊亂，打不得仗的；田豐，剛愎犯上，許攸貪婪不智，審配專斷無謀，逢紀多忌無用；這幾個人，互不相容，久之必生內變。至於顏良、文醜嘛，只會逞匹夫之勇，一戰可擒。其餘碌碌等輩，縱有百萬之眾，何足道哉！」

曹操這才轉怒為喜說：「還是奉孝深知我心。」於是當下決定出兵攻打袁紹。

現在看到袁紹的七十萬大軍，雖然經過三年的備戰，也在白馬斬殺了顏良、文醜，但自己的軍隊人數連袁紹的十分之一還不到，有把握打贏這場仗嗎？

「得……得……」馬蹄聲打斷曹操的思緒，負責在前方打探軍情的于禁，策馬來到曹操身邊說：「袁軍好像準備要進攻了。」

「唔……」曹操若有所思的捋著腮上的鬍鬚。

郭嘉似乎看透曹操的想法，於是走上前來說：「袁軍雖多，但士氣低落，不足畏懼。我軍都是萬中挑一的精銳，必能以一當十。」這時荀攸也上前說：「我軍糧草不多，若是急戰，還可得勝；若是對峙日久，就不利我軍了。」

曹操聽了點點頭，於是舉起手來，夏侯惇等人早就在旁磨拳擦掌、屏息以待，就等曹操手一揮，就要上前殺他個夠。

這時曹操忽然問：「荀彧留守許都，沒有問題吧？」

曹操害怕有人趁他與袁紹在官渡對戰時，趁機舉兵攻打許都。

郭嘉說：「荀軍師智謀過人，許都萬無一失。」

荀攸也說：「我叔叔必能死守到大戰結束。」

曹操這才滿意的長嘯一聲：「動手！」

曹操的喊聲夾雜著戰鼓聲，曹軍一時熱血沸騰起來，夏侯惇首先率著五千名敢死隊衝向前前，

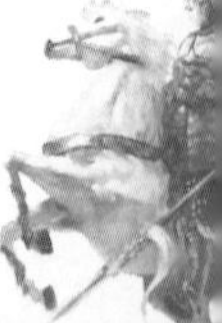

接著是各式戰車和弓弩手，四萬名主力軍則在後壓陣，吶喊聲如海潮大浪，鋪天蓋地襲去，壓迫得袁軍喘不過氣來。

袁軍前鋒主將張郃見曹軍攻來，便率領三萬名步卒迎了上去；高覽、淳于瓊也各率一萬名步卒從旁側進攻；兩軍瞬時碰在一起，就像兩道波濤互撞一樣，彷彿聽到滂滂的聲音。

「咚—咚—咚—」戰鼓齊擂；「殺—殺—殺—」戰士吶喊。

戰場上一下子染滿了鮮血，夏侯惇越過倒下來的屍體，大力的砍著他身邊的敵人，雪亮的大刀向密集的敵軍平劈過去，削落幾個人的頭，鮮血飛濺，嚇得後面的袁軍紛紛逃避，不敢向前。這時張郃趕到，大喊：「撤退者死！」起刀順手殺了幾個想要逃離戰場的士兵，其他士兵見狀，又往夏侯惇圍了過去。

夏侯惇咆哮地猛揮大刀，但袁軍像是流水一樣，砍也砍不斷，前面一批倒了，後面又一批補了上來，怎麼殺都殺不完。

夏侯惇在馬上想，怎麼夏侯淵等人還不來呢？趁著回刀轉頭一看，見夏侯淵、曹仁、許褚被審配率領的袁軍團團圍住，正在衝突；曹洪則被高覽纏住，兩人正在廝殺；至於張遼，好像被圍在外邊，看不到。

「碰！」袁軍後方忽然一聲砲響，審配出現在土堆上，命弓弩手放箭，弓弩手一齊振臂亂射，頓時萬箭齊發，射死無數曹軍。夏侯惇正要躲避，不料馬蹄落空，跌入陷阱裡頭，夏侯惇全身狼狽，袁軍的長槍兵見狀，湧過來要殺夏侯惇，幸得張遼來救才保得一命。

站在高崗上的曹操，見一時不能取勝，於是下令暫時收兵，而袁軍也得勝回營。

戰場上，滿是鮮血，屍體滿佈，有的橫躺，有的血流滿面，有的眼睛還未閉上，有的當胸插滿利箭，滿地刀、槍、矛，散落一地，兩軍的旗幟也插滿箭矢，四處更是倒斃的戰馬和被踐踏而死的士兵，陷阱裡盡是屍體，重重相疊，慘不忍睹……………

雙方在經過這場大戰之後，都按兵不動，在經過一個多月的相持，形勢對於兵少糧缺的曹操開始不利，而豫州各郡受袁紹的招降，官員很多都開始叛變，使得曹操的後方很不安定。曹操在這危急的情況下，想棄官渡退兵回許都，於是作書遣人回許都問荀彧意見，荀彧回信說：

> 承遵命使決進退之疑。愚以袁紹悉眾聚於官渡，欲與明公決勝負，公以至弱當至強，若不能制，必為所乘，是天下之大機。紹軍雖眾，而不能用；以公之神武明哲，何向而不濟！今軍實雖少，未若楚、漢在滎陽、成皋間也。公今畫地而守，扼其喉而使不能進，情見勢竭，必將有變。此用奇之時，斷不可失。惟明公裁察焉。

荀彧當時已看清袁紹雖然兵多糧足，但卻是紙老虎一隻，於是他回書給曹操，提出了「伺機待變」的決策，他認為決定成敗的因素在於誰能「等變」，並看出對方之「變」，然後及時抓住戰機，出奇而制勝。曹操得書後大喜，便命將士死守。

二

正當曹操為兵糧問題發愁時，一名軍士進帳來報：「南陽許攸來見。」

曹操心頭一亮，破愁為笑自語道：「我大事可成了。」歡喜得來不及穿鞋，赤著腳跑出去迎接。曹操一看見許攸，便熱情的問候，然後攜著他的手入帳。

二人進到帳內，曹操伏地便拜；許攸慌忙扶起說：「曹公乃是漢朝丞相，我只是一介布衣，何

須如此大禮？」

曹操親昵的說：「子遠乃是我的舊識，豈能以名爵來分上下？」

許攸說：「我不識明主，居身在袁紹處，但他對我言不聽，計不從，不肯重用我；今日前來，是特來投靠的，希望曹公收留。」

曹操刺探的問：「子遠前來，是教我破袁紹之計？」

許攸答非所問的說：「我曾建議袁紹以輕騎兵偷襲許都。」

曹操失聲道：「若是袁紹用子遠之計，我將無立足之地！」

許攸忿忿的說：「袁紹就是不用，真是可恨！」

曹操見許攸繞來繞去，就是說不到主題去，覺得應該要下一帖猛藥才行。於是說：「子遠如能助我擊敗袁紹，統一北方，如此大功，操必不敢忘。」

許攸眯著眼問：「如何不敢忘？」

「這個許攸太可惡，還未建功，就先與我討價起來啦？看我以後怎麼對付你！」曹操恨恨的想。將欲取之，必先與之，曹操知許攸貪婪，決定先給他一個承諾再說，於是說：「不知尚書令如何？」尚書令可是朝廷總典綱紀的三品官佚，許攸不覺心動，也不管曹操是不是信口開河，當下決定將準備好的計策獻出來幫助曹操。

許攸開口問：「今曹公的軍糧，不知還有多少？」

曹操說：「還有一年的存量。」

許攸笑說：「依我看恐怕未必。」

曹操尷尬的說：「實不相瞞，還有半年的存量。」

許攸拂袖而起，走到帳外說：「我以誠相待，而你卻以謊言相欺，我走了！」

曹操搞得灰頭土臉，趕緊拉回許攸說：「子遠不要生氣，軍中之糧還可撐三個月。」

許攸冷笑說：「此非實話，世人都說曹孟德是個奸雄，果然如此呵！」

曹操遂靠近許攸的耳朵，低聲的說：「軍中只剩下這個月的糧食了。」

這時許攸從袖中拿出一封書信，高舉著說：「別再欺瞞了，你的糧食已盡！」

曹操一看，許攸手中乃是自己派人送回許都的催糧信，不知怎麼落到許攸手中。

曹操見謊言戳破，便懇切的說：「兵不厭詐，子遠勿怪才是，請子遠教我如何破敵吧。」

許攸說：「我有一策，不出三天，就叫袁紹百萬之眾不戰自破，曹公可知是何良策？」

「廢話！知道的話我幹嘛還在這裡跟你磨蹭。」曹操心理雖然這麼想，但嘴巴還是說：「請子遠教我。」

許攸說：「袁紹的軍糧和輜重，都屯放在烏巢一地，只命淳于瓊把守著，這淳于瓊是個酒鬼，日夜喝酒，毫無防備；曹公可挑選精銳偽裝成袁兵，詐稱護糧，到時候乘機放火一把，燒了他的軍糧輜重，袁軍不出三天就會自亂。」

曹操大喜，命人取酒菜來招待許攸，酒酣耳熱之際，許攸趾高氣昂的說：「別忘了你答應的的尚書令呵。」

曹操滿臉堆笑說：「一定！一定！」

「等我破了袁紹，再來收拾你，去陰間當你的尚書令吧！」曹操心理罵著。

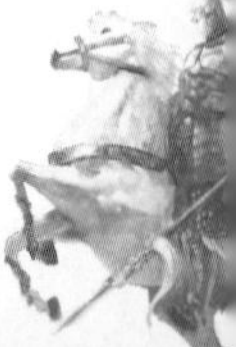

因為烏巢被劫，袁軍的軍心大落，都喪失了鬥志，在曹操的強烈的攻勢下，張郃、高覽率兵三萬名投降，其餘袁軍不戰自潰，四散奔走；袁紹帶著長子袁譚、次子袁熙、三子袁尚渡過黃河北逃，曹操一路追趕，又俘虜了數萬名的袁軍將士，並接收了袁紹全部的軍用物資。

官渡一戰，袁紹兵敗如山倒，曹操繼袁紹之後，成為北方的新霸主。

袁紹一路逃回冀州，卻在倉亭被曹操大軍追上，袁紹便引軍入城，命人修築城池，準備滾石檑木，加緊備戰。

東漢末年的築城技術大為進步，為了增加防禦力，城牆頂上築起女牆和城垛口，可以拋木丟石；城牆外壁增築了向外突出的敵樓，可以從側面發箭防禦城池；城垣之外，還有寬約三十尺的護城濠溝，濠溝上裝置可以起落的吊橋，敵人來襲時，可升起禦敵。

袁紹命袁尚與審配守東門，袁熙與高幹守西門，逢紀守北門，袁譚則率五千弓弩手登上敵樓，發箭抵擋曹軍。袁紹自己則防守正對曹軍的南門，佈置已畢，袁紹大呼：「今日若不死戰，必為曹賊所擒！」袁軍於是士氣高漲。

曹操命曹洪於各寨挑選壯士共數百名，用鐵鍬土擔，於城下堆築土山，袁軍見狀，出城衝殺，都被弓弩手射回；不到一日的時間，城下共築成土山五十餘座。

在曹操一聲令下，曹仁率三千名弓箭手站在土山上，向城樓發射弓箭，壓制城上守軍的攻勢，掩護己軍攻城；夏侯惇率五千名步卒冒著城上如飛蝗般的利箭，逼近城下，架起雲梯，強行攻占城頭；夏侯淵率五千名步卒推著巨大的圓木猛撞城門；曹軍前仆後繼的進攻，終於逼近牆腳架起雲梯，開始往上爬；袁軍早就準備好一桶桶滾燙的熱油，就往爬上雲梯的曹軍頭上淋灑下去。

「好燙啊——」四周傳來悽慘的嚎叫聲，有的士兵像倒栽蔥般，摔到地上一命嗚呼，有的士兵因為燙得受不了，也不管城牆多高，看見濠溝有水，就往下跳；不到半刻的時間，濠溝裡堆滿了焦黑的屍體，空氣中瀰漫著一股燒焦的味道，曹軍們都掩著鼻子攻城。

「轟—隆—」這時一道閃電衝破厚厚的雲層，像是一條吞噬大地的巨龍，狂風暴雨隨即侵襲而來，狂暴的驟雨和肆虐的閃電，遮蓋住士兵的喊殺聲，但曹軍還是冒雨還是進攻著，大地就像上演著一齣攻城默劇。

烏雲密佈讓站在高崗上的曹操看不清前方的情況，心頭不由得緊張起來。

忽然一道閃電劃過，曹操在閃光中看到——城上袁軍丟下無數的巨石和檑木，城下一個個壓得變形的身軀在哀嚎爬行著………

曹操用手抹去臉上的雨水，心想：「初夏的驟雨來得好快………」

曹軍第一波攻勢受挫，謀士程昱便向曹操獻十面埋伏之計。

「丞相可組織十隊敢死士兵，命他們立於西門河邊，此時河水暴漲，我軍無可退路，必會死戰，破城可待。」程昱自信滿滿的說。

郭嘉在旁聽了不免嘆了一聲，喃喃自語道：「有時候謀臣殺的人比武將還要多，造孽啊！」

曹操聽從程昱的建議，命夏侯惇、夏侯淵、張遼、李典、樂進為右五隊，曹仁、曹洪、徐晃、許褚、于禁為左五隊，共十隊轉向西門進攻。

當時已經半夜，曹軍趁夜攻城，由於視線不佳，雙方只能靠著喊殺聲來辨別敵我，然後再舉刀死命砍殺。黑沉沉的天空，血淋淋的大地，慘烈列的嚎叫，積澱成一座殺戮煉獄………

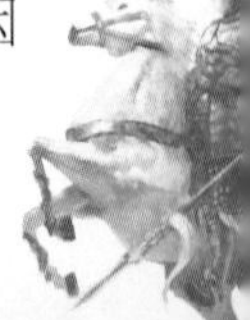

雙方鏖戰至天明，忽地嘩啦一聲。

「城破了！城破了！」曹軍士兵齊聲大喊。

曹操的臉上露出了微笑，就像朝陽驅散了烏雲一樣。

曹軍進城，又是一陣屠殺………

袁紹在袁譚和高幹的保護下，奮力衝突，才從南門逃出，由於只顧倉促逃命，一些機密文件、書信都來不及帶走。曹軍在整理戰場時，從袁軍丟棄的圖書中，發現有書信一批，均是駐守在許昌的官員以及曹營中的將領，在官渡之戰前，暗地與袁紹陣營互通的信件，大部分都是一些投降書，還有一些是曹營的軍事機密文件。

於是有人就建議曹操：「可逐一點收信件並比對姓名，然後逮捕起來殺掉！」

但曹操卻說：「當袁紹極強大的時候，連我都不能自保，更何況是別人呢！」於是連看也不看，就下令焚燒這些信件，決定不加追究，因而穩定了人心。

曹操看得很遠，他知道雖然在官渡打敗袁紹，但袁紹還擁有北方大片土地，勢力仍不可輕忽；如果對密通信件的人逐一追究並殺害，不僅造成人才的損失，更會因查緝的行動，而使得人心惶惶，在人人自危的情況下，向心力會顯得不足，這對曹操集團的傷害將來得更大。

況且當時想要投降袁紹的人，是對曹操的信心不夠，想為自己留條後路，如果曹操被袁紹打敗，說不定還可以在袁紹處謀得一官半職；但後來這些人發現，以曹弱袁強的現實條件下，曹操尚能以寡擊眾，已有稱霸北方的態勢，這些人對曹操的信心徒然大增，不再有投降袁紹的念頭，因此不追究反而比追究來得有利。

袁紹由於兵敗，氣急攻心，回到鄴郡之後便吐血不止，昏倒過去；眾人把他救醒之後，袁紹起身大叫：「我歷經戰場數十載，沒想到今日如此狼狽，可恨不能再與曹賊一決雌雄！」說完後吐血斗餘而死。

三

在汝南的劉備獲報曹操出征河北袁紹，認為機不可失，便想偷襲許都，於是召開軍事會議，聽取大家的意見。

會議上，孫乾率先發言：「許都糧食充備，荀彧又大有機謀，恐怕不是那麼容易攻取。」

張飛不以為然的叫說：「曹操我都不怕了，荀彧算什麼！」

關羽斥道：「三弟不可輕敵！」

張飛說：「本來就是嘛，曹操這次北征，忙得焦頭爛額，我們攻占許都，然後埋伏起來，等他一回師，就來個甕中捉鱉。」

周倉跟張飛一樣性子，拍手附和道：「好啊！甕中捉鱉。」

簡雍擔憂的說：「曹操會留荀彧守許都，就是有十足的把握。」

張飛說：「這是廢話嘛！不然會叫個黃花大閨女來守城啊？我的意思是說，管他是荀彧還是荀幾的，打過去再說。喂！你們兩個也說說話啊。」

站在張飛旁邊的關平、廖化眉頭緊鎖，一時拿不出意見來。

有人贊成，有人反對，劉備一時懸而未決；劉備見趙雲從剛才一直都沒有發言，便想聽聽趙雲的意見，於是問趙雲：「子龍，依你看呢？」

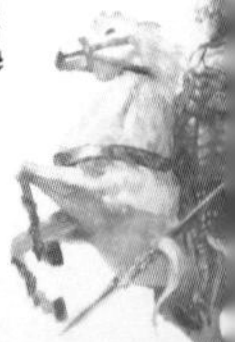

趙雲說：「若是趁曹操與袁紹初戰時，攻襲許都，或許還有勝機；但現在曹操已大敗袁紹，我們偷襲的時機已失。」

眾人聽了，便都沉默下來。

趙雲接著又強調說：「就算我們攻占許都，但如果曹操率軍南返，依我們目前的兵力是守不住的，到時候反而被困在曹操的境內，被甕中捉鱉的將是我們。」

劉備聽了不由得猛點頭，覺得趙雲不僅勇猛，又有戰略眼光，是個難得的大將，幾句話就說到重點去了。

張飛叫說：「那不就是寡婦死兒子—沒指望了？真氣死人了。裴白面，就你還沒說。」

裴元紹身高九尺，形狀甚為威武，但由於長得白白淨淨的，所以張飛都叫他裴白面。

裴元紹說：「我跟大哥的看法一樣。」裴元紹十分敬佩趙雲，自從拜趙雲為義兄後，便處處以他的意見為意見。

張飛動氣說：「你要有自己的想法嘛！」

裴元紹委屈的說：「大哥說得對呀。」

關羽說：「子龍說的有道理，大哥須三思。」關羽向來都是簡簡單單的幾句話。

張飛忽然無名火起，大吼道：「人家曹操都敢去打袁紹了，我們還怕什麼？再討論下去，就等曹操來打我們了。」

劉備被張飛這麼一喊，又覺得有道理，便起身踱步思考著。

劉備踱了一會，斬釘截鐵的說：「我決定出兵了。」

西北風呼呼地刮著，樹上的葉子啪啪作響，焦黃的枯葉隨風飄落，落葉又被秋風追趕著，吹得滿地都是，人馬一走過去，便發出「啪滋—啪滋—」的聲音。

騎在馬上的劉備忽然感嘆起來，覺得自己就像那落葉一樣，四處飄零，到現在還沒有一個立身之地；這次進攻許都，是否正如趙雲所說，最好的時機已過？但自己卻執意進攻，是不是在自己的潛意識裡，總希望能占有一處地盤？往南看，荊州劉表與自己同宗，不可能去進攻他，而江東孫策又太南邊了。往西看，漢中張魯雖然昏聵，但有地形上的優勢，依自己目前的實力是不可能戰勝；益州劉璋，想都不敢想。往東看，孔融和陶謙兵敗後，全部都變成曹操的勢力範圍，現在唯一可以取得的，就只剩下許都了，希望這次上天能夠眷顧，不要再讓自己這樣飄蕩了。

擔任前鋒大將的趙雲，也與劉備看到同樣的景象，但他想的卻不一樣，他回頭看著自己的本部軍，排成一條長龍似的向前走著，這些士兵們有的是從家鄉跟隨自己過來的，但大部分是慕他的名而來投軍，然後編入自己部隊的，趙雲待他們就像兄弟一樣。

趙雲想起昨晚去營帳巡視，當時士兵們正在炊糧，大鍋煮出來的飯飄著一股濃郁的香氣；士兵們看到趙雲走過來，全部都站起來致意。

趙雲趕緊揮手說：「忙你們的吧。」

大家還是圍了過來，有個士兵遞過一碗飯來給趙雲。

趙雲接過來說：「明天就要打仗了，大家早點休息，上戰場之後要多保重。」

士兵們齊聲說：「跟著趙將軍就會打勝仗了！」

趙雲聽了覺得心頭沉甸甸地，他們都如此信任自己，但這次肯定是一場硬仗，不知道有幾個弟

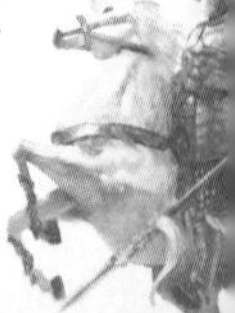

兄可以活著回來？而作為大將的，就是要盡量讓他們平安歸來；想起自己的責任是那麼重大，趙雲只好拍了拍他們的肩膀，然後靜靜的坐下來與他們一起吃著飯……

劉備為爭取時間，命大軍須日行百里，一日只可兩餐，以便趕在曹操回許都之前偷襲成功。還好當時已進入秋天，就算是急行軍，對將士來說還不是太辛苦。

一日大軍行至穰山，正值黃昏，劉備便讓三軍就著山谷休息，並命起鍋造飯。等到晚飯煮好，士兵們正在吃的時候，忽然從山谷四面八方湧出無數曹兵，由夏侯惇、許褚、徐晃三人帶頭衝殺過來。「殺啊——上啊——」

「快啊——活捉劉備——」劉備的士兵們正在吃飯，大家都還來不及撿起兵器作戰，嚇得往谷口逃散，誰知道夏侯淵早已埋伏弓弩手在那，見劉備軍的兵士跑來，便發令射箭，許多士兵都慘死於箭下，其他的士兵知不能過，便回頭去與曹兵廝殺；混亂中有人大喊一聲：「曹軍要放火了！」

關羽和張飛怕困死谷中，趕快拋開周圍的曹兵，率軍往谷口殺出一條血路，讓趙雲保護著劉備離開，而裴元紹則率軍殿後；雙方在谷口展開一陣混戰，由於曹軍遠來困疲，漸漸不敵，夏侯惇等人只好鳴金收兵，回營休息去了。

劉備等人得以喘口氣後，便就地紮營，整頓軍備及醫療傷兵，關羽和裴元紹則各帶三千名士兵去守住谷口，防止曹軍來攻。

張飛踢著地上的飯鍋大罵：「他奶奶的！怎麼變成被曹操偷襲去了呢？」

劉備不解的說：「曹操不是在冀州嗎？」

「問他吧！」這時周倉抓著一名曹兵過來，把他踢倒在地上。

張飛跨過去一腳踏在那名曹兵身上問：「你們不是還在河北同袁紹打仗嗎？怎麼會在這裡？快說！不然你爺爺我一腳把你踩扁。」

那名曹兵嚇得面如死灰，躺在地上顫抖著說：「本來還在北方打仗，後來荀軍師從許都來信說……說你們會來偷襲許都，要曹……曹丞相趕緊回軍，就……就……就來了。」

劉備聽了大為吃驚，自語道：「荀彧如何探知？」

張飛命人將那名曹兵押走，然後罵道：「這曹賊，恨不得把他碎屍萬段。」

趙雲說：「很奇怪，曹軍這次來的並不多，會不會是………。」

劉備問：「子龍想到什麼，快說！」

趙雲不十分肯定的說：「會不會其他的曹兵都攻打汝南去了？」

劉備啊了一聲，失聲道：「若不是子龍提醒，我無家可歸了。」於是命關羽、張飛、周倉當晚率輕騎先行趕回汝南，其餘的將士明日一早拔寨隨後。

隔日劉備大軍離開山谷，走不到十里路，夏侯惇在山頭大呼：「別讓劉備走脫了。」然後率軍攻了下來。劉備嚇得慌忙尋路要走，趙雲奮勇的說：「主公勿驚，請隨我來。」

趙雲挺槍躍馬在前，為劉備殺出一條血路，這時徐晃提著大斧趕到，趙雲大喊：「裴賢弟保護主公！」然後便與徐晃交戰起來；裴元紹保護著劉備且暫且逃，走到一處僻路，心想曹兵可能不會追來了；冷不防從山塢旁擁出一彪人馬，為首大將高覽叫喊：「劉備快下馬投降！」後面的士兵也跟著喊：「下馬投降！」叫聲在山谷中迴盪著。

劉備仰天大呼：「上天要我死在這裡嗎？」於是要拔劍自刎，裴元紹趕緊搶下劍說：「萬萬不可，容我死戰保護主公。」便提槍上前迎戰高覽。

二人交手不到幾回合，高覽的後軍忽然亂了起來，原來是趙雲殺退徐晃後前來尋找劉備；趙雲一路衝殺過來，殺散了高覽後隊，而高覽連刀都還沒舉起就被趙雲一槍刺死。三人正要奪路而出，卻被夏侯淵率兵圍住，趙雲衝殺不出，幸好關羽、張飛、周倉引三百軍士趕到，合力擊退夏侯淵。

劉備帶著敗兵，逃至漢江岸邊，由於接近荊州的邊境，曹軍便不再追了。關羽將汝南被曹操奪去的消息告訴劉備，劉備眼神茫然的望著遠方，這次出征帶了三萬兵馬來，現在卻剩不到一千人，汝南又失陷，難道我的運氣就這麼背嗎？

劉備悲從中來，大哭說：「大家都是王佐之才，卻不幸跟隨了我；如今我已無立錐之地，不敢耽誤大家，你們何不棄我，去另投明主呢？」

眾人聽到劉備這麼說，也都掩面哭泣了起來。

趙雲勸說：「主公何必這麼說，昔日漢高祖與項羽爭天下時，屢戰屢敗，後來於九里山一戰成功，開創漢朝四百年的基業。勝負乃是兵家常事，主公千萬不可氣餒。」

劉備還是坐地大哭。

孫乾猛然想起，一過這個漢江便是荊州，於是說：「這裡離荊州不遠，荊州劉表坐鎮九州，兵強糧足，主公不如去投靠他？」

劉備帶著哭音的說：「恐怕他不能容我。」

孫乾說：「我願先去說服，一定讓劉表出迎主公。」

劉備這才破涕為笑，命孫乾星夜趕往荊州去見劉表。

這時一道微風吹過，劉備彷彿又看到一片落葉飄了起來，緩緩的落入漢江之中……

四

新雨下過，雨滴沾在低垂著嫩綠的枝條上，楊柳在春風中飄拂，宛如美女肆意舞動著。池塘裡擠滿荷花，涼風中吹送著荷花的香氣，遠眺青色的山巒綿延不斷，像是聚集了天地靈秀之氣。

漁夫正因滿載而歸，愉快的唱著歌，農夫們荷著鋤頭，坐在田埂上安逸的談笑著。這時遠方隱約傳來優雅的彈琴聲，正是描寫江南風光的「淥水曲」。

北方此刻烽火連天，戰雲密佈，但這裡卻呈現一幅平和的景象。

但對孫權來說，卻是無心欣賞。孫權站在樓台上，手扶著欄杆，極目遠望，心裡不覺煩躁起來。兄長孫策被吳郡太守許貢的門客刺殺後，把經營江東的重責大任交給自己；自己初掌江東，不僅以張昭為首的老臣在看著自己，此時在天上的父親和兄長也正看著自己吧！但實在是事務繁瑣，百廢待舉，真不知道從何下手。

孫權，字仲謀，生得方頤大口，碧眼紫髯，從他緊閉的嘴唇來看，就知道是個氣質剛強，有恆心的人。他是孫堅的第二個兒子，孫策的二弟，孫策臨終前握著他的手說：「若是舉江東之眾，決戰於兩陣之間，與天下爭衡，你不如我；但舉賢任能，使之盡心以保江東，我不如你。」孫策早把他看成是一個守成之君。

「我不要只做個守成之輩！」孫權在心裡吶喊著。自古得人者昌，失人者亡，「對了，就先從舉薦人才開始吧。」孫權如吃了一顆定心丸，轉憂為喜。這時屬下來報說周瑜求見，孫權想起兄長說過：「內事不決，可問張昭；外事不決，可問周瑜。」這個張昭，仗著自己是舊臣，倚老賣老，

不把自己放在眼裡，但周瑜是年輕人，與自己意氣相投，現在只能靠他幫忙了。

「快請！快請！」孫權趕緊拉回思緒說。

周瑜，字公瑾，廬江舒城人，外表長得風流俊秀，頗有機謀，與孫策結拜為義兄弟。

這時周瑜剛從巴丘提兵回來，為孫策弔喪後就來見孫權；周瑜一走進來，孫權就握著他的手說：「公瑾能來實在是太好了，願公瑾不要忘記先兄遺命。」

周瑜伏地頓首說：「孫氏兩代對我恩重如山，我願肝腦塗地，以報知遇之恩！」

孫權扶起周瑜，滿意的問：「那公瑾認為應該如何治理江東？」

周瑜說：「須求高明遠見之人輔佐，才可確保江東。」

孫權問：「公瑾可否試舉？」

周瑜說：「子布是賢達之士，足可擔當大任。」

孫權見周瑜舉薦張昭，鄙夷的說：「張昭還不夠資格！」

周瑜嚇了一跳，張昭認為孫權不過是毛頭小子，所以常常對他出言不遜，因此引起孫權不滿，這一點是眾所皆知的，或許孫權現在要開始起用新人，建立自己的班底也說不定，這樣看來，孫權的城府實在是比他父兄還要深沉。

周瑜心頭一亮，想起自己任巢縣長時，因為軍中糧食不濟，曾向當地一位富豪請求幫助，當時那位富豪家裡有兩倉米，每倉三千斛，當時那位富豪非常慷慨的給了周瑜一倉米。當時三千斛的米，就可以供給三萬名士兵五年以上的糧食。周瑜非常感激，便和他結成了好朋友。於是對孫權說：「我有一個好朋友，姓魯名肅，字子敬，臨淮東川人；這個人胸懷韜略，腹隱機謀，是個王佐之才，我願替主公將他請來，幫助主公成大業。」

孫權喜出望外，趕緊叫人準備禮物，命周瑜去聘請他來。

魯肅一到，孫權便請他上樓台來共飲，孫權求才心切，想要馬上聽聽魯肅的高見，便斥退在旁服侍的奴僕。

等到奴僕離開後，孫權舉杯說：「都是年輕人，子敬不必拘禮，現在沒有旁人，你我可以暢所欲言了。」

魯肅回敬問：「敢問將軍有何志向？」

孫權一飲而盡說：「如今漢室朝廷傾危，國內四處呈現紛擾的情況，我承父兄餘業，想要成就一番像是齊桓公、晉文公一般的功業，這樣就心滿意足了。」

魯肅仔細端詳著孫權的那張方臉，通常這種人能屈能伸，抱有遠大理想。

於是瞇著眼說：「恐怕不只如此吧？」

孫權笑著說：「如果不只如此，子敬要以何策教我？」

魯肅見孫權對自己這樣推心置腹，大為感動，便恭謹的說：「從前漢高祖要尊奉楚義帝而不成功，是由於項羽作亂所致。今日的曹操，就有如當年的項羽，將軍怎麼能做齊桓公、晉文公呢？我個人認為，漢室是不可能復興的，曹操也很難立即除掉；如果為將軍打算，只有鼎足一途，據有江東，再觀察天下的變化；將軍應該先消滅黃祖，再進攻劉表，等到把整個長江流域控制住了，建立起江東帝國後，再去逐鹿中原，這才是漢高祖所採取的辦法呢。」

孫權聽完魯肅的建議後，轉頭望著遠方，他看到滔滔不絕的長江，長江過去，就是富庶的襄樊

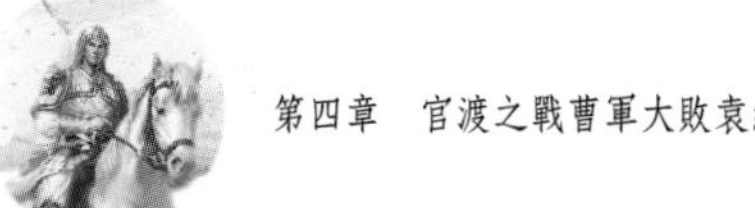

地區，越過這塊三角洲之後，就到達三輔之地，天下京城的洛陽，再往北，橫渡中國巨龍—黃河，八百里秦川的遼闊平原躍現在眼前，更北邊，一眼看不到了。

孫權愈想愈興奮，情緒高漲著，陶醉得自言自語：「據守……鼎足……帝王霸業……」

魯肅並不想打斷孫權的帝王夢，便微笑的坐在一旁。

「嘶——嘶——」

魯肅騎來的馬忽然鳴叫著，驚醒了孫權的美夢，孫權一回到現實，便想起了一個非常重要的問題來，那就是自己憑什麼去與天下爭霸？

孫權自嘲的說：「江東都還未站穩，哪裡還敢去想其他？」

魯肅說：「曹操統一北方是必然的，現在只有一個人可以幫助將軍。」

孫權哦了一聲問：「你說的是？」

魯肅一字一句的說：「劉玄德。」

後來魯肅奉孫權之命，前往拜訪寄居在荊州的劉備，並認識了趙雲，與趙雲長談之後，趙雲對世局的看法讓魯肅極為驚訝，由衷的說了一句：「能幫助劉備打天下的就是這個人了。」便與趙雲結成至交，奠定了日後蜀吳結盟的基礎。

魯肅或許還不知道，當他所提「鼎足江東」的戰略方針，傳到曹操的耳中時，正在寫字的曹操，毛筆不禁掉落地上，驚訝得久久不能言語……

「看來，不久之後又是一場大戰了……」曹操喃喃的說著。

第五章 趙雲單騎救主

一

一陣緊促的馬蹄聲劃破寧靜，急急忙忙的往太守府奔去。

「報！」劉表因劉備來投，正在設宴款待，聽到急報後不滿的問：「怎麼啦？」

來人說：「江南『宗賊』降將張武、陳孫兩人在江夏擄掠人民，共謀造反。」

劉表大吃一驚說：「這幫賊徒造反為禍百姓，我手下大將文聘又不在，這可怎麼辦才好？」

劉表，字景升，山陽高平人，西漢魯恭王劉餘後代，身材魁偉，氣度不凡，與汝南陳翔、同郡范滂、魯國孔昱、渤海范康、山陽檀敷、同郡張儉、南陽岑脛七人合稱「八俊」，也就是人中英傑的意思。

漢獻帝初平元年（公元一九〇年），劉表被朝廷任命為荊州刺史，荊州九郡皆歸劉表統治。當時的人形容劉表「南接五嶺，北據漢川，地方數千里，帶甲十餘萬」，成為長江中游地跨大江南北，實力雄厚的軍閥。

劉備見劉表有難，便站起起身說：「兄長請勿憂慮，我願領兵去討伐。」

劉表聽了大為高興，便命人趕緊點齊三萬兵馬交給劉備。

這時候蔡瑁跳出來說：「千萬不可！」

這個蔡瑁是劉表的小舅子，庸人一個，但因其姊的關係，劉表才讓他出來領導荊州水軍，他怎麼可能讓劉備這個外人搶了自己的功勞。

劉表問：「有什麼不可以的？」

蔡瑁說：「劉備先從呂布，後事曹操，最近又去投靠過袁紹，都沒一個固定，可見他這個人是見異思遷之輩，不可輕易信任。」

張飛拍著桌子叫說：「我大哥不是這樣的人，你可不要胡謅，狗嘴吐……」

劉備慌忙制止張飛說：「既然蔡將軍對我有所顧忌，兄長就讓蔡將軍前去平亂好了。」

劉表說：「他是水軍，哪會打陸戰。」

蔡瑁不服的說：「我可以等文聘將軍回來再一起去。」

劉表說：「等你們搞好，荊州就亂了；玄德跟我是漢室同宗，不可能會害我的，就這麼決定了。」

蔡瑁心想劉備不知道灌了什麼迷湯，不然自己這個平日沒什麼主見的姊夫，今天怎麼這樣堅決，應該趕緊將這個情形說給我姊知道才好，便悻悻然的退出了。

隔日劉備領軍來到江夏，張武、陳孫引兵來戰；劉備看見張武所騎的馬全身銀白，非常雄駿，不禁讚嘆：「這一定是匹千里馬了。」

話剛說完，趙雲就提槍策馬而出，往張武殺奔過去，不到三個回合就把張武刺死；趙雲隨手扯住轡頭，牽著馬回陣要獻給劉備；陳孫趕上前來奪馬，趙雲回身一槍，又把陳孫刺死，在場的士兵看了都大聲叫好，賊兵卻看傻了眼，都不敢殺向前來。

趙雲左手牽馬，右手提槍，氣壯山河的喊：「投降者免死！」

賊兵見趙雲如此英勇，就全部棄械投降，一場叛亂就這麼簡單給弭平了。

劉備得勝班師，劉表見他不費一兵一卒，非常高興，當晚設宴慶功，喝得大醉。

晃眼幾個月過去，有一天劉備正在看書，劉表隨從來說：「我家主公要我來請使君。」

劉備問：「在什麼地方？」

隨從說：「就在西園，請您跟我來。」劉備放下書跟著隨從就往西園去。

西園是劉表所建的後花園，劉備是第一次來，只見園中小徑曲曲折折，十分寧靜幽雅；園內亭臺樓閣，池榭曲橋，飛瀑流水，假山疊翠，花木蓊鬱，三步一景，造景相當雅緻，融合江南俊逸靈秀的韻味，讓人不出城郭便可一攬山水之勝；窗口、陽臺上擺滿盆景花卉，襯飾紅磚綠瓦，點綴交錯著；其中一條小溪貫穿整個園區，潺潺的流水聲，令人心曠神怡；精心栽植的各種花卉，淺紅、深紫、鮮黃、嫩白，千姿百態，爭奇鬥豔，春風一吹拂，充滿著濃郁迷人的香氣。

劉表喜歡養魚，園中魚池的建造，完全仿造春秋時代越國大夫范蠡所著的《養魚經》，上面記載：「以六畝地為池，池中九州八谷，谷上立水二尺，谷中立水六尺。」

「九州」就是魚池中設九個淺灘，「八谷」是在池底挖八個大坑，這樣池水有深有淺，不會因為季節變化及水溫高低而影響魚的生長。

劉表正在餵魚，一看見劉備過來，便熱情的迎上去問說：「你看我這個西園如何？」

劉備讚嘆說：「真是一處世外桃源啊！兄長的品味就是不同，難怪為八俊之首。」

劉表高興的說：「來來來！一起餵魚。」

魚池裡面養著數百條當時流行的鯉、鰱、草、青四類魚。

劉表把魚料遞給劉備，劉備沒有伸手去接，這讓劉表看了劉備一下。

「咦？」劉表問說：「賢弟臉上怎麼有淚痕呢？」

劉表每次找他，不是賞花就是飲酒，從來沒有一次是商量大事的，劉備在往西園來的路上，早已猜到會是這樣的結果，沒想到這一次竟是邀他餵魚，不曉得哪一天還會去划舟呢。

自己到荊州已經一年多了，除了上次平張武、陳孫之亂外，就寸功未立了；剛才看書讀到漢武帝平定匈奴、建萬世功的事績，就想起自己小時候，每次和家鄉的小朋友在樹下玩耍，就常對伙伴們說：「總有一天，我定會乘坐有蓬蓋的天子車。」現在不知能否實現這個願望，想著想著，不覺感嘆地留下淚來。劉備正要拭去淚水。

「哭？」這個念頭在他的腦中一閃而過，看來這次不用點方法，真的就要老死在荊州了。見劉表注意到他刻意留下的淚痕，劉備感傷的說：「眼看著日子一天一天的過，我也逐漸衰老，卻還沒有建立大丈夫的功業，想到此才不禁潸然流淚。」

劉表說：「我聽說賢弟在許昌與曹操共論天下英雄時，賢弟盡舉當今名士，曹操都不認同，僅對你說：『天下英雄，惟使君與操耳。』以曹操的權勢，尚不敢排名在你之前，你又何慮功業不成呢？」

劉備說：「若是有創業根本，天下那些庸碌之輩，我都不放在眼裡。」

劉表高興的說：「賢弟如此雄才大略，荊州有倚賴了。」

劉表還是聽不懂自己話中的意思，劉備更進一步說：「兄長坐擁九郡，兵多將廣，還有什麼好疑慮的呢？」

劉表皺著眉頭說：「賢弟有所不知，這幾年荊州頗不安定，不僅南越一族時常來犯，張魯、孫權等人又虎視眈眈，讓我深以為苦惱。」

「成了！」劉備心裡這樣叫道，但嘴巴卻說：「弟的手下有三名大將，關羽、張飛、趙雲都是萬人敵，可讓張飛巡視南越之境；關羽據守子城，以鎮張魯；趙雲據守三江，以擋孫權。」

劉表想了一下說：「這樣是好，但是賢弟應當知道，我老婆和蔡瑁向來疑你，賢弟所提這些地方，都是蔡瑁水軍駐防的地方，去了我怕你們處不來；賢弟不如帶本部兵去駐新野縣，新野邑屬襄陽，歸我長子劉琦所管，應該不會有問題。」

「劉表真是個好人。」劉備這樣想著。

劉表見劉備不答話，問說：「賢弟不願意？」

劉備慌忙拉回思緒說：「不不不！就聽兄長的吩咐。」

劉表說：「新野算是荊州的門戶，以後荊州的安危就靠賢弟了。」說完順手丟了一把魚料到魚池中。池中的魚見有飼料，紛紛快速的游向前來，數百條擠成一堆搶食，動作慢的就被擠到後面，眼巴巴的搶不到飼料。

「好人在這樣的亂世是無法生存的。」劉備看著池中的魚，若有所感的下著結論。

荊州橫跨今湖南、湖北兩省，並包括河南省南部，境內有長江、漢水及湘水流貫，位於南北交通要衝，是一個兵家必爭之地。

劉表若是生在治世，依他的才幹和資歷，可能會有一番作為，入閣拜相應該沒有問題；可惜的是他生在亂世，又錯就在他坐擁荊州九郡，將來必定成為各軍閥眼中的肥肉。

劉備到了新野之後，用心縣事，搞得軍民皆喜，政治一新。不知不覺過了五年，漢獻帝建安十二年（公元二〇七年）春天，甘夫人為劉備生了一個兒子，取名為劉禪，由於當初甘夫人夢見自己仰吞北斗星，然後才懷孕的，便把劉禪的乳名取為：阿斗。

劉備中年得子，十分的高興，常常抱起劉禪說：「阿斗，阿斗，口吞北斗！」逢人便說：「這個孩子將來一定很有出息！」

二

漢獻帝建安十二年（公元二〇七年），劉備在司馬徽及徐庶的推薦下，親自到襄陽城外十二里的隆中尋得諸葛亮，並以誠意打動他來輔佐自己。

諸葛亮，字孔明，瑯琊郡人，生於漢靈帝光和四年（公元一八一年），由於父母早亡，諸葛亮和他的弟弟諸葛均，就由在袁術手下擔任豫章太守的叔父諸葛玄撫養。

後來叔父諸葛玄去世後，諸葛亮就帶著諸葛均，隱居在南陽的隆中山，過著日耕夜讀的日子。諸葛亮也就是在這個時候，與水鏡先生司馬徽、博陵崔州平、穎川石廣元、汝南孟公威及徐庶等人結為好友，並拜襄陽名士龐德公為師。龐德公有一個姪兒，也就是日後與諸葛亮並稱的龐統，龐德公深知諸葛亮的才能，曾說：「諸葛亮是臥龍，龐統是鳳雛，而司馬徽是水鏡。」意思是說諸葛亮是等待一飛沖天的龍，龐統則是等待成為不死鳳凰的雛鳳，而司馬徽就是能夠如水鏡般，看透這兩人的奇才志略的人，後來這個「臥龍」的名號就這麼跟著諸葛亮了。

諸葛亮被劉備邀請擔任軍師一職時，只是個二十七歲的年輕人，毫無任何功績可言，但劉備卻拜他為軍師，並以師禮相待，張飛實在看不下去，便跑去對劉備說：「孔明身上的毛都還沒長齊，我看只要一打仗就要尿褲子了，外邊的人說他是臥龍，我看是一條睡龍哩！」

劉備說：「我得孔明，就像是魚得到水一樣，三弟不要亂說。」

其實不只張飛不服，跟隨劉備多年的關羽、趙雲、孫乾、簡雍等人亦不相信諸葛亮真有奇才，只是沒有明說出來而已。諸葛亮知道後，並沒有多加解釋，通常是笑而不理。

讓諸葛亮一展長才的機會終於來了。

曹操在朝廷罷三公之職，自以丞相兼之，穩固了政治實力後，便召諸將商議南征之策。丞相府內，曹操身穿紫衣，腰配玉帶，威武的坐在正中，座下文武百官分列。

曹操問：「現在我想南征劉表，大家說說你們的看法。」

曹操陣營中，謀臣如雲，猛將如林，曹操之所以能夠統馭他們，最主要的是曹操每次遇有重大決議時，都會召他們開會，讓每個人暢所欲言，而曹操也都能夠從善如流，這一點曹操頗感驕傲。

夏侯惇首先進言說：「我聽說劉備近來在新野每日練兵，如此下去必成後患，不如趁他羽翼未豐，早點派兵討伐。」

荀攸說：「我贊同夏侯將軍的說法，劉表本不足為患，現在若是我們先討伐劉備，劉表就失去依靠了，南征之路就會更順利。」

曹操問夏侯惇說：「劉備手下有關羽、張飛、趙雲等猛將，我讓你帶兵去征伐，你有何應對良策？」

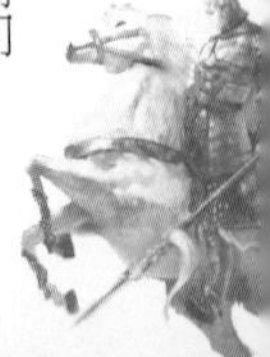

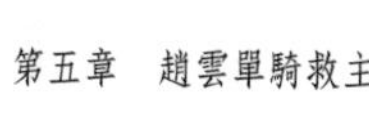

「踩！」夏侯惇豪氣的說：「我當劉備不過是隻螻蟻，只須一腳就把他給踩死。」

曹操拍著椅子的把手說：「好！夠壯氣。」

這時司馬懿出班說：「劉備不只有關羽、張飛、趙雲等將，我還聽說他從隆中尋得諸葛亮輔助，文武相加，如虎生翼，夏侯將軍千萬不可輕敵。」

司馬懿，字仲達，河內溫縣人，主簿司馬朗之弟，曾當過溫縣郡守，曹操晉位丞相後，提拔他為相府文學掾，是個思慮深沉的人。

夏侯惇不屑說：「仲達這是長他人志氣，滅自己威風了；諸葛亮是誰，我連聽都沒聽過，再厲害我都把他看成草芥，有什麼好怕的！我就生擒劉備，活捉諸葛亮給你們瞧瞧。」

司馬懿聽了也就不發一語。

曹操問站在一旁的荀彧說：「文若，你是首席謀士，說說你的看法吧。」

荀彧知道這次出征又不知有多少無辜百姓受害了，只淡淡的說：「丞相決定就好。」

曹操聽了心裡很不高興，這個荀彧和他的姪子不同，荀攸積極進取，對自己忠心耿耿，荀彧卻常以漢臣自居，當初要殺董貴妃他執意制止，自己要稱丞相，他也帶頭反

對，說什麼「不可欺漢室」，分明是和我作對嘛！但現在正是用人之際，曹操只好隱忍著。

曹操命夏侯惇為都督，于禁、李典、夏侯蘭、韓浩為副將，領兵十萬，浩浩蕩蕩殺向博望坡。

「射！」「步兵跟著上！」「動作快點！」校場上，士兵額頭上滿是汗水，衝鋒掀起的沙塵掩蓋住他們的身影，一片灰矇矇的，只能聽見鼓聲和喊殺聲。

關羽、張飛和關平三人正頂著炙熱的太陽，操練著士兵，關羽、關平負責的是步兵，張飛則是負責弓弩兵，所以混在一起訓練，而趙雲和裴元紹負責的是騎兵，所以在另一頭的騎馬場訓練著。只見孫乾慌慌張張的跑來，氣急敗壞的說：「夏侯惇帶兵殺向新野來了，主公請二位將軍到政廳議事。」

張飛眨著眼對關羽說：「哈！我們就去看看諸葛亮那睡龍怎麼迎敵。」

三人一到政廳，諸葛亮早已經在裡面了，張飛斜著眼對他冷笑一聲，諸葛亮裝作沒看見。劉備正焦急的踱著步，看到關羽和張飛二人進來，顫聲的問：「夏侯惇帶十萬大軍攻來了，新野兵力不到五千人，怎麼迎敵？」

張飛呶了呶嘴，故作輕鬆的說：「大哥為何不叫你那個『水』去迎敵？」

劉備說：「智謀要靠孔明，但勇力則須二弟，怎麼可以如此推諉呢？」

張飛沒好氣的說：「智謀靠他？我看到時候還要派兵保護他呢。」

這時趙雲和裴元紹剛好走進來，張飛吆喝著說：「子龍、裴白面，你們來得正好，孔明要帶我們去打仗哩。」

趙雲雖然不信諸葛亮，但還是委婉的說：「就讓軍師試一次嘛。」

張飛還要發言，關羽正色的說：「三弟別說了，聽大哥的就沒錯。」

劉備說：「那一切就請軍師調度。」

剛才的爭論，諸葛亮全看在眼裡，武將當中最不服自己的是張飛，但他是個率直的粗人，只要自己稍微嶄露一下才能，以後他就心服口服了；關羽不服自己又不明說，凡事只聽他大哥的，這個人要讓他折服可能要多用點心；裴元紹和關平二人從不表示意見，只想殺敵立功，這就比較好打發；至於趙雲，雖有不滿，但遇事以大局為重，倒是個可用的將才。

諸葛亮徹底的想過一遍，摸透幾人的個性後，也就曉得怎麼分配任務了。

「張將軍！」諸葛亮開口叫了一聲。

「有……」張飛懶懶的應答著。

諸葛亮也不介意，號令說：「博望的西面有一座山，名叫豫山，請張將軍率一千名士兵前去埋伏。」

「關將軍！」諸葛亮又喊。

「有！」關羽應道。

「博望的東面有一個樹林，名叫安林，請關將軍也率一千名士兵前去埋伏。」諸葛亮見二人沒有異議，就接著說：「你們二人看見曹兵過來，放他們過去，不要與他們對戰；等一看到南面火起，就領兵出來，放火燒他們的糧草。」

「裴將軍、關平將軍！」

「有！」裴元紹和關平齊聲應答。

「你們兩個各率五百名士兵，攜帶引火物藏於博望坡之後，等曹兵一到，就放火燒他們。」

「趙將軍！」

「有！」趙雲應道。

「請趙將軍率領五百名兵士作前部，遇到曹軍只能輸不能贏，把他們引誘過來。」

「有勞趙將軍了。」諸葛亮特別還在後面加了這麼一句。

「只能輸？」張飛嗤之以鼻的說：「那還打什麼仗啊，乾脆繳械投降算了。」

趙雲隱約覺得諸葛亮這樣的調度，是一條以寡擊眾的計謀，於是對張飛說：「軍師這麼調度，自然有他的道理。」

諸葛亮向趙雲微笑了一下，然後說：「請各位將軍依計而行，不得有失。」

這時關羽問說：「我們都出城迎敵，不知道軍師卻做何事？」

諸葛亮還是保持著微笑說：「我只坐守此城。」

「哈！」張飛大笑一聲說：「我們都去拚命，你卻在家裡安坐，真是自在啊！」張飛又轉頭對劉備說：「大哥，我早說這個人是泥巴蓋房子─靠不住的。」

諸葛亮頓時收起微笑，變了臉色說：「劍印在此，違令者斬！」

無形中一股懾人的神態，讓張飛閉上了嘴。

劉備為怕氣氛弄僵，趕緊跳出來說：「運籌帷幄之中，決勝千里之外，三弟不可違令。」

關羽和張飛這才冷笑領兵而去。

諸葛亮見眾人離去，便對劉備說：「要請主公準備一樣東西。」

劉備疑惑的問：「什麼東西？」

「功勞簿！」諸葛亮目光炯炯的說。

三

平原上，烏雲密佈，秋風怒吼，嗚咽的掠過山頭，吹得蘆葦都直立起來，顫抖似的左右搖擺，發出「窸窣—窸窣—」的聲音。

這時路旁湧現一隊人馬，為首的是曹操的大將夏侯惇。他認為要擊敗劉備是易如反掌的事，因此自信滿滿的撫了撫左眼。

當初曹操攻呂布時，夏侯惇率兵與呂布的部將高順對戰，被曹性暗地一箭射中左眼，夏侯惇痛得大叫，急忙用手去拔箭，誰知卻連眼珠都拔了出來；夏侯惇忍痛咬著牙根說：「父精母血的眼珠子不可丟！」就將眼珠子一口吞下肚裡，然後躍馬挺槍直戮曹性，曹性猝不及防，被一槍戳透面門而死，從此夏侯惇就成了獨眼龍。以後只要遇有戰事，夏侯惇就會不自覺得去摸著他的左眼。

「前面是什麼地方？」夏侯惇向前一指問道。

隨軍鄉導官跑向前來，跪在夏侯惇的馬前說：「前面就是博望坡了。」

「嗯……」夏侯惇沉吟了一會說：「李典跟我到前方觀敵去。」

二人策馬向前，遙遙望見趙雲率領著士兵，毫不遮掩的往這邊走來。

「哈哈哈！」夏侯惇觀望了一陣之後，忽然仰頭大笑。

李典不解的問：「將軍為何發笑？」

夏侯惇得意的說：「我笑司馬仲達，在丞相面前把諸葛亮說成神人一般；現在看來，不過是誇大其詞罷了。」

李典問：「這話怎麼說？」

「你看！」夏侯惇指著趙雲的部隊說：「敵方的兵士不滿一千人，我們卻有十萬大軍，在這種敵強我弱的情況下，諸葛亮還讓他們與我們迎面對戰，這不是違反兵法的避戰原則嗎？所以我說諸葛亮無謀。」

李典聽完後，往前仔細的瞧了瞧，看見趙雲率領的士兵，三三兩兩的往這邊走來，不僅毫不避敵，陣形也混亂得很，不時還發出兵器碰撞的聲音，這分明是要告訴敵人：我們來了。

李典覺得這其中必有詐，不安的說：「這恐怕是敵人的埋伏之計……」

「哇哈！」夏侯惇笑得更大聲的說：「這就叫埋伏？這種埋伏法就算是十面埋伏，我也不怕！」

李典勸誡說：「將軍還是一切小心的好。」

夏侯惇說：「他們這是驅犬羊與虎豹相鬥了。」講完回頭大喊：「大家往前衝啊，去活捉劉備和諸葛亮，喊出聲音來！」

「殺啊－」曹軍像是瘋狗追兔一樣往前衝殺，趙雲所率領的士兵不戰而退，紛紛作鳥獸散。

夏侯惇更是一馬當先衝到陣前，急得李典在後面大叫：「小心有埋伏，小心有埋伏！」

這時候忽然一聲砲響，劉備率五百名士兵從左側殺過來，夏侯惇看了大笑：「這就是埋伏之兵了？今晚我不殺到新野，誓不罷兵。」便命曹兵奮力殺敵，劉備和趙雲依詐敗之計，退後就走。

夏侯惇催軍一路追趕，追到一處路口，兩邊都是蘆葦，由於地形窄狹的關係，因此夜風都往這

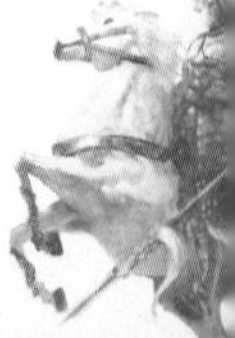

邊吹來。李典察覺不妥，趕緊驟馬到夏侯惇身邊說：「此處道路狹窄，山川相逼，兩旁又是蘆葦雜生，應防敵人火攻。」

「呃……」夏侯惇望著半人高的蘆葦，猛然驚醒，失聲的說：「那趕緊號令前後部軍馬，不要再前進了。」話還沒說完，前面忽然火光四起，部將韓浩跑來，上氣不接下氣的說：「前面著火啦！」

夏侯惇大驚道：「趕緊後退！」

這時候部將夏侯蘭也慌慌張張過來說：「後面也著火啦！」

夏侯惇一看，四面八方都是火苗，由於風大的關係，火勢愈燒愈猛；火在蘆葦上燃起，風又把火捲得東搖西擺，發出「劈哩啪啦」的聲響；跑得快的，滋滋滋的被燒光頭髮、衣服；跑得慢的，當場喪生在熊熊的火焰之中，空氣中漫佈著一股難聞的燒焦味。曹軍前隊後隊爭相奔逃，但四周都是大火，只好到處亂竄，慌亂間自相殘踏，潰不成軍。

這時候趙雲率兵殺回，兩軍在晃動的火光中激戰，夏侯蘭被趙雲一槍刺死，曹軍更是大亂。

夏侯惇等人見情況不利，趕緊冒著大火逃走。關羽、張飛、裴元紹和關平也率兵殺出，一直殺到天明，殺的曹軍屍橫遍野，這才收軍回營。

眾人走不到幾里路，遠遠望見糜竺、糜芳引軍簇擁著一輛小車，諸葛亮在上面端坐著，張飛興高采烈的跑向前去，跪在車前說：「軍師真是神仙，我張飛服了！」

關羽、趙雲等人也向前跪拜說：「軍師神算，我等佩服得五體投地。」

諸葛亮心想：「總算讓你們心服口服了吧。」便點頭微笑說：「各位將軍辛苦了，趕快請起。」然後轉頭對糜竺、糜芳說：「準備慶功宴，功勞簿伺候！」

當晚慶功宴之後，諸葛亮命人去請趙雲；趙雲一到，拜見說：「不知軍師找我有什麼吩咐？」

諸葛亮瞇著眼笑說：「今日博望坡一戰，有賴子龍英勇。」

趙雲謙虛說：「這是大家的功勞和軍師的智謀，子龍僅是盡力而已。」

「子龍不必客套。」諸葛亮刺探的問：「曹操這次兵敗，肯定嚇破了膽，再也不敢來犯了。」

趙雲正奇怪諸葛亮為何把自己喚來，原來是要跟他談軍情，於是正色說：「子龍覺得，曹操必不肯就這樣善罷甘休，我猜還會派更多的軍隊前來進犯。」

諸葛亮喝了一口茶，笑問：「將軍為何這麼認為？」

趙雲說：「因為曹操這次的目的，不僅僅是要消滅主公而已。」

「嗯！」諸葛亮讚許道：「子龍繼續說下去。」

「他想統一南方！」趙雲斷然的說。

諸葛亮想，趙雲這個人不爭功，膽識過人，頭腦又清楚，自己實在沒有看錯他。便懇切的說：「子龍說得很有道理，曹操近日是一定舉大軍來犯的，所以我有一項重要的任務要託交給你。」

趙雲受寵若驚的說：「軍師盡管吩咐，子龍必當赴湯蹈火。」

「保護主公家眷。」諸葛亮點點頭，一字一句的說。

四

夏侯惇兵敗逃回許都後，便自己縛綁著去見曹操，曹操氣得拍桌子說：「你自幼用兵，難道不知道狹窄處須防火攻？」

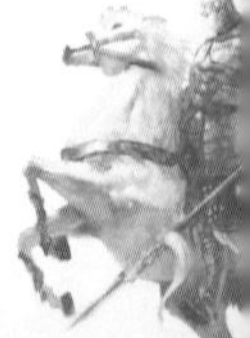

夏侯惇跪在地上，哭著說：「屬下一時不察，請主公降罪。」

曹操望著跪伏的夏侯惇，他是自己的從兄弟，性格剛烈，武藝超群，是自己陣營的第一號武將；當初起兵陳留時加入的，為自己立下無數汗馬功勞，自己怎麼捨得懲罰他呢？

於是假意斥責道：「哼！就先留下你的命，讓你將功贖罪也不遲。」

夏侯惇感激得直叩首說：「多謝主公不殺之恩，多謝主公不殺之恩！」

「起來吧。」曹操轉而慷慨激昂的說：「我就趁此掃平江南之地！」於是傳令起大軍五十萬，命曹仁、曹洪為第一隊；張遼、張郃為第二隊；夏侯惇、夏侯淵為第三隊；李典、于禁為第四隊；自己與諸將為第五隊；又命許褚為折衝將軍，引兵三千人為前鋒，選定七月丙日出師。

劉備在新野得知曹操起大軍而來，焦急的問諸葛亮：「曹軍勢大，這次可擋不住了，該怎麼辦才好？」

這早在諸葛亮的預算當中，而自己也想好對策，因此冷靜的說：「主公不必慌張，新野小縣，不能久居，劉表的兒子劉琮據守襄陽，我們可移師襄陽暫歇。」

劉備蹙著眉說：「但縣內百姓怎麼辦？」

「唉……」都到這種田地了，主公還是顧著百姓，諸葛亮在心裡嘆了一聲。但自己不就因為受他這種仁民愛物的精神所感動，才願意幫助他的嗎？於是對劉備說：「主公如不願拋棄百姓，可叫人張貼告榜，願意跟隨的就一同走，不願意跟隨的就留下。」

劉備於是命孫乾、簡雍二人再城內四處張貼告榜，說曹兵將至，此城不能久守，百姓如有願意跟隨者，即刻收拾，明日就要渡江。

新野百姓知道曹操曾經血洗徐州，知道曹軍要來，十分害怕，因此都願意跟隨劉備渡江前往襄陽。從新野到襄陽，必須經過長江的支流—漢水；漢水寬約數百尺，水勢湍急，又多砂石堆積，水路變更頗大，行船起來十分危險。

隔日，劉備依諸葛亮調配，與關羽率軍在前安排百姓渡舟，趙雲保護劉備家眷，張飛等人則負責斷後，防止曹軍攻來；孫乾等人則帶著城內百姓出城往漢水前進。城內一開，十餘萬名百姓，個個扶老攜幼，渡步而行；當他們一來到岸邊，看到漢水滔滔的水勢，都嚇得坐地哭泣。

關羽和士兵們依次將百姓扶上船，護送他們過江；冷冽的寒風如尖刀刮著人們的臉，百姓都畏縮著身軀，只盼趕緊平安過江。

這時忽然雷聲大作，秋雨如瓢潑般從烏沉的天空傾瀉下來，匯入奔騰的漢水之中；隨著震撼大地的悶雷，漢水突然暴漲，洶湧波濤淹沒了渡舟，許多乘船的百姓都掉入漢水淹死，還未登船的百姓，則在岸上號哭著；昏天黑地之中，混雜著雷聲、水聲與絕望哀叫聲，讓人聽了不禁鼻酸落淚。

劉備看了悲從中來，聲音發澀的說：「為了我一個人，讓百姓遭此大難，我還有什麼面目活在這世上？」說完就要往江水裡跳，左右隨從看見，急忙制止。

這次渡江，共花了一天一夜的時間，百姓淹死的三萬餘人，來不及渡江的有五萬餘人，實際渡江而過的不到兩萬人，劉備見此慘狀，疾首痛心大呼：「十數萬生靈，皆因跟隨我而受苦，我只能以一死謝罪了。」說完又要跳江，被趙雲一手攔住，趙雲含著淚說：「主公若是就這麼死去，怎麼對得起其他存活的百姓？主公應趕快帶他們前往襄陽城內安頓才是。」

劉備回頭一看，見渡江過來的百姓，都哭哭啼啼的看著自己，把希望都寄付在自己身上，於是

收起眼淚，率著軍民往襄陽出發。

劉備一到襄陽東門，只見城上旌旗遍插，濠溝邊佈滿鹿角，知襄陽劉琮懷疑自己來奪城，便騎著馬到城門下喊：「劉琮賢姪，此次前來是為救百姓，並無他念，請賢姪快開城門，讓百姓進入。」

劉琮不信，命蔡瑁、張允帶士兵在敵樓上射箭，阻止百姓靠近城門，百姓都絕望得跪在城門下哭泣。這時城上出現一人，輪刀砍死射箭的士兵，並且開了城門，放下吊橋，大叫：「劉皇叔為救百姓而來，魏某感佩，請劉皇叔趕快進城！」

劉備一看，此人身長八尺，面如重棗，眼若朗星，便遙喊：「不知將軍大名？」

「我叫魏延！」那人又喊：「劉皇叔趕快進城！」

劉備於是命關羽等人護送百姓進城，正在招呼之際，城內衝出一名大將，高喊：「魏延無名小卒，認得我大將文聘嗎？」魏延最恨別人叫他無名小卒，氣得持刀與文聘交戰，而城內的士兵也衝出來厮殺，一邊湧出，一邊要進，雙方人馬就在城門下混殺；劉備見狀，痛心的說：「我來此本是為了保民，沒想到反而害民，我不進襄陽了。」

諸葛亮本希望劉備占領襄陽，作為根據地，現在聽劉備不願進襄陽，只好退而求其次的對劉備說：「江陵也是荊州要地，主公不如先取江陵為家。」

劉備無奈的說：「只要不傷害百姓就好，你去把關羽他們叫回來吧。」於是一行人領著百姓離開襄陽，往江陵而走。

魏延見劉備離開，氣得暴跳如雷：「這是在搞什麼啊？」好心開城門迎接，劉備卻不領情，自己已不能回襄陽了，只好撥馬去投長沙太守韓玄。

劉備一行人往江陵的路上，剛好經過劉表的陵墓，劉備率眾將跪於墓前，慟哭著說：「辱弟無能，有負兄長寄託，罪都在辱弟身上，與百姓無關，兄長在天有靈，請垂救荊襄百姓啊……」眾人聞言無不感傷落淚。

就在劉備等人感傷之際，忽然刮起一陣狂風，吹得塵土大作，使得眾人的眼睛都睜不開來。等到塵埃落定，眾人一張開眼睛，竟看到一幅不可置信的景象：極目望去全是曹兵，數千名鐵騎排在前面，戰馬不時用前蹄輕輕刨地，等待主人發起衝鋒的信號；騎兵後面是持著刀槍的步兵，黑壓壓一片，看不清有多少人；所有曹兵都全神貫注的望向這裡，為首大將夏侯惇冷峻的目光，更是叫人膽寒。

佈陣，是以弓弩手為第一排，刀槍兵為第二排，騎兵則在第三排；但夏侯惇命騎兵排在最前面，分明就是要利用騎兵的衝殺優勢，將他們趕盡殺絕。

劉備等人怔得站在原地，哭聲悚然停止，驚奇和困惑的表情凝固在眾人臉上，死亡的陰影壓得他們喘不過氣來，四周顯得靜默萬分。

「曹兵追來啦！」不曉得是誰先喊起。但喊聲隨即被如雷的馬蹄聲淹沒，百姓頓時亂成一團，行李、車輛丟了一地，自顧四處逃命。

「眾將迎敵，關羽、張飛跟著主公，趙雲保護家眷。」混亂中，諸葛亮啞著聲音喊著。

劉備此時再也顧不得百姓了，在張飛的保護下，且戰且走；劉備逃奔到一處山丘，見喊殺聲漸遠，才敢下馬歇息，這時身邊只剩關羽、張飛和數百名騎兵，趙雲、諸葛亮、裴元紹、關平、簡雍等人和家眷都不知下落。這時糜竺、糜芳兩人身受箭傷，踉蹌地向劉備跑來，喘著氣說：「趙子龍去投靠曹操了。」

劉備怒斥道：「子龍這個人忠心耿耿，你們不要亂說！」

糜竺說：「我是親眼看見他往曹營去的。」

劉備還是不信，而張飛的莽撞的個性又起來了，大聲的說：「他一定是見我們勢窮力盡，所以才去投靠曹操，以求富貴哩。」

劉備聽了十分氣憤，責備道：「我了解子龍的為人，他絕不會背叛我的。」

五

趙雲在曹軍衝殺過來之際，牢記著諸葛亮的吩咐，保護劉備的家眷離去，但逃跑的百姓實在太多太亂，將劉備的家眷都給衝散了。趙雲騎在馬上想：「軍師要我保護甘糜，兩位夫人及小主人阿斗，但我卻讓他們走散，這樣我有何面目去見主公？不如殺入重圍，就算是粉身碎骨，也要找回主母和小主人。」

主意一打定，趙雲便抱著必死的決心，提槍衝入亂軍之中尋找。沿途看見百姓的屍體躺滿整個地面，趙雲不忍馬匹去踐踏到，只好放慢速度往前走著。

看見這些被戰爭無情屠戮的百姓，趙雲的鼻子一酸，眼眶忽然濕潤起來，模糊之中他彷彿看到自己生長的故鄉。

故鄉的土地一片平曠，遠處青山不高，但清秀宜人，小橋流水的景色，恬靜自然，古樸的平房建築，行行排列著，屋簷掛滿玉米、乾肉等糧食；一畦畦綠油油的稻田，飄散著稻米的香郁，一簇簇黃燦燦的油菜花，隨風搖曳著；村婦蹲在河岸捶搗衣衫，農夫圍坐著嗑瓜子喝茶，閒聊農事，年輕的姑娘在屋前繡花，鏽著象徵富貴幸福的牡丹，田埂上的騎牛牧童正攸然而歸；雞犬相互鳴叫，其中不時傳來兒童的嬉鬧聲，淳實的笑容是那麼天真無邪。

好一幅太平景象，但離自己竟是那麼地遙遠……

這些與世無爭的升斗小民，也變成地上一具具的死屍……

兄長趙峻忽然浮現在眼前，對他說：「弟弟，在這樣的亂世，你不能救國就要救人，不能救人就要救己；臣為君死，就算盡忠嗎？死，要死得其所。」

「不，不是這樣的！」趙雲在心裡喊：「不管如何，現在只要能夠找到主母和小主人，就是盡忠了。」

「唉！」兄長趙峻嘆了一聲，空空洞洞的，身形也愈來愈朦朧。

「大哥！」從小這個兄長最疼愛自己，見他又要消失，趙雲悽然的叫了一聲。

正在恍惚之際，身邊傳來「哎喲」的聲音。趙雲低頭一看，見簡雍倒臥在草堆中，趙雲趕緊問：「你有見到兩位主母嗎？」

簡雍艱難起身說：「護送主母輦車的士兵被曹兵打死了，所以兩位主母只好棄車，抱著阿斗走路逃難，我騎著馬要前去保護時，卻被曹兵一槍刺中，跌下馬來，馬也被奪去了，所以才倒臥在這裡。」

趙雲於是奪過一匹馬來，扶簡雍上馬說：「你回去告訴主公，我就算上天入地，也要尋得主母和小主人回來；如果尋不到，我就戰死在沙場。」

簡雍大受感動，含淚的說：「趙將軍一切小心。」

「大哥，對不起，我是一定要做個忠臣了。」趙雲在心裡喊著，便拍馬又往東邊的長坂坡方向去尋找。

長坂坡這邊的曹兵已經往北去了，因此趙雲一路尋找並一邊大喊：「甘夫人！糜夫人！子龍在此！」

「趙將軍……趙將軍……」不遠處的大石邊躺著一名士兵，聲音微弱的喊著趙雲。

趙雲策馬過去，問道：「你是什麼人？」

那名士兵說：「我是護送鑾車的軍士，被箭射倒在地，趙將軍在找二位夫人嗎？」

趙雲欣喜的問：「你知道兩位主母在哪裡？」

士兵手指南方說：「我只看見甘夫人披頭赤足，隨著一批逃難的百姓婦女往那邊去了。」

趙雲說：「我看你受傷不輕，我找匹馬讓你回去。」

士兵說：「不勞煩趙將軍，我看我大概也活不久了，還是請將軍快快找尋主母吧。」

趙雲心頭一熱，這名軍士在臨死之前，都不忘提醒自己要找回主母和小主人，若是尋找不到，怎能回去見主公？但剛才自己剛從他指的方向過來，沒看到甘夫人的影子啊？然而趙雲連一絲希望也不願意放過，於是又回馬去找。遠遠望見一夥百姓，急急忙忙的往這個方向走來，趙雲拉開喉嚨大喊：「甘夫人在嗎？」

這時從人群中走出一個蓬首垢面的婦女，對著趙雲放聲大哭；趙雲一看，竟是甘夫人，便趕緊下馬伏地而泣說：「讓主母失散受苦，子龍罪該萬死，不知道糜夫人和小主人也安在嗎？」

糜夫人啜泣著說：「我們被曹兵衝散，我是獨自逃至此的，糜夫人和阿斗現不知去向？」

「救命啊……」趙雲正要扶起甘夫人，前方百姓一陣混亂，死命發喊著，原來是曹兵又殺過來了；趙雲對甘夫人說：「主母請安心稍後，子龍看看便來。」說完便提槍上馬往前去看，看見一名手持大刀的武將，原來是曹仁的部將淳于導，帶著數百名曹兵在掠奪百姓，後面軍士竟綁縛著諸葛亮、裴元紹和關平三人，趙雲大喝一聲，挺槍直取淳于導，淳于導揮刀要擋，卻被趙雲一槍刺死馬下，趙雲趁勢衝進曹兵內廝殺，冷颼颼的槍尖，像是一輪銀光劃過，前排的曹兵個個應聲倒地，其餘的曹兵看了，嚇得一哄而散；趙雲奪了幾匹馬，請諸葛亮等人上馬，一直護送他們過長坂坡交給張飛；然後策轉馬頭，又要再回舊路去找糜夫人和阿斗，這時裴元紹在後面喊：「大哥，我跟你一起去！」

趙雲回頭說：「你留著保護主公及夫人吧！」便提腳猛踢馬腹，揚塵而去。

趙雲心想，北邊和南邊都去找過了，現在只剩下西邊還未去尋找，但西邊全是曹兵，自己雖抱著必死的決心，但總不能還沒找到糜夫人和小主人，就無端犧牲；趙雲料定此番西去，必有一場惡戰，便取了一塊布，將鐵槍綁在自己手上，然後穿戴好盔甲，氣壯山河的喊了一聲：「常山趙子龍來了！」就往西邊奔去。

西面是一處狹長型的河谷平原，趙雲騎著馬剛轉過一處樹林，便看見一名曹將手提鐵鞭，身上背著一把劍，率領著數十名騎兵，正在找看有沒有百姓可以殺的；趙雲看見那人身上的劍上金嵌著「青虹」兩字，知道是削鐵如泥，鋒利無比的寶劍，便衝出去將那名曹將打倒在地，然後提槍將他刺死，奪了寶劍，夏侯恩的部下自知不敵，紛紛四散逃跑。

原來那名曹將是曹操的背劍之將夏侯恩，曹操有兩把寶劍，是曹操在攻破鄴郡時命人鑄造的，一把名「倚天」，是一舉衝天的意思；一把名「青虹」，是氣貫如虹的意思；曹操自己佩帶倚天劍，青虹劍則交給夏侯恩保管。

趙雲奪得寶劍後，將它綁在背上，又四處尋覓去了；只要遇到逃難的百姓，就問糜夫人的消息。這時有一個人指著前方說：「我看見夫人抱著孩兒，就在前面一戶人家的土牆邊坐著。」

趙雲聽了，慌忙策馬前去尋找；奔不到五里，就看見一戶人家，房子被大火燒過，顯然是讓曹軍掠奪過的，房子旁邊有座枯井和一面傾倒的土牆，糜夫人左腿中槍，血流不止，抱著阿斗坐在牆下枯井旁啼哭，趙雲趕緊伏地而拜說：「子龍來遲，讓主母受驚了，子龍罪不可赦。」

糜夫人見趙雲滿身灰塵，一臉疲憊的樣子，顯然是經過苦戰才找到自己的，卻還這麼忠心耿耿，感激涕零的說：「妾身得見將軍，是阿斗的萬幸；希望將軍可憐他父親飄蕩半世，只有這點骨肉，請將軍保護阿斗出圍，讓他能見父親一面，妾身就算死了也無憾……」說完便要把阿斗遞給趙雲。

趙雲說：「請主母趕緊上馬，子龍步行死戰，保護主母和小主人出重圍。」

糜夫人搖搖頭說：「阿斗全賴將軍保護，將軍豈可無馬？況且妾身已經重傷，死又何足惜？將軍趕快抱著阿斗離去吧。」說完又把阿斗遞給趙雲。

這時遠處喊殺聲大起，原來是夏侯恩的部下回去討救兵來了。

趙雲拒絕接接阿斗過手，只催促著說：「主母速速上馬！」

糜夫人心想再推託下去，不僅阿斗性命不保，還會害了趙雲，便哽咽的喊了一聲：「阿斗的性命就靠將軍了！」然後將阿斗置於地上，翻身投入枯井而死。

六

趙雲來不及攔住糜夫人投井，悲傷得直掉淚，並且自責不已。

「砍死夏侯恩將軍的人就在那邊——」

「在那邊—在那邊—」

曹洪部將晏明帶著數百騎奔殺過來。

趙雲聽到曹兵的聲音，忽然一股怒氣上升，咬牙切齒的自語道：「讓百姓受苦、主母受害的，就是你們這些人，我這把鐵槍不饒你們。」

便用力把土牆推倒，掩蓋起枯井，防止曹軍盜屍；然後解開勒甲的繩帶，放下掩心鏡，將阿斗抱在懷裡，然後綽槍上馬，準備死戰護送阿斗回營。

晏明正好在這時趕到，手持三尖兩刃刀砍向趙雲，趙雲左手護著阿斗，右手橫槍將其格開，隨即反手一槍刺向晏明，晏明舉起三尖兩刃刀來擋，三尖兩刃刀是一種戈、矛合體的兵器，柄上的三尖刺就像寬刀的匕首一樣，可以直擊也方便橫刺，晏明以為可以用尖刺交合處嵌住趙雲的槍，沒想到趙雲的槍更快，槍穿過尖刺交合處，直直的刺進晏明心口，晏明根本來不及慘叫，就跌落馬下死

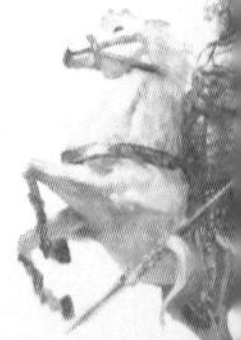

了。

曹軍騎兵們見狀，紛紛圍殺過來，趙雲提著槍猛揮，若舞梨花，銀光遍遍，如飄瑞雪，槍光到處，曹軍一個接一個倒地，終於讓趙雲殺開一條血路。

趙雲正尋路要往長坂坡走時，背後一員大將呼喝：「殺我曹將者，留下命來！」

趙雲回頭一看，是曹操麾下猛將張郃，趙雲也不答話，挺槍便戰，雙方你來我往，戰約十餘回合，趙雲身上的勒甲繩忽然鬆開，眼看懷中的阿斗就快掉下來了，趙雲趕緊伸手去扶，這麼一分神，手中的槍被張郃一刀砍落，趙雲大叫：「不好！」手中沒了武器，只好左右閃躲張郃的攻擊；就在危險之際，趙雲猛然想起背上還有一把青釭劍，便反手抽出來去擋張郃奮力砍來的刀。

「鏗鐺！」一聲，張郃的刀竟輕易的被青釭劍給削斷，張郃大吃一驚，不敢戀戰，撥馬便走。

趙雲下馬撿起鐵槍，重新綁好阿斗，正要跨上馬匹的時候，前後忽然躍出四名武將，擋在前面的是焦觸和張南，從後面來的是馬延和張顗，而四面八方也出現弓弩手向趙雲射箭；趙雲用槍舞出一圈護罩，格掉射來的箭支，並在箭雨中上馬緩緩前進，等到距離接近，趙雲揮槍劈倒第一排的弓弩手，弓弩手趕緊退後，換上一批持著長矛的重騎兵，由於人數實在太多，趙雲只好舉槍用力亂刺，槍尖透過他們的衣甲，曹兵們當場血流如注，發出「咕碌咕碌」的聲音。

趙雲在亂軍中衝鋒廝殺著，汗水滴進他的眼睛，他也空不手來拭掉；風沙把他吹得幾乎睜不開眼睛，因此他的眼中只有四旁無數的曹兵；嘴裡滲進鹹澀的血液，搞不清楚是自己的還是曹兵的，唯一清楚的是焦觸、張南、馬延和張顗四人都死在自己槍下。

等到一切都歸於寂靜，趙雲看著躺滿地上的曹兵，這才驚覺自己全身都是傷，傷口雖然已經乾了，但是經風一吹，衣甲便飄起來，狠狠的撕裂傷口，鮮血又泊泊的滴流出來。

這時在山頂上觀戰的曹操，見趙雲所到之處，威不可當，驚訝的問：「山下那名猛將是誰？竟能殺我無數士兵。」

身旁的曹洪飛馬下山，指著趙雲大叫：「前方戰將可否留下姓名？」

趙雲不想讓敵人看見自己疲憊的樣子，便挺起胸膛說：「我乃常山趙子龍！」

曹洪上山告知曹操，曹操愛才之心油然升起，豎著大拇指說：「真是一名虎將！」便傳令不許放冷箭殺死趙雲，只要捉活的。

由於曹操命令不准放箭，所以這次掩殺過來的是步兵，持著大刀，整齊劃一的踏著步。

面對新一波的攻勢，面對數萬大軍的接近，趙雲毫不怯懦，但自己騎的馬已經呼呼的喘著大氣，且馬腿上有一支半截的箭，想必這馬也撐不久；而自己體力也透支了，還能夠支持多久呢？

趙雲低頭看著懷中阿斗，見他在懷中安睡著，趙雲十分憐愛地撫摸著他的頭，自言自語說：「小主人，趙雲今日就與你同生死了。」

趙雲謹慎的綁好阿斗，然後緩緩的抬起頭來環視著，冷酷的神情逐漸浮現在他的臉上，嚇得前方的曹軍竟不自覺的後退了一步。

「你們也會怕？」趙雲冷笑了一聲，緩緩的舉起鐵槍來，長吼著：「來吧——！」

鮮紅的血噴在自己臉上，溫溫熱熱的，令趙雲想起徐州的百姓、襄樊的百姓，想起糜夫人、自己的部下和家鄉的鄉親，「無貴無賤，同為枯骨。」他們也流過同樣的血；趙雲哀痛得大叫起來，心中的悲憤化成一股力量，這種隱藏在身體裡的力量是最可怕的，只要整個爆發出來，就算是十萬

大軍也抵擋不住。

趙雲愈殺愈勇，他心中明白，這不是屠殺，他只是要保護小主人，將他平安的交到劉備的手中。曹兵的臉一張張在他面前晃過，也一張張的仆倒下去，趙雲不認識他們，或許他們的家鄉也有親人在等著他們回去，但要怪就怪這該死的戰爭吧，趙雲心裡想著。

山頂上，曹操的身邊，站著大將夏侯惇，「再這樣下去，我軍的士氣就會瓦解。」他這樣提醒著曹操。

曹操依舊默然不語……

夏侯惇部將鍾縉、鍾紳跪地請戰：「請主公允許我二人去把青虹劍給奪回來！」

曹操苦笑一聲說：「一把劍算得了什麼？」

鍾縉、鍾紳二人不懂曹操的意思，直說寶劍丟了可惜，堅持請求出戰。

「你們要去，就去吧！」曹操意興闌珊的說。

鍾縉、鍾紳兄弟兩人，一個使大斧，一個使畫戟，便自信滿滿的奔下山去，要找趙雲廝殺。兩人一衝入陣中，鍾縉率先揮著大斧砍向趙雲背後，趙雲正在與曹兵廝殺，感覺到背後一股風來，便回槍一刺，正好刺中鍾縉的右肩，鍾縉痛得跌落馬下，被馬拖行而去；鍾紳趕來，持著畫戟往趙雲頭上砍去，趙雲提槍擋住，左手拔出青虹劍橫揮，鍾紳連盔帶腦被砍去一半，落馬慘死。

曹操看了感嘆的說：「古來衝陣扶危主，只有常山趙子龍；我們退兵吧！」

趙雲見曹兵逐次退去，這才吁了一口氣，騎著馬往長坂坡而去。

起風了，秋葉簌簌地作響，冷風灌進趙雲的傷口，令他隱隱作疼，懷中的阿斗因受寒而啼哭起來，趙雲心疼的說：「小主人乖，就快到了。」

「嘶———」趙雲的馬卻在這時因受傷過重，前蹄往下一趴，跪在地上起不來了。趙雲只好棄馬，用盡最後的力氣奔跑著。奔約二十餘里，看見劉備一行人正在樹下歇息，趙雲趕過去跪在地上哭泣，劉備等人見趙雲平安歸來，也高興得放聲大哭。

趙雲喘著氣對劉備說：「趙雲之罪，萬死猶輕！糜夫人因為身受重傷，不肯上馬，投井而死。我只好懷抱著公子，身突重圍，幸賴公子洪福，才得以脫困；剛剛公子還在我懷中啼哭，但現在卻沒動靜，我想是不能保了。」說完解開盔甲一看，原來阿斗正安詳的睡著。

「哈！」趙雲高興的說：「幸好公子無恙！」說完便用雙手捧著，將阿斗遞給劉備。

劉備看著跪在地上的趙雲，見他盔甲透穿，滿臉血跡，傷痕累累，鐵槍也因奮力刺殺而磨損不堪，十分痛心和不捨，接過阿斗後，連看也沒看，便把他擲於地上，怒斥道：「為了你這孺子，差點害我損失一員大將！」

趙雲吃了一驚，沒想到主公這麼看重自己，趕緊將阿斗從地上抱起，跪泣說：「雲雖肝腦塗地，也不能報答主公之恩！」

這時眾人圍了過來，向趙雲詢問勇救阿斗的情形，趙雲也不誇大，只是淡淡的敘述著。等到講完後，趙雲從背後拿出青虹劍來獻給劉備，劉備拔出一看，青虹劍為銅鐵合金所鑄，劍身呈雙鋒銅片狀，劍格寬大，柄首外護多層精煉銅片，劍體上的雕飾鑲嵌相當精美，出鞘後「嗡嗡」作響，揮舞起來紅光閃耀，不論是淬鍊、冶鑄和外鍍都是一把上好的劍，真可以媲美龍泉、太阿、湛盧等太古名劍。

劉備看了看後，便要把劍送給趙雲，趙雲再三推辭，不敢收下。

「你就收下吧！」諸葛亮笑著出來打圓場說：「主公有你這名勇將，還要寶劍幹什麼？」

趙雲還是不收，劉備只好作罷，就把那匹名為「的盧」的馬贈給趙雲，並升他為牙門將軍，後來這匹馬就跟著趙雲南征北討，直到趙雲去世為止。

雖然救了阿斗，但曹兵慘死的臉，卻在趙雲的腦海中揮之不去；趙雲不禁感嘆戰爭的殘酷，這樣的情緒讓他久久不能平復，只想好好休息一下，但模糊中好像聽見劉備在說：「趕快打造一把好槍給趙將軍！」

第六章 曹操赤壁兵敗

一

天地宇宙一片混茫，天空中飄著幾片殘雲，朦朧的曉霧遮蔽了白日，冰冷刺骨的空氣，颼颼的吹，更增加了幾分寒氣；露水從屋簷上緩緩的滴下來，已經帶點雪白色了，連地上都結著薄薄的冰霜。

城門守衛，穿著寬厚的甲袍，還是緊緊地畏縮著，不時從口中呼出股股白氣，會稽郡的街道上，冷清清的看不到一個行人。

漢獻帝建安十三年（公元二〇八年），才十月，就已經有冬天的氣息了。

但此刻議事廳內似乎比外面更加寒冷，張昭、魯肅、陸績、張紘、顧雍、諸葛瑾、呂範、虞翻、闞澤等文官，峨冠博帶，整衣端視，坐在廳堂左側；黃蓋、程普、呂蒙、韓當、甘寧、周泰、太史慈、丁奉、徐盛等武將，衣冠濟濟，劉佩鏘鏘，坐在廳堂右側；眾人的目光都集中在孫權身上。

孫權一會鐵青著臉，不發一語的坐著，一會又似怒氣沖沖的霍地站起，大家都不知道發生什麼事了，但主公不說，也沒有誰敢開口問。過了很久，孫權從袖中取出一封書信來，悻悻然的說：

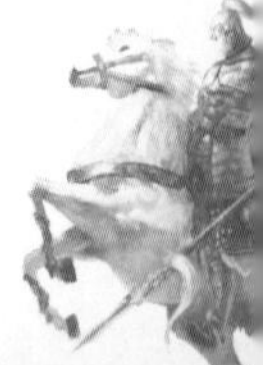

「曹操那老賊寫來的，你們看看。」說完就把書信交給眾文武傳閱，上面寫著：

孤近承帝命，奉詔伐罪，旌麾南指，劉琮束手，荊襄之民，望風歸順。今統雄兵百萬，上將千員，欲與將軍會獵於吳，共伐劉備，同分土地，永結盟好，幸勿觀望，速賜回音。

這分明是一封恫嚇信，劉琮歸降曹操，劉備又在當陽被擊潰後，武陵、長沙、零陵、桂陽江南四郡，南陽、章陵、江夏、南郡江北四郡都落入曹操手中；曹操一時軍威大震，便自得意滿的進逼江東，要孫權俯首聽命；這是孫權出掌江東以來，面臨最大的一次挑戰。

眾人看完，一個個驚得目瞪口呆，面若死灰。但武將這邊的人，很快就恢復了神色，而文官那邊除了魯肅之外，其他人則面帶懼色，議論紛紛著。

這些孫權都看在眼裡，他知道武將們是不必問了，一定是寧戰而不願屈服的，至於文官就說不定了，於是他面轉向廳堂左側，開口問：「說說你們的意見吧。」

文官們個個面面相覷，你看我，我看你，誰也不願先開口，嘴巴雖然緊閉，但目光卻都瞟著文官之首的張昭。

張昭看大家都看著他，心裡倒是挺得意的，因為這說明自己的資格老，自己沒發言，文官誰也不敢先說。於是張昭出列說：「曹操擁百萬之眾，借天子之名，以征四方，若是抗拒實乃不順；況且主公可藉以抵抗曹操的，只有長江天險，如今曹操既得荊州，長江這個天險地位已經失去，我們抵擋不住的。」

孫權嫌惡的說：「你的意思是要我投降？」

張昭說：「只有如此才可保江南六郡和東吳之民。」

「那你們的看法呢？」孫權轉頭不理張昭，又問其他文官。

眾文官齊聲道：「我們的意見和子布相同。」

「哼！分明是害怕曹操勢大，還說什麼保國安民的大道理。」孫權心理忿恨的罵著。

孫權何嘗不知道張昭等人的說法都是事實，但他一想起要將父兄艱辛取得的江東基業，就這麼輕易地拱手讓給曹操，實在心有未甘。

孫權注意到坐在一旁的魯肅都不附和群議，緊蹙眉頭沉思著，便猜魯肅必有一番高見，只是不願在這種場合發表出來。孫權這麼一想，便向魯肅微微點了點頭，眼睛朝內室飄了飄。

當時武將們聽到文官的說法，個個都瞪大了眼睛，覺得這些書生實在太怕死了，都要站起來發表意見。孫權卻揮著手說：「事關重大，一時難以定奪，改日再議。」便起身往內室去了。

孫權一進入內室，魯肅就跟著進來，孫權親切的拉著魯肅的手問：「愛卿有何高見？」

魯肅正色說：「剛才張昭等人所言，是害主公；眾人都可以投降曹操，只有主公不可以。」

孫權問：「有什麼差別？」

「差別在於封侯或是稱帝！」魯肅斜眼瞄了一下孫權。

魯肅見孫權大惑不解，便打個比方說：「比如我魯肅投降曹操，依我的才能，還可以在朝廷內謀個一官半職，最低也有州郡太守；但主公若是投降曹操，位不過封侯，車不過一乘，騎不過一匹，從不過數人，就算封侯，也只是一方之主，且又受曹操節度，那能像現在這麼快活？那能南面稱孤？稱帝？所以我說張昭等人都是為自己打算，哪有為主公想過？請將軍早定大計，別聽他們胡說。」

孫權聽了，十分感動，不禁嘆息道：「剛才眾人的言論，的確讓我大為失望；子敬的意見正與我相同，這是上天將子敬賜給我的啊！」

「但是……」孫權接著憂心忡忡的問：「曹操早得袁紹之眾，近又得荊州之兵，聲勢十分浩大，我軍恐怕難以抵敵。」

魯肅問說：「主公還記得趙雲吧？」

孫權說：「記得。」

魯肅說：「肅曾與趙雲暢談過天下大勢，因為所見略同，所以建立起深厚的友誼；他前日來信與我說起孫劉結盟的事，又大力推舉他們的軍師諸葛亮，是個可安天下的奇才；如今諸葛亮已來到這裡，主公可以問問他的看法。」

「哦！」孫權問：「諸葛先生在哪？」

魯肅說：「現在正在館驛中安歇。」

孫權不十分相信諸葛亮之才，便說：「今日天色已晚，明日再請他過來吧。」

隔日，孫權於後堂設宴，邀請諸葛亮參加；兩人一坐定，孫權便開門見山問說：「曹操生平所忌憚的是呂布、劉表、袁紹、袁術、劉備與我而已，如今數雄已滅，唯獨劉備與我的勢力還在。我決定不能以東吳之地獻給曹操，就像劉備不願投降曹操一樣；然而劉備兵敗不久，還有力量對抗曹操嗎？」

諸葛亮知道孫權是要試探己方的虛實，便笑了一下，自信滿滿的說：「我們主公雖然新敗，但關雲長猶率精兵萬人在樊口，劉琦駐守在夏口的士兵，也不下萬人，更有張益德、趙子龍等猛將屯駐江夏。曹操雖有大軍，但遠來疲憊，是所謂『強弩之末，勢不能穿魯縞』。況且北方之人，只打陸戰，不習慣水戰。況且荊州軍民，都是迫於情勢才投靠曹操，並非本心。今將軍如能與我主公協力同心，必定可破曹軍。等到曹操兵敗北還，則荊吳之地相對鞏固，鼎足之形便可成了；成敗之機，在於今日，希望將軍趁早定奪。」

孫權聽完後，對於諸葛亮所提「鼎足之勢」的論調很不高興，這分明是要借我東吳的兵去幫你們打仗嘛？你們的地盤都快被曹操給吞了，還跟我談什麼鼎足？我看結盟的事就先擱著吧，孫權心中決定。

但由於諸葛亮是魯肅引見，孫權當場也不好拒絕，便隨口說：「今日經先生分析，讓我茅塞頓開，改日再商議出兵之事，合力共滅曹操！」

後來連續好幾天，諸葛亮要找孫權商談出兵事宜，孫權以各種理由一再推託，急得諸葛亮一再跳腳。

直到發生一件事，才讓孫權從鄱陽湖召回周瑜，決意抗曹。

孫權的從兄，豫章太守孫賁，眼看曹操大破荊州，威震南土，竟然畏懼起來，便把自己的女兒嫁給曹操的兒子曹彰，藉此討好曹操。曹操本來不屑與之結為姻親，想要拒絕，但謀士賈詡對曹操說：「丞相不如利用這個機會攏絡孫賁，增加他與孫權之間的矛盾，這樣等於是放一把火在孫權的屁股燒，到時候我們就可趁機混水摸魚了。」

曹操聽了大喜，於是以天子的名義下詔拜孫賁為征虜將軍，照常領豫章太守。由於當時孫權的

官職是討虜將軍，領會稽太守，曹操這麼做，就是要讓孫賁與孫權平起平坐，分庭抗禮。

周瑜正在鄱陽湖練兵，聽到孫權召喚，便即刻動身趕往會稽。周瑜一到會稽，連休息都沒有，就直接去見孫權，兩人在孫權內室坐定。

孫權勃然大怒的說：「曹操老賊太可惡，不僅寫信相逼，還特意拿孫賁來壓我！」

一旁的周瑜冷冷笑道：「哈！老賊真以為我江東無人才啦？」

孫權說：「前次議事，有勸我投降的，也有勸我力戰的，我一時還拿不定主意，故請公瑾相談以為定奪。」

「曹操雖然託名漢相，但實為漢賊。將軍以神武雄才，仗父兄餘業，據有江東，兵精糧足，正當橫行天下，為國家除殘去暴，怎麼可以降賊？況且曹操此次前來，可說犯了兵法大忌……」周瑜比著四根手指說：「北土未平，馬騰、韓遂為其後患，而曹操急於南征，這是一忌；北方軍隊不熟習水戰，曹操捨棄鞍馬，倚仗舟楫與東吳爭衡，這是二忌；時值隆冬盛寒，無足夠的糧草讓曹操久戰，這是三忌；北方士兵遠道而來，必定不服水土而多生疾病，這是四忌；曹操犯此數忌，失敗是一定的。」

周瑜從天時、地利、人和及軍隊特性來分析雙方情勢，讓孫權信心徒然大增。

但此刻孫權更了解到，光是靠分析、評論是不足以打贏曹操的，最重要的還要有雙方戰力的情報，於是又問周瑜：「我雖然決意抵抗曹操，但對於曹操的兵多將廣，實是非常擔憂，害怕寡不敵眾。」

「主公多慮了！」周瑜笑著說：「主公因見曹操檄文，說水陸大軍共有百萬，所以心懷疑懼。

實際上，曹操本部軍不過十五、六萬人，且已久疲；所得荊州之眾，也不到七萬人，且有很多並不是甘心降服的。久疲之卒加上狐疑之眾，其數雖多不足畏懼。我只要率五萬精兵就可以破他了。」

「真是一針見血啊！」孫權聽完周瑜的戰情分析後，再無任何疑慮，便寫信回絕曹操，並決定即日整備出師。

張昭等人知道後，急急忙忙的跑去見孫權，當時孫權正在大廳與周瑜討論進兵部署；張昭等人一窩蜂的擠進後，廳內頓時吵雜起來，亂成一片。

「主公千萬不可與曹操為敵啊……」

「不如先降，再圖後計，這才是萬全之策呀……」

「請主公為東吳的臣民多想想啊……」

孫權一直冷眼看著慌亂的他們，後來實在聽不下去了，便從腰間拔起佩劍一揮——「砰—咚—」桌子硬生生的被砍斷一角。孫權疾言厲色的說：「我與曹操老賊，勢不兩立；今後再有人建議投降曹操的，就跟這張桌子一樣！」

張昭等人嚇得瞠目結舌，再也不敢說什麼話了。

孫權便以此劍賜給周瑜，任他為大都督，又任程普為副都督，魯肅為贊軍校尉，即刻調兵遣將，聯合劉備軍北抗曹操。隔日清晨，周瑜命韓當、黃蓋為前部先鋒，領本部戰船，前進三江口下寨；命蔣欽、周泰為第二隊；凌統、潘璋為第三隊；太史慈、呂蒙為第四隊；陸遜、董襲為第五隊；呂範、朱治為四方巡警使，催督六隊官軍，水陸並進，屯駐夏口，逆流迎戰。

雙方隔著長江對峙，大戰一觸及發，十一月，黃蓋的一場火攻，揭開赤壁大戰的序幕。

二

傍晚的太陽，懶懶的照著江面，使得長江看起來像是一條金黃色的絲帶，十分平靜。忽然一股勁風從江口湧出，連接著江水波濤，奔騰著朝東方吹去。

「咻—咻—」

「呼—呼—」

風勢起先在大地上下低迴，拂得樹影搖曳，黃雲流動；等繞過大軍營帳，一陣盤旋之後，其勢轉急，便似壯士舞劍般猛烈，獵獵作響，吹得旗旛轉動，旗帶飄揚，飛沙走石，蓬斷草掩。

長長的風一直吹到洞庭湖邊……

「起東風了，起東風了！」士兵們跑出來喊著。

諸葛亮站在營帳外，瘦弱的身軀挺立著，一動也不動，任由狂風吹散他的頭髮。

他微微一笑，千等萬等，等的就是這一天。

諸葛亮遙望著夏口岸邊，東吳戰船整齊的排列著，像是無數條巨龍蟄伏著，那是周瑜率領的水軍；第一隊領兵官韓當，第二隊領兵官周泰，第三隊領兵官蔣欽，第四隊領兵官陳武，四隊各引戰船三百艘，周瑜和程

普則在大艨艟上督戰，最前方是黃蓋詐降的火船；往北邊的陸地看，烏林一帶旌旗飄揚，那是呂蒙的三千名步卒；彝陵地界有甘寧的三千名步卒，以接應呂蒙的進攻；黃州地區，太史慈和陸遜，打著北軍旗號，各率領三千名步卒屯駐；漢陽城外，董襲和丁奉的三千名騎兵全副武裝，背上掛弓，手裡持矛，準備從漢川殺奔曹營，徐盛則率領三千名弓弩手，打著白色旗幟，接應董襲的騎兵。

周瑜真是不簡單，部署得井然有序，動止皆法，難怪有「談笑間，強虜灰飛湮滅」的美譽。

「通知各位將軍，帥營議事！」諸葛亮的精神為之一振，轉頭命令著傳令兵。

諸葛亮的聲音在風中飄著，飄進關羽的耳朵，飄進張飛的耳朵，也飄進趙雲的耳朵。

傳令兵來請時，趙雲早已穿好戰袍，起身對裴元紹說：「走吧！」

赤壁戰前夕，諸葛亮於樊口營中調兵遣將，除了眾將之外，劉備、劉琦也坐於帳中聽候調度。

諸葛亮首先一笑說：「江南一帶的冬天，一向都颳西風，這次上天借我們這場東風來放火，定要燒得曹操焦頭爛額了。」

諸葛亮難得的輕鬆和豪語，引起在場眾人的拍手叫好。

諸葛亮轉而嚴肅的說：「這把火雖然猛烈，但也燒不死曹操，曹操兵敗之後，必定能從烏林北逃，因此這把火只是戰勝曹操的前半段，後半段能否贏得漂亮，就要靠大家了。」

眾人齊聲說：「謹遵軍師調遣！」

諸葛亮滿意的點點頭，首先喊道：「趙雲聽命！」

趙雲起身應道：「子龍在！」

「子龍領三千名軍馬，渡過長江走烏林小路，於蘆葦密處埋伏；等曹操軍一到，就放火燒他，

不殺他盡絕，也殺他一半！」

「烏林有兩條路，一條路通南郡，一條路往荊州，不知道曹操會走哪條？」趙雲問道。

趙雲觀察得真是仔細，諸葛亮滿意的點了點頭說：「到時候南郡戰況激烈，曹操一定不敢走，因此子龍可埋伏在荊州那條路上。」趙雲領命。

諸葛亮又喊：「張飛聽命！」

「在，在，在！」張飛甚是恭敬的連聲應答。

自從上次火燒博望坡之後，張飛就對自己佩服萬分，言聽計從，真是率真得可愛，諸葛亮會心一笑的說：「益德可領三千名士兵渡江，截斷彝陵這條路，到葫蘆口南面埋伏。只看煙起，便就山邊放起火來，雖然沒辦法捉到曹操，但事成益德這場功勞也不小了。」

「我老張做事，軍師大可放心啦！」張飛拍著胸脯說。

諸葛亮笑了一下，起身對劉琦說：「請劉公子就回武昌，率領本部兵士緊守城池。」

等劉琦告辭離去後，諸葛亮轉身對劉備說：「請主公於樊口屯兵，憑高而望，坐看今晚周郎成大功！」接著又喚裴元紹、糜竺、糜芳三人，命他們各駕船隻，繞江剿擒敗軍，奪取器械。劉封、孫乾、簡雍三人則負責守城。

關羽當時站在一旁，諸葛亮完全不理，便說：「請大家依計行事，不得有誤！」

張飛不解的問：「咦？我二哥怎麼沒有派到任務？」

關羽個性好大喜功，被諸葛亮冷落，心裡早就不高興了，這時見張飛提問，就再也忍耐不住，大聲地對諸葛亮說：「關某自隨兄長征戰許多年來，說起衝鋒陷陣，我不曾落後過；今日大敵當前，軍師卻不委派任務給我，這是什麼意思呢？」

諸葛亮眼睛直勾勾的看了關羽一會，然後笑著說：「雲長請勿見怪，我本來是要麻煩你把守一處很緊要的隘口，奈何因為有些不便之處，所以不敢叫你去。」

關羽問：「有什麼不方便的地方？請軍師明白告訴我。」語氣有些不滿。

「我本來要派你去把守華容道……」諸葛亮頓了一下又說：「只是，然昔日曹操待你甚為厚重，三日一小宴，五日一大宴，上馬金，下馬銀，今日曹操兵敗，一定會經過華容道，若是派你去把守，一定會放他過去，所以我才不敢派你去。」

關羽解釋說：「軍師這樣說就太多心了，當日曹操確是待我不薄，但我已替他斬了顏良、文醜二將，為曹操解了白馬之圍，算是報答過他的恩情，不欠他了；今日若是撞見，豈會輕易放他脫逃？」

諸葛亮眼睛閃出一道精光，逼視著關羽說：「若是放他逃脫呢？」

關羽斬釘截鐵回答：「願受軍法處置！」

諸葛亮說：「那就請雲長立下軍狀。」

關羽於是立下軍令狀，言明若釋放曹操逃脫的話，願受軍法處斬。

關羽立完軍令狀後說：「現在軍師可以派任務給我了吧？」

諸葛亮看了看軍令狀，點了點頭，順手把它擺在一邊說：「雲長可埋伏於華容道小路之處，命兵士堆積柴草，然後放火升煙，引曹操過來。」

關羽不可置信的問：「曹操望見煙火，一定知道有埋伏，怎麼還會過來送死？」

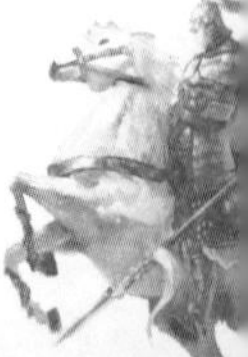

諸葛亮笑說：「兵法講究虛實互用，曹操生性多疑，只有這樣才能騙得過他，雲長不必多作懷疑。」

關羽又要說話，張飛早在一旁不耐煩的說：「二哥，聽軍師的就沒錯，走啦！走啦。」

關羽不高興的說：「希望如此。」於是就帶著關平、周倉二人要與眾人離開營帳。

這時諸葛亮還不忘在身後提醒一句：「雲長千萬不得循私容情。」關羽哼了一聲就走了。

等營帳中只剩劉備和諸葛亮，劉備擔憂的問：「我二弟是個義氣深重的人，若是曹操真的經過華容道，我怕他會看在昔日的恩情上，而把曹操給放了。」

諸葛亮瞇著眼睛笑說：「我昨晚夜觀天象，今日大戰，曹操命不該絕；所以我特別留這個人情給雲長去做，也算是一件美事。」

這個年輕軍師的確是個人才，但讓人感覺起來就是深藏不露，什麼夜觀天象，曹操命不該絕，這不是表現得太神秘了嗎？

劉備聽完後似懂非懂，只好眨著眼說：「先生神算，真是世所罕及。」

三

「快請神醫華陀！」曹丕的聲音劃破夜晚的寧靜。

「咚咚咚——」一名隨從跑到華陀的寢室，急促的敲著門。

「伊呀——」華陀披著寒衣推開門，見是曹操的隨從，便問：「那麼晚了，有什麼事？」

隨從慌張的說：「丞相昏過去了！」

自從曹操兵敗赤壁，倉皇得逃回許都後就病了，常常喊頭痛，有時候還痛得昏死過去；這真的是忙壞了相府的官員，震動了整個京城。全城所有的大夫都請遍了，但誰也沒辦法至好曹操的病。這當中最急的就屬曹丕了。

曹丕，字子桓，是曹操的次子，與曹彰、曹植、曹熊同為卞夫人所生；原應被立為繼承人的長子曹昂，是劉夫人所生，但在曹操南征張繡時，為保護曹操戰死；後來曹操想立環夫人所生，聰明穎慧的曹沖為繼承人，不料曹沖卻在去年得重病而死，曹操悲痛的對他說：「曹沖的死，是我的不幸，卻是你的幸運啊！」意思就是承認了曹丕的繼承權。

曹丕小的時候，卞夫人曾請算命先生為他看相，算命先生左看右看，驚訝得對卞氏說：「你這個兒子將來貴不可言。」卞夫人問是如何貴法？算命先生只是指著天上不說話。

如果照算命先生說的，自己有一天會登基當上皇帝囉？想到這裡，曹丕不禁心花怒放起來。然而父親的病卻讓他十分擔憂，他了解到自己沒有父親那般雄才大略，而父親目前才只位居丞相而已，雖是一人之下，萬人之上，但離那張龍椅還很遙遠；若是父親有個不測，假使又發生像是「衣帶詔」那樣的抗爭事件，自己是沒法擺平那些朝中大臣的；最好的情況就是父親能夠多活幾年，打好基礎讓自己去承繼大位。

後來相府有個旗牌官向他提出，譙郡有個鄉醫叫華陀的，聽說醫術非常高明，不妨請他來試

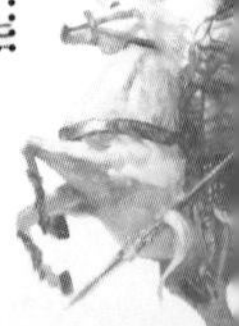

試。

曹丕高興的說：「譙郡人？那跟丞相是同鄉囉，快快把他帶來，醫好丞相，必有重賞。」

旗牌官來到譙郡，找到華陀家，對他說：「我們曹丞相病了，急請華陀先生去治病。」

華陀一聽說有病人要醫，提起藥囊便要動身，華陀的妻子攔著他說：「你白天上山採藥，晚上幫人治病，這次剛從江東回來，連歇也不歇就要走嗎？」

華陀說：「我是醫生，能看著有病人而不去治嗎？多則半月，少則十天，我就會來，妳不必擔心。」說完便隨著旗牌官連夜趕到許都。

曹丕見華陀童顏鶴髮，面目慈善，肩上背著一付藥囊，有著飄然出世之姿，感覺跟之前的那些庸醫不同，便帶他去看曹操的病。

華陀細心的幫曹操把過脈，曹操問：「我是何症？」

華陀說：「丞相因為勞神過度，得了一種叫『偏頭風』的病。」

曹操又問：「那可能治得好嗎？」

華陀說：「先扎針，再吃湯藥，就可以好轉，但……」

曹操近來深為頭痛所苦，一聽說可以治好，便打斷話說：「那趕快替我治吧。」

華陀本來想說的是：「偏頭痛是一種慢性病，針灸、吃藥治標不治本，必須要靜心調養才能根治。」但他見曹操性急，不便再多說什麼，就先下去幫曹操配藥了。

經過華陀的治療，曹操有半個多月不曾發病了，精神如往常一樣，曹操十分高興，也不管華陀是否願意，就把他強留在相府當「侍醫」。

今晚的曹操卻睡得很不安穩，只要一閉上眼睛，彷彿就聽到長江滔滔的水聲……

長江水流挾帶著高處奔洩的氣勢，轟隆之聲，有如千軍萬馬狂奔，跳躍澎湃，翻騰飛捲。自己正站在船頭欣賞著。忽然「碰」的一聲巨響，一艘艘的火船撞上自己的大船水寨，火船船頭的尖刺緊緊的刺進船腹之中，船上的士兵丟出一根根的火把，把天空照得晃亮無比；曹軍數百條船隻便一起燃燒起來，由於都被鐵環鎖住，因此動彈不得。

火勢迅速奔竄，濃煙瀰漫，爆炸聲不斷，嚇得曹軍人人心驚膽顫，而江上敵人的船隻卻愈來愈多，全部集中緊靠到大船邊，江東士兵個個手拋繩索，拚命的往船上攀爬，他們仗著火威，喊聲震地的衝殺過來，曹兵見滿江火滾，無處逃避，只好發出絕望的叫聲迎戰。

赤壁戰場上，交雜著火光、水光、刀光和血光；船上的曹兵見敵軍攻勢猛烈，漸漸抵擋不住，便無心戀戰，只想尋隙跳江，游往岸上逃命。

有好幾艘船已經燒得只剩骨架，傾覆沉沒在長江之中，船上的曹兵都掉入江中，由於不諳水性，便在江上載沉載浮著；這時候忽然狂風大作，平靜的江水陡然升起，高約數丈，像是一面巨大的城牆，排山倒海而來，愈迫愈近的滔天白浪，迅速的往江中的曹兵覆下，只一晃眼，曹兵全成了水中冤魂，簡直比活埋還快，而慘叫聲都被濤濤的浪潮掩蓋住……

長江兩岸陡峭的岩壁也橫阻不了長江水勢，但被砍殺而死、烈火燒死、跳水溺死的曹兵不計其數，竟差點使得長江滯流。

這不是自己最想得到的水鄉江南嗎？怎麼霎時之間變得如此血腥恐怖？

曹操被夢中的景象給嚇醒，才發現已經是滿身大汗，雖然時值嚴冬，但冷汗還是不停的從髮

髾流下來，一滴到厚厚的被蓋上。曹操只覺得渾身溼透了，好像剛從江裡游出來一樣，更覺得不舒暢，便開口大喊：「侍衛！」乾涸的聲音連自己也嚇了一跳。

「丞相有何吩咐？」一名侍衛持著蠟燭慌忙的跑進來，跪在地上請示著。

「去拿衣衫，我要更衣。」曹操伸手抹了抹汗說。

丞相不是剛和衣睡下，怎麼又要更衣？侍衛不敢多問，答應了一聲，便急忙向外奔去。

冷風呼呼的吹進內室，使得桌上的蠟燭，光芒閃爍不定，曹操望著搖曳的燭影，思緒竟無法平復。想到剛下江南時，自己大軍還未開到，劉琮就舉雙手投降了，自己得了荊州馬軍五萬、步軍十五萬、水軍八萬共二十八萬兵馬，大小戰船七千餘艘及可供全軍一年的錢糧，又有荊州蔡瑁、張允二人投降過來，幫助自己都督水軍，怎麼會敗給不到五萬人的軍隊？

赤壁大戰，周瑜大軍是逆流過來的，但自己是順流而下的啊，難道順流抵不過逆流？

自己擁有強大的兵力優勢，難道無法力挽狂瀾在眼前？

為何當初對黃蓋的詐降沒起疑心，讓火攻計可以成功？為何當初不聽荀彧的規勸，硬要收服江南？該死的東風、該死的周瑜、該死的魯肅、該死的劉備、該死的荊州水軍未戰先逃，這一切都要怪他們。對了！還有一個人，那就是諸葛亮，想必此刻他一定揮著羽扇，得意的狂笑著。

火燒博望坡，火燒新野，火燒赤壁，諸葛亮初出茅廬的三把火，燒掉自己十幾年來努力經營的基業，難道自己一開始就落入諸葛亮的圈套？

有太多的疑問在曹操的腦中盤旋，最大的疑問就是：赤壁之戰怎麼會敗？

兵敗之後，留曹仁和徐晃駐守江陵，樂進鎮守襄陽，防止東吳趁機北上；又上還三縣二萬戶之封贈，以減輕兵敗之責，預防朝中大臣藉口反對他。自己這樣做，內外兩頭都兼顧到了，為何今晚還會作惡夢呢？曹操想不出一個頭緒來，而實在是太累了，竟又打起盹來。

恍惚之中，江南的景色迢遞入眼……

東邊，江漢平原土地肥沃，廣闊無邊，其中運河縱橫，四通八達，滿穗的稻米緊密的鋪排著，俗稱「兩湖熟，天下足」；南邊，江上的漁舟密密麻麻的，宛如竹葉一般在其中穿梭，與比鄰的水鳥互相呼應，浮現出一片瀟灑的景色；西邊，洞庭湖橫亙八百里，煙波浩渺，水浪滾動，水天一色，亭臺交錯，嫵媚得橫臥在群山之間。洞庭湖之濱，有一片生長茂盛的蘆葦蕩，綿延深長，一望無際；雲夢大澤中飄來楚樂，悠揚的在空氣裡迴盪著；北邊，赤壁三面環水，崖石屹立如壁，夕陽餘暉中，時而赭紅，時而金黃，顏色變化萬千，光影奇麗，近望竟是如此的壯觀。

這一切原本都應該是屬於自己的，為何現在看起來那麼模糊，遙不可及………

忽然水鄉澤國的景色不見了，變成黃沙漫漫的遼闊平原，平原上幾萬騎的大軍，一列列整齊的排著，騎兵後面的弓弩手張著大弓，兩側的步兵緊握著刀槍，好像正期待著一場大戰。

這不是官渡戰場嗎？官渡之戰，自己以寡敵眾打了勝仗，但……為何會敗在赤壁呢？

這時候前方忽然衝出一名騎兵，往自己奔來，仔細一看，竟是黃蓋，他提著矛大喊：「曹賊納命來！」愈來愈近……愈來愈近……肩膀一緊，黃蓋的手已經抓到自己了，曹操張皇失措的拔起佩劍一揮………

「啊………」曹操聽到一聲慘叫，一股鮮血往自己身上噴灑，曹操猛然驚醒，看到一名侍衛倒臥在血泊之中。

原來是他吩咐去拿衣服的那名侍衛，正好走進來，見曹操正在假寐，不敢吵醒，就把上衣披在曹操肩上，卻被自己從床頭拔刀把他給砍死了。

曹操嚇得臉色蒼白，血氣往上沖到腦門，眼睛一黑，就昏了過去。

曹丕就是剛好聽到內室中有慘叫聲，以為曹操不測，便帶著隨從過來察看，一進到內室，看見那名侍衛滿身是血，早已氣絕身亡，曹操則昏厥在在床沿邊，雖搞不清楚是何狀況，但曹丕關切父親的安危，這才慌張得要隨從趕緊去請華陀過來。

華陀跟著隨從來到曹操內室，見曹丕在內，便向他行了個禮，喊了聲：「曹公子。」

曹丕著急的說：「我父親這半個月來都無事，今晚不曉得什麼緣故又昏過去了，請華神醫趕快將我父親救醒。」

華陀提起曹操的手一把脈，便知氣急攻心，引發偏頭風才會昏死過去，便拿出幾根銀針插在曹操的天靈蓋上，將鬱氣逼散。過了半刻的時間，曹操才悠然轉醒，但卻連一句話都說不出來。

曹丕走過去握著曹操的手，細聲的問：「父親大人現在覺得如何？」

曹操不語，只是茫然的搖著頭。

曹丕轉身問華陀：「我父親此病還是復發，能不能馬上根治？」曹丕表面希望曹操趕快痊癒，但事實上卻是害怕曹操從此一病不起。

華陀說：「如果短時間內要將此病根除，必須將頭剖開，取出風涎就永不再犯了。」

一直低頭不語的曹操聽說要將他的頭剖開，一骨碌的從床上跳起來，用顫抖的手指著華陀，氣急敗壞得叫說：「你……你跟他們一樣，都要取……取我性命……」

曹丕和華陀都嚇了一跳，曹丕聲音發顫的說：「父親大人，華神醫是要幫你醫病啊！」

「哈哈哈！」曹操忽然大笑的說：「你們要我的命，我偏不讓你們得逞。」

「把他關進大牢裡去！」曹操這句話是對著門外的侍衛喊的。

一聽到曹操的命令，兩名侍衛就進去把華陀架住，拖著往外走去。

曹丕失聲的喊：「父親大人，千萬不可這麼做啊……」

曹操不理，只冷冷的說：「你……你找的好醫生啊。」

曹丕聞言，陡然變色，心想：「父親大人不會是討厭自己了吧？那多年苦心經營的成果豈不就泡湯了？」曹丕不敢將心事表現在臉上，只好跪在地上說：「請父親大人恕罪！」

曹操看著跪在地上的曹丕，心頭一陣寬慰，丕兒對自己還算孝順，不僅幫自己四處探訪名醫，這麼晚了還隨侍在旁，不像植兒每天只會吟詩作賦，想到此，曹操揮了揮手說：「不干你的事，你下去吧！」

曹丕猜不透曹操的心事，只好懷著一顆忐忑的心離去。

華陀被關進牢獄後，由於年老體弱，便生了一場大病，華陀知道自己將不久於人世，便把他一生為百姓治病的經驗和各種藥方，寫成了一部《青囊書》，由於牢獄中有一名吳姓的獄卒對他很是照顧，華陀就拿出那部《青囊書》對他說：「這是我一輩子的心血，希望你能收下，傳授給後人。」吳姓獄卒十分感激的收下。

過了幾天，華陀就病死了，吳姓獄卒痛哭了一場，將他殮葬之後，回到家看到妻子正在將《青囊書》一頁一頁的撕掉，放進火盆裡焚燒，便要撲過去搶救，他的妻子攔著他說：「華陀的醫術精

湛，但醫得了別人，卻醫不了自己，最後還不是冤死獄中，你要這本書有什麼用呢？」

吳姓獄卒氣得推開他的妻子，跨步過去踢翻火盆，用腳將火踩熄，可是《青囊書》已經燒掉一大半了。後來吳姓獄卒便專心學習那半部《青囊書》，竟也成了有名的醫生。

華陀之後，曹操的病無人可治，病情就更加嚴重了，只要頭一痛起來就大發脾氣，並開始變得殘忍嗜殺。

御史大夫郗慮向曹操誣告孔融，說他曾在赤壁之前，說過「不是仁義之師，注定失敗」的話，曹操就下令逮捕孔融；孔融有兩個兒子都還小，正在家裡下棋，有人好心通知他們快逃，不料他們卻說：「覆巢之下，焉有完卵？」因此孔融全家都被曹操給處斬了。

殺掉孔融的那天晚上，曹操又作夢了，這次夢見烏林沿岸有戰船千餘艘，皆用鐵鍊互鎖，列於水寨旁，煞是壯觀；自己則坐在其中的一艘大船上，左右站著侍御者數百人，皆錦衣繡襖，荷戈執戟，旁邊文武眾官，依次而坐。

自己正與他們飲酒作樂，遙望水漾如詩，山色如畫，得意的迎風大笑，並對眾官說：「吾自起義以來，為國家除凶去害，並誓言掃清四海，削平天下；目前所未得者只有江南而已，我今有百萬雄師，又有諸公輔助，還怕不成功嗎？等到收服江南之後，天下太平無事，便與諸公共享富貴！」

文武眾官聽了都起身拜謝，齊聲說：「丞相文功武德，世所未及，此次大戰，必能早奏凱歌，我等終身皆賴丞相福蔭。」

「哈哈哈！哈哈哈！」自己被說得開懷大笑起來，手指著南岸說：「周瑜、魯肅、劉備、諸葛亮等輩不識天時，想要以螻蟻之力撼搖泰山，真是愚蠢至極！」眾官在旁都隨聲附和。

酒過三巡，自己已是喝得半醉，便取槊矛立於船頭，以酒奠於江中，滿飲三爵後，看見月亮照在江上，如萬道金蛇翻波戲浪，便橫著槊矛驕傲的說：「我持此槊破黃巾、擒呂布、滅袁術、收袁紹，深入塞北，直抵遼東，縱橫天下，終不負大丈夫之志；今對此景，甚有感慨，我當作歌詠之。」說完便唱了起來：

對酒當歌，人生幾何？譬如朝露，去日苦多。

慨當以慷，幽思難忘。何以解憂？唯有杜康。
青青子衿，悠悠我心。但為君故，沈吟至今。
呦呦鹿鳴，食野之苹。我有嘉賓，鼓瑟吹笙。
明明如月，何時可掇？憂從中來，不可斷絕。
越陌度阡，枉用相存。契闊談讌，心念舊恩。
月明星疏，烏雀南飛。繞樹三匝，何枝可依？
山不厭高，海不厭深。周公吐哺，天下歸心。

剛一唱完，旁邊有人用不屑的口氣說：「大軍相峙之際，『何枝可依』之語，乃是不祥的預兆啊！」自己正在興頭上，到底是誰這麼大膽，破壞這難得的雅致？憤怒的回頭一看，卻發現周圍的

人都不見了，只有周瑜站在前方，對著自己冷笑說：「出此不祥之語，注定你要被我打敗啦。」說完便舉刀砍殺過來。

自己嚇得在船上閃來躲去，最後跳下船去，駕著一艘小船逃到岸上，原本以為安全了，誰知背後又有趙雲、張飛追來，慌忙的躲進一處草叢中，提心吊膽的看著他們向前追去；這時候背後響起：「丞相好久不見了。」轉頭一瞧，關羽手持青龍偃月刀看著自己。

至此已無處可逃，只好跪地求饒說：「關將軍饒命啊……」

關羽嘲笑的說：「你自命丞相，竟然如此低聲下氣？」說完便舉起青龍偃月刀往下一砍……。

「饒命啊——」曹操大叫一聲，霍地從床上坐起。又是一場噩夢，夢中的自己真是狼狽啊！但當初若不是關羽放他一馬，自己早已命喪華容道了，曹操大喘粗氣想著。

四

曹操水戰失利，陸上的軍隊又遭到孫權、劉備聯軍的圍攻，只好領著不到兩百名的殘兵從彝陵北逃。一行人慌慌張張的走了一個晚上，見火光已在很遠很遠的地方，只剩下一個小點，曹操才開口問道：「這裡是什麼地方？」

走在一旁的荀攸回答說：「這裡是烏林之西五十餘里處。」

曹操左看右看，只見此處樹木雜生，道路險峻，就在馬上仰天大笑起來。

眾將被曹操笑糊塗了，直問道：「丞相為何大笑？」

曹操笑說：「我不笑別人，單笑周瑜和諸葛亮兩人無謀少智；若是他們預先在這裡伏下一軍，我就完了不是嗎？哈哈哈！」

眾人看曹操滿臉土灰，衣破袍焦，竟然還笑得出來，只覺得不可置信。

只有荀攸看透曹操的心思，敗戰之後，士氣低落，現在又在逃亡的途中，能不能順利逃回許都猶未可知，但此刻若是垂頭喪氣的，那肯定回不了家，荀攸見曹操用心良苦，也跟著說：「應該笑，應該笑，哈哈哈！」話還沒說完，兩邊鼓聲震響，火光衝天而起。

「又是火？」曹操早在赤壁就被火給嚇破膽了，這次看到火起，驚得跌下馬去。

這時候旁邊跳出一名銀盔白甲的武將，大喊：「常山趙子龍奉諸葛軍師之命，在此等候多時了！」

曹操見是長坂坡英雄趙雲，害怕得腿軟，連馬也跨不上去；幸好徐晃一把抓住曹操，將他扶上馬匹，保護曹操冒險突圍；趙雲也不追趕，只命兵士撿取曹軍丟下的武器。

曹操等人沒命的逃著，正在尋路的時候，忽然一股黑雲罩地，「嘩啦—」，冬雨密集得像是箭矢般打了下來，眾人的衣甲都溼透了，冷得直打哆嗦；曹操及眾官還有馬騎，士兵們就可憐了，只能拖著疲憊的步伐，冒雨蹣跚的走著。

逃命的時候還不覺得，這時候被雨一淋，連日來的疲憊全湧上來，士兵有的放倒在路旁，有的坐地號哭，有的還互相咒罵起來。

曹操看不是辦法，便命就地休息，眾人於是揀乾處起鍋造飯，又割死馬的肉來吃；曹操手摸剛剛燒焦的鬍鬚，指著前方的岔路問說：「這二處是什麼地方？」

荀攸站起來回答說：「一邊是南彝陵大路，一邊是北彝陵山路。」

「哪邊離南郡江陵比較近？」曹操看了看問。

荀攸指著右邊的路說：「取南彝陵大路經葫蘆口最近。」

「嗯……」曹操沉吟一會說：「那等會就走南彝陵大路吧。」

「哈哈哈！」曹操剛說完就又大笑起來，眾人都停止了扒飯的動作，怔怔的看著曹操。

李典問說：「方才丞相嘲笑周瑜、諸葛亮，引得趙子龍來，又折損了許多兵馬，這次……」李典本來想說：「這次大笑，該不會又引得誰來吧？」但話到嘴邊，覺得不妥，就改口說：「這次丞相又為何大笑？」

曹操說：「我笑周瑜和諸葛亮畢竟年輕，智謀不足；如果此處也埋伏一軍，以逸代勞，我們縱然脫得性命，也不免身受重傷；但我卻看不到埋伏的士兵，所以覺得好笑。」

此時荀攸卻笑不出來，只能陪著嘿嘿乾笑。

「我乃燕人張益德，奉命在此等候！」曹操正在得意之時，一聲大喊讓他心頭陡跳，只見張飛率著百餘名士兵衝殺過來。

曹操來不及撿起盔甲，便跳上馬奔逃，一路上直喊：「我的命運怎麼如此多蹇啊！」

步行的士兵根本來不及走脫，都被張飛策馬追上，一矛一個的刺死；徐晃等人且戰且逃，奔至一處路口才追上曹操，眾人急問說：「前面有大小兩條路，請問丞相我們該走哪條路去？」

曹操又問荀攸：「哪條路近南郡？」

荀攸說：「大路較平坦，但卻遠五十里；小路通華容道，近五十里，但卻地窄路險，坎坷難行。」

由於後面有追兵，曹操毫不遲疑的說：「走華容道！」眾人便朝華容道進發，這時候總共剩不到五十人，且眾將多已帶傷，中箭著槍的士兵只能勉強行走，真是苦不堪言；而軍器旗旛則東倒西歪，紛亂不整。行至一處狹處，前軍停住不進，曹操問是何故，士兵回報說前方山僻路小，又因下雨積水，泥土深陷，不能前進。

曹操聽了大發雷霆，怒斥說：「軍旅逢山開路，遇水搭橋，豈有泥濘不堪行的道理！」便號令兵士就路旁砍伐竹木，填塞道路，又命張遼、許褚、徐晃三人在後，只要遲慢者就斬殺掉。一名士兵實在是受不了了，就跪在地上啼哭，曹操氣得舉鞭抽他，邊抽邊罵：「生死有命，哭什麼！再哭我就斬了你！」那名士兵好像豁出去了，呼天搶地的喊說：「我們在北方不是好好的嗎？幹嘛還來打這場仗嘛！」

「是啊，是啊……」其中有幾個人小聲的附和著。

曹操氣得又要舉鞭去抽，荀攸怕軍心動搖，趕緊攔住曹操問說：「丞相為何要走這樣難行的小道？」曹操收起怒氣說：「剛才我看見小路有數處煙起，大路卻無任何動靜；兵書上說：『虛則實之，實則虛之。』我料諸葛亮詭計多端，派人在小路山邊燒煙，使我軍不敢從這條路走，他卻在大路埋伏等著我們，我偏不中他計！」

荀攸聽了便高聲的對士兵說：「你們現在知道丞相為何要走小路了吧！」

士兵們聽了也就不再抱怨，曹操彎身牽起那名啼哭的士兵，和善的說：「趕快起來吧，等到了荊州就可以歇息了。」

行不到數里，曹操又在馬上揚鞭大笑，這次沒人問他為何發笑，曹操只好自己說：「人都說

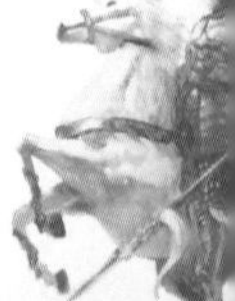

周瑜、諸葛亮足智多謀，依我來看，到底是無能之輩；若在此處埋伏一旅之師，我等只能束手就擒了。」

話剛說完，忽地一聲砲響，五百名校刀手出現在路的盡頭，橫列擺開，為首大將關羽騎著赤兔馬，手持青龍偃月刀，擋住去路。

曹軍個個是嚇得亡魂喪膽，面面相覷，不知如何是好。

曹操知道逃不掉了，反而昂起頭說：「到此地步，只好決一死戰了！」

眾將都說：「人怯馬乏，怎麼戰呢？」

曹操握著拳頭，咒罵著說：「難道去向他們投降？」

謀士程昱說：「關羽這個人恩怨分明，義蓋雲天，欺強而不凌弱；丞相昔日有恩於他，今日只要以情動之，便可脫難。」

「你的意思是要我向他求饒？」曹操板著臉說：「那我會被天下人瞧不起，這我不幹。」

程昱語重心長的說：「丞相，退一步海闊天空啊！」

曹操心想，程昱的話也不無道理，若是因為逞強而命喪於此，就再也沒有機會爭霸天下了，恥笑就恥笑吧，終有一天我還會東山再起的。

曹操想通了之後，便下馬走向前，欠身對關羽說：「將軍別來無恙？」

關羽也下馬欠身說：「關某奉軍師之命，在此等候丞相多時了。」

曹操陪著笑臉說：「曹操今兵敗勢危，到此走投無路，希望將軍看在舊日的情份，放我一馬。」

關羽搖頭說：「昔日關某雖蒙丞相厚恩，但已斬顏良、文醜，解了丞相白馬之危，也算是報答了。今日關某不敢因私而廢公。」

這時程昱走上前來說：「關將軍義重如山，深明春秋，何忍欺弱呢？」說完拉了拉曹操的衣襟，細聲的說：「以情動之。」

曹操領悟過來，便趴倒在地，掩面痛哭。

關羽看著在眼前痛哭的曹操，這是當初意興風發的那個曹丞相嗎？這個人對自己有許多恩義，如今卻落魄成這個樣子，自己怎麼忍心殺他呢？關羽的內心掙扎著。

過了一會，關羽忽然大喝一聲，曹操以為關羽不放過自己，心裡直喊：完了！

沒想到關羽接著卻掉轉馬頭，對那五百名校刀手命令說：「四散擺開！」這意思已經很明白了，就是要放曹操一馬，曹操見狀，趕緊上馬，與眾將低著頭一齊奔過去。

此時關羽卻大喊：「我只放曹丞相！」

眾將聽了大驚，都下馬哭拜於地，關羽見眾人惶惶垂淚，心中已是不忍，又望見張遼也跪在其中，想起他也曾救過自己一命，只好長嘆一聲，揮手說：「都過去吧。」

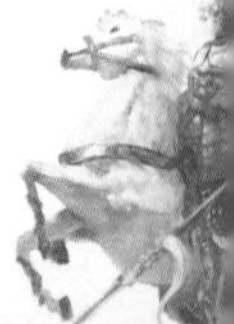

關羽看著曹操等人離去，自語說：「今日有負軍師之命，我終究是個不義之人啊。」

關羽放了曹操，引軍回本營之後，便獨自一個人要去向諸葛亮請罪。

一聽說關羽回來，諸葛亮連忙離席相迎，並說：「關將軍立此蓋世之功，除掉天下之大害，實在應該要慶賀一番。」

關羽黯然的說：「關某特來請罪。」

諸葛亮故作驚訝，睜著眼睛問：「莫非曹操沒有經過華容道？」

關羽答說：「曹操的確有從華容道經過，是關某無能，因此讓他給逃走了。」

諸葛亮朗聲說：「這一定是你想起曹操昔日對你的恩德，所以故意給放走了。既然你之前有立下軍令狀，我不得不按軍法處置了。」就命左右武士將關羽拿下。

此時營中趙雲、張飛等武將均為關羽求情。

諸葛亮正色說道：「軍令不是兒戲，今日不斬關羽，他日如何帶兵？推出去斬了！」

劉備見諸葛亮態度如此堅決，怕他真斬了關羽，便趕緊對他說：「昔日我們三兄弟結義時，誓言同年同月同日死，今雲長雖然犯下殺頭之罪，但我卻不忍心違背我們兄弟的誓約，希望軍師饒他一命，待以後將功贖罪。」

諸葛亮見劉備也來求情，於是對關羽說：「今天就尚且饒你一命，希望將軍以後需聽我調度，將功贖罪。不知你服是不服？」

關羽連忙跪下說：「今後關某一定聽從軍師命令。」

諸葛亮這才命左右武士將關羽鬆綁。

五

炎日當空，城外人頭鑽動，數千名士兵正流著大汗，交遞搬著石塊；他們先堆砌好石塊，然後把蘆葦捆成一捆，縱橫交疊起來，中間則用泥土把它們黏在一起，將城牆修築得更加堅固，並在城牆的外側，築立土堆，然後插上一根根巨大的尖木；另外一邊的士兵，手拿土鍬，一鏟一鏟的挖了一條深八尺、寬五尺的護城壕溝。赤壁大戰過後，荊州正在加緊城池的防禦工程。此時諸葛亮和趙雲坐在城樓上觀望。

「依你看，曹操還會來嗎？」諸葛亮揮著羽扇問。

自從經歷過幾場大小戰役之後，諸葛亮就愈發看重趙雲，覺得他不僅能打仗，更是個有頭腦、有眼光的大將，所以有空就找他聊天，暢談天下大事；趙雲也很佩服諸葛亮的智才，所以有什麼想法都會說出來與他討論。說起來，趙雲還大諸葛亮好幾歲，名義上是尊他為軍師，私底下兩人卻是忘年之交。

「赤壁一戰，曹操元氣大傷，短時間是不可能來犯了。」趙雲十分肯定的說。

「那為何還要廣修城池？」諸葛亮又問。

「哈！」趙雲笑了一聲說：「這個軍師不是比我更清楚？」

諸葛亮或許是因為熱的關係，一直揮著羽扇，他瞇著眼笑說：「子龍說說看嘛！」

趙雲說：「當下的敵人不在北方，而是南方的孫權。」

諸葛亮鼓著掌說：「子龍看得清楚。曹操兵敗北逃，孫權軍威大振，倒是個很大的威脅。」說完，忽然話鋒一轉，問道：「你知道曹操為何會在赤壁一敗塗地？」

趙雲說：「這個嘛……我認為是曹操太過驕傲了。」

諸葛亮搖了搖頭說：「驕軍必敗，這是一定的，最重要的因素是曹操弄巧成拙了。」

趙雲不解的問：「弄巧成拙？這我就不懂了。」

諸葛亮說：「曹操挾著強大的兵勢南征，在併吞了荊州之後，應該步步為營，休養整備，等鞏固好荊州之後，再尋機進取東吳才有勝機；但他卻倉皇的揮兵江南，迫使孫權不得不與他攤牌，完全違反『各個擊破』的基本原則，所以注定失敗。」

趙雲恍然大悟的說：「原來如此。」

諸葛亮接著說：「赤壁一戰，我除了不願意見到東吳被曹操併吞，讓曹操坐大之外；另一方面便是利用赤壁之戰，為主公爭取創業的地盤。」諸葛亮呷一口茶又說：「曹操早已統一北方，孫權也據有江東，而主公卻還寄人籬下，沒有半塊立足之地；這時剛好曹操率軍南侵，讓我有了以抗敵的理由，驅使曹操與孫權南北相持，主公便可以趁機占據荊州。」

趙雲佩服的說：「軍師真是用心良苦啊！如此一來，天下就形成鼎足三分的態勢了。」

「那你現在知道為何我讓關羽去守華容道了吧？」諸葛亮又提出一個問題，因為在他心中，有個很重要的戰略方針，除了靠自己努力去實行之外，他更需要一個幫手來幫他推動，他認定這個人就是趙雲了，所以必須透過這樣的方式，來與趙雲達成共識。

趙雲想了一下說：「曹操在赤壁敗戰後，勢力還是最強大的，而孫權居中，主公則最弱；如果在華容道殺死曹操，孫權必定趁機稱霸，我們也就危險了；所以軍師讓關將軍去守華容道，就是看準了關將軍一定會把曹操給放了。」

諸葛亮高興的說：「就是這樣，子龍是如何看出的？」

趙雲笑了一下說：「如果仔細分析軍師在赤壁戰前所分派的任務，就可以發現軍師並不想擒殺曹操了；軍師命我帶三千名士兵埋伏，等曹操軍一到，只放火燒他；又命張將軍領三千名士兵埋伏在葫蘆口，趕而不殺，這樣的安排是捉不到曹操的，我想軍師最主要的目的，應該是想把曹操逼往華容道，讓他去對上關將軍吧。」

「呵呵呵！」諸葛亮笑著說：「只好讓關將軍背上對國家不義的罪名了。」

趙雲聽了也跟著笑，然後說：「不過關將軍這次可還清曹操的人情了，等日後軍師要關將軍殺曹操，也就容易多了。」

「哈哈哈！子龍說得對。」諸葛亮聽了開懷大笑。

「如今天下三分，軍師下一步要怎麼走？」這次換趙雲提問題了。

諸葛亮說：「主公雖然擁有半個荊州，但這終究只是暫時的棲身之地，下一步應該就要西取巴蜀，才是永久之計。」

趙雲又問：「那東吳方面怎麼辦？」

諸葛亮說：「赤壁戰前，我採取的是聯吳抗曹的戰略，因為有共同的敵人，所以孫權才和我們合作；但只要我們一入蜀，不僅曹操視我們為眼中釘，孫權也會馬上變成我們的勁敵，唯一的辦法只有……。」

諸葛亮頓了一下說：「據蜀和吳！」

第七章　智取桂陽巧訂終身

一

漢獻帝建安十四年（公元二〇九年），劉備占有荊州、南郡、襄陽，並得伊籍介紹，徵得馬良為從事，而他最小的弟弟馬謖也在這時加入。

馬良，字季長，荊州人士，共有兄弟五人，都各有才名；由於馬良在荊州一地最負盛名，又因為眉間有白毛，所以鄉里都流傳著一句話：「馬氏五常，白眉最良。」

馬良對劉備說：「荊襄是個四面受敵之地，恐怕不能久守；可先向朝廷表奏公子劉琦為荊州刺使，以安定民心；然後率軍南征武陵、長沙、桂陽、零陵四郡，並積收錢糧，以為根本，這才是久遠之計。」

劉備高興的說：「季長真是我的良師啊。」接著又問：「那這四郡中，應該先取何郡？」

馬良說：「湘江之西，零陵最近，可以先取，接著可取桂陽，然後東取武陵和長沙。」

劉備語帶擔憂的問：「這四郡相距遙遠，若是不能逐一取下，時日一久，恐怕會有麻煩？」

馬良笑說：「這個就請主公放心，四郡的太守都是昏庸無道之輩，百姓早就怨聲連連了，只要主公打著安民的旗幟，不出一個月，四郡均為主公所有。」

劉備又驚又喜的說：「真有這麼容易？」

「嗯！」馬良微笑的應了一聲。

劉備回頭看了看諸葛亮，每次只要遇有重大的決議，劉備向來都會聽看看他的意見，此時諸葛亮卻不說話，只是點了點頭。

劉備見諸葛亮也表示贊同，於是留關羽守荊州，糜竺、劉封等人守江陵，命張飛和趙雲為先鋒，自己和諸葛亮為中軍，率領一萬五千名士兵從荊州出發，南下奪取四郡。

零陵太守劉度，是個不學無術的膿包，靠著賄賂才當上太守的，這時候聽到劉備大軍要來取零陵，早以嚇得雙腿發軟，心想把城獻給劉備算了，以保身家安全。

劉度的兒子劉賢不屑的說：「父親幹嘛怕他一個劉備，就算他有張飛、趙雲，我們也有大將邢道榮，他可以力敵萬人呢。」

邢道榮是劉賢從小到大的玩伴，就是有這層關係，邢道榮自然而然成為零陵郡的帶兵大將；有一次，郡外的山賊作亂，有賊眾一千多人下山來搶劫百姓的財物，邢道榮帶兵去圍剿他們，由於山賊都是一群烏合之眾，毫無作戰經驗，被官兵一衝就散，根本沒什麼抵抗就逃回山上；從那次起，劉賢就認為邢道榮是萬人敵，因此他這次認為張飛和趙雲根本不算什麼，只要邢道榮一出馬，便可輕易擺平，這實在是井底蛙之見。

劉度聽兒子這麼一說，就命邢道榮率兵五千人，到離城三十里外的山邊下寨迎敵。

邢道榮剛安頓好部隊，探馬就來報說：「劉備大軍來了！」

邢道榮手持開山斧，策馬來到劉備大營，厲聲高喊：「你們這幫反賊，膽敢犯我境界！」

本以為會有大將衝出來與他決戰，卻不料從營帳旗門中，推出一輛四輪車，上面坐了一個書生模樣的人，頭戴綸巾，身披鶴氅，搖著羽扇對他說：「我乃是南陽諸葛孔明。曹操的百萬大軍，都被我軍殺得片甲不回，你是何人，竟敢與我對敵？不如趕緊放下武器投降。」

邢道榮大笑說：「赤壁之戰，一切都是周瑜的功勞，干你何事，竟敢來此胡說八道！」說完就揮斧砍向諸葛亮。

諸葛亮回車便走，邢道榮快馬趕上，叫說：「難道劉備無人了嗎？」才剛喊完，從旁邊攔出一名大將，大喊：「誰說無人，你認得我常山趙子龍嗎？」

邢道榮嘲笑的說：「趙子龍？就看我今日如何屠龍！」

趙雲也不生氣，輪槍就刺，邢道榮舉著大斧來擋；誰知戰不到幾回合，體力漸漸不繼，雙手也擋得發麻，連開山斧都快拿不住了，這才知道人外有人，便趕緊喊說：「我投降，我投降！」

趙雲單手就把邢道榮給提起來，抓回大營中給劉備發落。

劉備命令左右武士說：「推出去斬了！」

「且慢！」諸葛亮揮手說道。諸葛亮心想，雖然抓到邢道榮，但若是劉度因此緊守零陵，勢必又要攻城，這乃是下下策，只有放了這條長線，才能釣到大魚，於是便走過去扶起邢道榮說：「你若是替我捉了劉度，我就饒你不死。」

邢道榮聽說可免不死，心理盤算著：不如暫且假應，等回城再帶兵來與你們一決死戰，便連聲說：「只要饒我不死，我進城去提劉度的人頭來獻給你。」

諸葛亮早就料到邢道榮不是真心投降，只問：「你要如何抓他？」

「今晚請軍師調兵來攻城，我在城內引一軍出來作內應，到時候就可以活捉劉度了。」邢道榮說得口沫橫飛。

這時張飛在一旁叫說：「軍師千萬不要相信他的鬼話，誰知他安什麼壞心。」

「嘿！」諸葛亮狡黠的說：「邢將軍不會騙我的。」

邢道榮連聲說道：「是啊，是啊，軍師說得對極了，快放了我吧。」

諸葛亮就命人把他給放了，邢道榮見一鬆綁，便一溜煙的跑掉了。

張飛悻悻的喊：「好不容易抓到，卻把他給放了，這不是太可惜了嗎！」

諸葛亮也說：「是啊，真是可惜。」

他可惜的是劉度用此無謀的大將，就算自己不來攻，零陵被奪也是早晚的事。

邢道榮回到城內，將情形告知劉賢，劉賢問說：「現在該怎麼做？」

邢道榮自作聰明的說：「我們就來個將計就計。」

劉賢問：「如何將計就計？」

邢道榮說：「今晚我假裝開城門引他們進來，然後趁機關起門來，定叫他們冤死在城內。」

劉賢興奮的說：「好計啊！」便命邢道榮趕緊去安排佈署。

當晚二更，在城內的邢道榮遠遠看見一串火光，搖晃的向這邊走來，便知是諸葛亮的軍馬，便揮手命城上的刀槍手藏好，然後走下去開城門；城門一開，邢道榮假裝興奮的說：「軍師趕快請進。」一話還沒說完，趙雲就從諸葛亮的後面躍出，一槍結果了邢道榮；張飛也衝出來，霍霍的揮著丈八蛇矛，大喊：「放下武器投降者免死，抵抗者死無全屍啦！」

城上的士兵見主將已死，知道再抵抗只是白送性命，全部都丟下武器投降。

原本主戰的劉賢，見情況不妙，反而勸父親投降，劉度無奈，只好捧著太守印綬，跪在太守府前等候劉備。劉備一到，把劉度扶進太守府內，賜酒給他壓驚，仍然命他為零陵太守，劉度簡直不敢置信，感激得伏地跪拜。

隔日，劉備命趙雲、張飛入城安民，然後再商議取桂陽之事。

不到半日的時間，張飛氣沖沖的回來了，一走進門，暴跳如雷的說：「這是什麼窮郡啊，枉費我們使那麼大的勁才打下來，有個屁用！」而趙雲則跟在張飛後面，不發一語。

劉備大惑不解，便問張飛說：「我不是要你們去安民嗎，怎麼反惹得一身氣回來？」

「我不想說了，你問四弟吧！」張飛怒氣未消。

劉備問：「子龍，怎麼回事？」

「唉……」趙雲嘆了一聲。

趙雲和張飛帶著幾名士兵，來到郡內要貼「安民榜」，一路上卻只看見一間又一間破舊的房舍，許多房舍的門窗都被拆毀，去加強城門的防禦；城內見不到半個年輕人，只剩下一些老弱婦孺，人人衣不蔽體，面有飢色；看見趙雲他們過來，以為是官兵要來搶奪，大為驚慌，紛紛走避如蟻。而田裡長滿了枯草，唯一的河流早就乾涸，百姓只能啃著果實和樹皮過活。遠方一個老人兩邊的鬢髮已白，孤零零的坐在在荒僻的小路邊，呆呆得看著他們。四處呈現一片蕭疏破敗的景象。

趙雲心裡十分感慨，心想：拿安民榜來貼有用嗎？這裡到底有幾個人認識字呢？就算是識字，那換誰來統治，對他們來說，好像不是那麼重要了，最重要的是誰能讓他們吃飽。

趙雲想了一會，便對張飛說：「益德，我看還是不要貼安民榜了，貼了也沒用。」

張飛剛才看到百姓窮苦潦倒的模樣，早就一肚子不滿，他可憐這些百姓，但更恨這個搾不出一點油水的郡縣，不了解大哥幹嘛要來奪這個郡，去跟曹操爭許都不是更好？他以為趙雲也跟自己一樣的想法，所以也附和道：「對！這個窮縣貼了也沒用，走吧。」

劉備和諸葛亮聽完趙雲的敘述後，都長長的嘆了一聲。這時張飛卻在旁邊叫：「大哥，這種鬼縣無粥無飯的，不要也罷，不如還給劉度，讓他去啃樹皮吧。」

劉備斥責道：「休得胡說！我們來這邊就是要讓百姓有好日子過的，怎麼可以就這樣放棄？」

張飛悶哼一聲不說話。

劉備接著對諸葛亮說：「請軍師先和我留在郡內整頓安撫，桂陽就請子龍去取，如此可好？」

諸葛亮應說：「當依主公之命。」

張飛又不服了，跺著腳說：「大哥為何不叫我去？」

劉備厲聲的說：「你給我留在這裡幫忙，幹得不好，我唯你是問！」

張飛聽了哇啦哇啦的叫，說什麼他是武將，不會幹文官的事。

劉備也不理他，就命趙雲領兵往桂陽去了。

二

桂陽太守趙範得知劉備取了零陵，現在就要來攻打自己，急忙召集眾官商議；他的手下有兩名管軍校尉，一個叫陳應，另一個叫鮑隆，兩人原本是桂楊嶺山鄉的獵戶；由於陳應會使飛叉，鮑隆曾以雙手打死老虎，所以都被趙範請來當校尉。這時陳應和鮑隆二人自恃勇力，便向趙範請兵出戰。趙範卻說：「我聽說劉玄德乃是大漢皇叔，而今日與他領兵前來的趙子龍，在長坂坡的百萬曹軍中，如入無人之境，勇不可當；我桂陽能有多少兵馬，可以與他抵敵？不如開城投降吧。」

陳應說：「趙雲能有三頭六臂嗎？我這把飛叉可要會一會他。」

鮑隆也說：「我們二人合力，一定能夠擒捉趙雲。」

趙範拗不過他們兩人，只好點頭答應。

趙雲領兵來到桂陽城下，見此城周長百餘里，高十幾尺，共有六個城門，城門上都建有城樓，高敞軒朗，氣勢雄偉，依江而築，比起零陵郡大得多了。

趙雲正在思考如何攻取，這時城門一開，陳應和鮑隆兩人帶兵衝出，趙雲見狀也拍馬去迎。

鮑隆喊說：「聽說你就是讓曹操喪膽的趙子龍？今日我就要看看你有多猛！」說完便持戟往趙雲死命砍去，只聽「匡啷—」一聲，原以為一戟就可砍殺趙雲，誰知定眼一看，趙雲一手挽轡，一手持槍，正穩穩地坐在銀鬃馬上，鮑隆這才知道厲害，回身就要逃走，卻被趙雲揮搶刺落馬下；陳應為救鮑隆，趕緊用飛叉擲向趙雲，趙雲反手接住，回擲過去，陳應急忙側身閃躲，趙雲策馬過去，舉手將陳應活捉過馬，丟在地上，命兵士綑綁起來，二人帶來的士兵見狀，都倉皇的逃回城裡去了。

趙雲將陳應捉入營中，想起諸葛亮在零陵所用「放長線釣大魚」的方法，覺得好用，便對陳應說道：「我不殺你，放你回去，你給我進城去勸趙範，叫他早來投降。」

陳應謝罪之後，抱頭鼠竄回到城中，對趙範將情形一一說過。

趙範斥責道：「我本來就要投降的，是你們強要應戰，現在害了鮑隆性命，你可高興了？」便喝退陳應，捧著太守印綬出城去迎接趙雲。

趙雲一進城，趙範就拉著他的手說：「久聞趙將軍神武，今日得見，確是不凡啊！」

趙雲躬身回禮說：「趙太守如此深明大義，子龍代主公謝過。」

趙範熱絡的說：「將軍免禮，將軍免禮。外面風大，先到屋裡坐。」

趙範早已命人在後堂擺酒，兩人分賓主坐下後，趙範斟了兩杯酒，將一杯遞給趙雲，然後舉杯對趙雲說：「將軍姓趙，我也姓趙，本是同家；將軍是真定人，我也是真定人，又是同鄉；倘若將軍不嫌棄，你我結為義兄弟，這真是我的榮幸啊。」

原來趙範見趙雲武藝高強，又一表人才，便想把趙雲攏絡過來，讓他為自己效命；趙雲不疑有他，便滿口答應。兩人各敘出生年庚，趙雲還大趙範四個月，於是趙範稱趙雲為兄。

趙範見計謀得逞，雀躍的說：「來來來！愚弟再敬兄長一杯。」

「乾！」「乾！」

兩人一杯又一杯，酒過三巡之後，兩人都微有醉意，趙範為進一步討好趙雲，便斥退僕人，從內室喚出一名婦人來替趙雲斟酒。只見那名婦人身穿縞素，體態十分窈窕，烏髮披肩，明眸皓齒；傾國傾城的容貌，實在勝過月宮裡的嫦娥仙子，此時正用那雙纖纖的玉手替趙雲倒著酒。

趙雲看了忽然酒醒，問趙範說：「這位是？」

趙範說：「這是兄嫂樊氏。」

趙雲趕緊起身說：「子龍見過大嫂。」

樊氏只是低頭笑了笑，那盈盈的笑靨，就像春天裡的花朵，肆意的綻放著，其中又帶著無比嬌

羞，魅而不媚。

「坐坐坐，兄長不必拘禮。」趙範說完便將樊氏推向趙雲。

趙雲大吃一驚，問說：「這是幹什麼？」

趙範使了使眼色，讓樊氏先回內室。

等到樊氏一離開，趙雲不悅的問說：「為何要叫你大嫂出來做這等事呢？」

趙範笑說：「兄長勿怪，這其中有緣故的。家兄去世已經三年多了，我這個兄嫂從此寡居，我覺得這終究不是辦法，女人還是要幸福的，便勸她改嫁；家嫂卻對我說：『若要我改嫁，那人須具備三個條件，第一要文武雙全，名聞天下，第二要相貌堂堂，威儀出眾，第三要與家兄同姓。』原本我想應是家嫂不願改嫁，才出此艱難的條件。」

趙範仰頭喝了一口酒，接著說：「呵！天下就有這麼巧的事，兄長堂堂儀表，名震四海，又與家兄同姓，一事不缺，這不正符合家嫂所提的條件嗎？若是兄長不棄嫌的話，將家嫂許與為妻，互結累世之親如何？」

趙雲聽到後來，才聽出趙範話中的含意，氣得拍著桌子，破口大罵道：「我既然與你結為兄弟，你嫂就是我嫂，我趙雲堂堂大丈夫，諒不會作出這種亂人倫的事。」

趙範聽了自覺愧然，惱羞成怒的說：「我是一番好意，兄長何必如此無禮！」

「別再說了！」趙雲一腳踢翻桌子，走出後堂，上馬回城外營寨去了。

趙範見趙雲怒氣沖沖離去，只得找來陳應商量；陳應說：「這下撕破臉了，只好帶兵與他廝殺。」趙範蹙著眉說：「恐怕打他不過。」

陳應說：「不如我去詐降，太守則帶兵與他對陣，我趁機從後擒他。」

趙範說：「那你需多帶些軍馬去。」

陳應好像忘記被趙雲活捉的窘狀，笑說：「只要帶五百人去就夠了。」

當晚陳應就帶著五百名士兵到趙雲營寨中投降，趙雲已知有詐，佯裝不知，便置酒款待陳應。陳應虛情假意的說：「趙太守想用美人計迷惑將軍，實際是想割下將軍的頭，去獻給曹丞相，我見太守如此不智，怕被連累，所以才來投降將軍。」

「左一句太守，右一句丞相，瞎子也看得出來你是來詐降的。」趙雲心裡這麼想，嘴巴卻問道：「趙範要如何割我的人頭呢？」

陳應說：「太守是要等將軍酒醉，便拖入後堂謀殺。」

「醉？這倒是個好辦法，就看我用在你身上吧。」趙雲打定主意後，便舉杯說：「那趙某應該感謝陳將軍的救命大恩了，來，乾！」

陳應不疑有他，便接受趙雲的一再勸酒。

幾杯下肚之後，趙雲見陳應已有醉意，便假意問道：「陳將軍要不要休息了？」

陳應瞇著醉眼說：「休息？好好好，最好再找個人來陪。」陳應醉得忘了自己的任務。

趙雲喊了一聲說：「你去地府找吧！」就命人把陳應拖出去斬了。

趙雲隨即走出帳外，對著陳應帶來的五百名士兵說：「要害我的，乃是陳應一人，與你們無關，你們只要聽從我的命令，都有重賞。」

那五百名士兵個個面面相覷，不知如何是好；趙雲看她們還在猶疑，便喊說：「提上來！」

這時一名兵士提著陳應的人頭走過來，那五百名士兵見狀，嚇得跪地求饒，紛紛表示歸降。當夜趙雲命那五百名士兵引路，並帶一千名士兵在後跟隨，趕到桂陽城下叫門，謊稱是陳應已經殺了趙雲，要回城來報與太守。

城門守將舉起火把一照，果然是自家的兵馬，便開城門讓他們進去，趙範此時也聞報趕來，邊跑還邊喊：「陳將軍辛苦了！」

等到近前一看，火光照在為首武將的臉上，趙範嚇得亡魂喪膽：「怎麼會是趙雲？」

趙雲命左右拿下將趙範拿下，並入城安撫百姓，等到一切都安頓好後，便請人去報給劉備。

劉備等人連夜趕到桂陽，趙雲迎接入城，等進入太守府後，趙雲將太守印綬交給劉備，又命人去將趙範推出來等候發落。劉備看著跪在階下的劉範，問說：「你打不過我們趙將軍，就想用美人計來迷惑他嗎？」

趙範急忙叩首說：「皇叔饒命，趙範絕無加害趙將軍之意，只是見他威儀出眾，便想將家嫂許配給他，事實如此，請皇叔明察。」

劉備轉頭對趙雲說：「這也是美事一件，子龍何故推卻呢？」

趙雲說：「我既然與趙範結為義兄弟，若又是娶其嫂，將惹人唾罵，這是第一；第二，其嫂再嫁，便失大節；第三，趙範初降，卻馬上要將家嫂嫁給我，其心難測。主公新定江漢，正是收買人心的時候，雲那敢因為一個婦人而壞了主公大事？」

劉備讚許說：「子龍真是大丈夫啊！」

此時劉備心裡已經有了一番打算，便命人將趙範鬆綁，仍讓他做桂楊太守，趙範十分感激，一再拜謝說：「皇叔仁德，皇叔仁德！」

劉備笑了一下說：「請太守去將你那位大嫂請出來吧。」

趙範依命，便進入後堂將樊氏帶出。樊氏一走進來，雖然全身素妝打扮，但確是一個絕色佳人，跟趙雲真是登對啊。

於是，劉備高興的宣佈：「今日桂陽已定，我就為子龍娶這位美人。」

趙雲愣了一下，急忙說：「主公千萬不可！」

劉備問說：「莫非你嫌她長得醜，配不上你？」

趙雲解釋道：「不，不，夫人天生麗質，只是怕壞了她的名節。」

劉備含笑說道：「自古美人配英雄，我看你們乃是天造地設的一對，這門婚事就由我定了。」

諸葛亮也順水推舟的說：「那就請主公當主婚人吧。」

劉備點了點頭說：「如此甚好。」

趙雲為難的說：「這……不太好吧。」

剛才一直沒講話的張飛，這時也吆喝道：「子龍，我看你平常打仗，都是一馬當先，一副大丈夫氣概，現在怎麼就扭扭捏捏起來了呢？」

趙雲說：「這可不比行軍打仗啊。」

張飛大笑說：「你也會害臊啊？讓我老張多一個弟妹有什麼不好的。」

劉備說：「益德說得有理，子龍平日鏖戰沙場，的確是需要有一個人來照顧你。」

趙雲還是不接受。

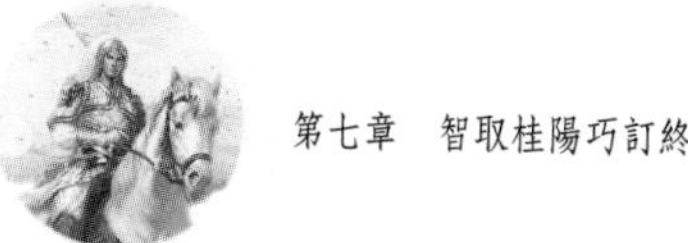

「嘿！真不領情啊。」張飛拍著胸脯說：「不如這樣吧，我老張明日就去取武陵郡，只要能活捉太守金旋來，子龍你就娶了這個弟妹。」

「這有什麼干係啊？」趙雲問說。

張飛辯解道：「怎麼說沒有干係？我取城，你娶妻，都是娶（取）嘛！」

劉備和諸葛亮兩人一聽張飛這麼說，都忍俊不住的笑了起來。

張飛搔著腦袋說：「笑什麼，我有說錯嗎？」

劉備心想，有時候歪理也有歪著，便說：「這事就這麼定了，子龍別再推辭了。」

趙雲拗不過大家的好意，又見樊氏也不拒絕，便點頭答應了。

張飛見趙雲同意了，高興得跳了起來說：「我現在就去打他個落花流水，再回來喝你這杯喜酒！」

三

桂陽郡外，驕陽高照，大地一片寂靜。

但此刻太守府內正鑼鈸喧天，鼓吹盈耳，滿堂絲竹，燈燭輝煌，熱鬧非凡。廳堂上妝點得喜氣洋洋，正中貼了一個大大的「囍」字。旁邊的桌上堆放著聘禮，有象徵吉祥如意的白羊，象徵如似漆的乾漆，象徵多子多孫的九子蒲，象徵情比石堅的彩石一對，還有合驩、嘉禾、朱葦、棉絮、長命鏤等三十餘種吉祥物。後面更擺著金飾、金簪、禮炮、禮燭；禮香、禮餅、紅綢等婚禮慶賀物，桌上也放滿招待客人的糕餅喜糖。

劉備是今天的主婚人，諸葛亮是司儀，而關羽、張飛、裴元紹等人則充當招待，只見他們內外奔走，忙碌萬分，由於多年來都是在沙場征戰中度過，今日難得有喜事，因此他們臉上都洋溢著喜氣。根據當時的禮俗，原本有納采、聞名、納吉、納徵和請期等步驟，最後才是迎娶；但由於是戰時，所以一切從簡，但也辦得十分隆重。

「新郎、新娘到——」諸葛亮朗聲喊道。

只見趙雲身穿紅色鑲黃邊的對襟長袍，旁邊的樊氏身穿大紅花衣，頭上用一塊紅色繡花頭巾蓋著，兩人緩緩的走進廳堂來。

「一拜天地！」諸葛亮喊。趙雲和樊氏齊膝跪拜天地。

「二拜高堂！」兩人向劉備行跪拜之禮。

「夫妻交拜！」趙雲和樊氏躬身互相交拜。

「謹聽訓示！」兩人又面向劉備跪了下去。

「夫妻之道……」劉備高聲唸著夫婦相處之禮。

「喝交杯酒！」伴娘拿著用紅色絲線交纏的兩個酒杯，交給兩人共飲。

「掀頭蓋！」趙雲用秤挑起樊氏的蓋頭，只見她巧笑倩兮，嬌羞萬分，不覺怦然心跳。

「禮成！」最後一句，諸葛亮是喊得欣喜萬分的，趙雲是他最欣賞的武將，能為他籌辦終身大事，是應該值得高興。成婚典禮完畢之後，便是宴請賓客，只見桌上擺滿了佳餚美酒，眾人歡聚一堂，勸酒聲不斷。

「乾！今日不醉不休。」首先喊話的是裴元紹，他向來最敬佩趙雲，今日是趙雲的大喜之日，裴元紹一改過去木訥的形象，高聲呼喝著。

「乾？你酒量有我張飛好嗎？」

「不喝怎麼知道，等我敬過趙大哥後，就與你拚一拚！」裴元紹說完便舉著杯說：「祝大哥、大嫂百年好合！」趙雲夫妻倆舉杯回禮。

「天作之合！」「早生貴子！」「佳偶天成！」眾人輪流說著祝賀的話。

「噫—」張飛呼了一聲說：「你們幹嘛說得那麼文謅謅的？讓我老張說一句給你們聽聽。」說完便從盤裡夾了一塊豬肚，放進樊氏的碗裡，煞有其事的說：「食豬肚，新娘快大肚。」

「哈哈哈！」眾人被張飛的賀詞搞得笑彎了腰。

張飛毫不在乎的說：「怎麼？你們說得有我實際嗎？」

劉備舉杯對張飛說：「這次多虧張飛輕取武陵，才能讓子龍辦了這場喜事，大家應該要敬他一杯。」

「乾，一齊乾！」張飛得意滿滿地接受眾人的敬酒。

當日張飛領兵去攻打武陵郡，武陵太守金旋聽得張飛引兵到來，便召集將校，整點精兵器械，就要出城迎戰。從事鞏志卻諫說：「劉玄德乃是大漢皇叔，仁義布於天下，此次來攻城的張飛，驍勇非常，千萬不可硬拚，只有開城投降才是上策。」

金琁擔任一郡的太守，卻不知勤政愛民，每日只知醉在酒鄉；郡內的百姓三餐不繼，生活得十分困苦，金旋卻強占民地，巧奪民女；並大興土木，將自己的住宅翻修得華麗無比，極盡奢侈享樂之能事。這些行為，鞏志早就看不過去了，多次諫議都被金旋斥責，因此懷恨在心，這次見張飛來取城，巴不得金旋趕緊納降。沒想到金旋卻大怒說：「投降？我看你是他們的內應吧。給我拖出去斬了！」左右武士便將鞏志拿下，幸得眾人苦苦哀求，金旋才說：「先饒你一命，等擊退來敵，再跟你算帳。」

鞏志便悻悻然的退下。

「吃裡扒外！」金旋罵了一聲後，便問在場眾官說：「你們誰敢去迎敵？」

不料眾人因害怕張飛，都默不作聲。

「一群沒用的東西！」金旋恨恨的咒罵著。金旋只好自己披甲上馬，親自出城迎戰張飛。金旋剛出城門，便見遠方沙塵滾滾，張飛騎著快馬，怒睜環眼，吹著虎鬚，勢如奔雷而來。金旋見這陣狀，膽子已落了一半；沒想到張飛一到眼前，也不舉矛，只是硬生生的大喝了一聲。

「喝——」渾如巨雷，陡地響起。

金旋嚇得差點墜馬，不敢與之交鋒，撥馬便走；誰知走到城下，剛要命令開門時……

「颼—颼—颼—」城上卻射出百餘支的亂箭，將他逼退，金旋抬頭一看，只見鞏志立於城樓，正指揮著弓箭手瞄準自己。

金旋又驚又怒，開口便罵：「鞏志你造反啦！」

鞏志冷言喊道：「你不順天時，自取敗亡，我與城內百姓自投劉皇叔了。」

金旋還要怒罵，卻被鞏志一箭射中面門，血流滿面而死。

鞏志便命人開城門迎張飛進城，武陵郡就這樣被攻下來了。

「哈哈哈！張將軍的虎喝，真是無人能敵，我裴元紹佩服了，再敬你一杯。」

張飛一把搶過裴元紹手中的杯子，說：「裴白面不是要和我拚酒嗎？有膽就一甕一甕的喝，用

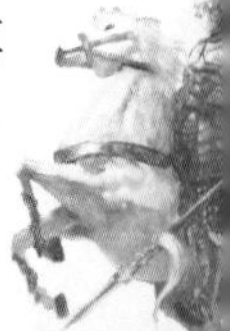

杯子喝，算什麼英雄好漢啊。」

「對對對，不醉不歸！」

四郡當中，零陵、桂陽、武陵三郡都輕易取得，又逢趙雲大喜，眾人的情緒都無比興奮。酒至半酣後，趙雲開口問道：「那現在長沙郡由誰去取？」

「碰！」張飛將酒甕往桌上一擺，粗聲粗氣的說：「當然還是由我去取了，我只要給他這麼一喝，包管喝倒他的城門。」

諸葛亮卻說：「長沙郡太守韓玄倒沒什麼，只是他手下有一員大將，乃是南陽人，性黃，名忠，字漢升，今年雖以六十歲，但是老當益壯，有萬夫不當之勇，不可小覷。」

黃忠原本在劉表帳下擔任中郎將一職，和劉表的姪子劉磐共同駐守長沙；曹操占據荊州後，黃忠被任命為裨將軍，從屬長沙太守韓玄；最厲害的是他雙手能開二石之弓，而且百發百中。

關羽本性好大喜功，最聽不得別人如何如何的勇武，便開口說：「子龍取桂陽，三弟取武陵，只有我寸功未立，軍師如看得起我，叫我去幹這件功勞甚好！」

諸葛亮早知關羽會因不服黃忠而請戰，但黃忠確是不好對付，為增加關羽的鬥志，便激他：「黃忠手中那口弓，非常可怕，聽說一千個去，一千個沒回吻。」

關羽惱怒的說：「軍師這不是長他人銳氣，滅自己威風嗎？就算說得他有多厲害，也是一名老卒，我還不放在眼裡呢！只要給我五百名校刀手，我就斬韓玄、黃忠的頭來給你們看。」

諸葛亮說：「五百名校刀手？我看可能不夠，我再多派些軍馬給你好了。」

關羽拍著桌子說：「就五百名！」

劉備勸說：「二弟不可輕敵，你就依軍師的建議吧。」劉備知道他這個二弟的個性，只能輕言勸阻他。關羽還是堅持只帶五百名士兵去。

諸葛亮附在劉備的耳朵說：「雲長輕敵黃忠，恐怕有失，屆時請主公領兵接應。」劉備點了點頭。諸葛亮便對關羽說：「好！就給你五百名，我們在這裡等你的好消息。」

四

「黃將軍，黃將軍！」劉備站在天井邊喊。屋裡卻是沒有任何回應。

「黃將軍！」劉備又喊。還是沒有應聲。跟著劉備來的趙雲也喊說：「黃將軍，我家主公特地到此請你，希望你能加入我們，共扶漢室。」

「嘎—」一聲門響，黃忠推開了門，向二人行了個禮說：「黃某年老力衰，怕有心無力了。」

劉備親暱拉著黃忠的手說：「黃將軍與我二弟的對戰，我們都看在眼裡，若不是黃將軍手下留情，怕是早已歸陰了，怎麼能說年老力衰呢？」

黃忠嘆了一聲說：「太守韓玄因我而死，我實在沒臉再投靠他人。」

趙雲說：「韓玄殘暴不仁，輕慢賢士，只因一個誤會就要殺你，這種人不值得為他效忠啊。」

黃忠被趙雲這麼一說，便想起當天的情形。

關羽帶著五百名校刀手來取長沙時，韓玄命他出戰；兩人在戰場鬥了一百餘回合，都不分勝負；關羽的青龍偃月刀呼呼的揮，他都能一一躲過；此時剛好看到關羽露出空門，右手從腰際取箭要射時，騎的馬忽然跌失前蹄，將他掀於地下，他以為完蛋了，不料關羽卻在此時收刀對他說：「我且饒你性命，等你明日換了馬再來戰。」說完就回營去了。

隔日，關羽又來叫戰，他便再次出城與關羽對戰，心裡想：「人說雲長非常重義氣，昨日他不忍殺我，我又怎麼能夠射他呢？」於是詐敗，回馬便走，關羽卻從後面趕來，他便拔弓，回頭虛拽弓弦，卻不射箭；關羽見沒有箭來，便放心追趕；他被逼到橋邊，只好搭箭開弓，一箭射到關羽的盔纓根上，算是報答關羽昨日不殺之恩；關羽見他有百步穿楊的功夫，也不相逼，便領兵退去。

黃忠一回到城內，韓玄就喝令左右武士將他拿下，他大喊：「我沒有罪！」

韓玄怒說：「我在城上看了，昨日是關羽不殺你，今日你卻只射他盔纓，分明是與他們有所串通嘛；我若不殺你，必為後患！」

他大喊：「冤枉！」

韓玄不理，喝令刀斧手將他推到城門外斬首；大刀正要砍下時，有一人從旁邊跳出，揮刀砍死刀斧手，並且大喊：「黃漢升乃是長沙的保障，今天殺漢升，就是殺長沙百姓；韓玄不得人心，理應當誅！」

他回頭一看，原來是去年才投靠過來的部曲魏延；魏延對他說：「韓玄冤屈了你，我現在就去砍了他。」他攔阻不住，韓玄就被魏延一刀砍成兩段，而長沙也被魏延獻給關羽了。

他認為韓玄的死，是因為自己的緣故，所以劉備一進城來，他就託病躲進家裡不出門。

「不知道黃將軍意下如何？」劉備的話打斷黃忠的思緒。

黃忠說：「我害了太守又連累魏延背上不忠之名，實在愧疚，我已決心告老在家了。」

昨日魏延殺了韓玄，獻了城池後，便隨關羽到營寨中，豈料諸葛亮一見到魏延便喊；「快推出去斬了！」

劉備吃驚的問：「魏延助我取得長沙，乃是有功之人，軍師為何要斬他呢？」

諸葛亮正色說道：「食其祿而殺其主，是大不忠；居其土而獻其地，是大不義，不忠不義之人，理應處斬！」

關羽正感激魏延獻城給他，聽諸葛亮這麼一說，非常的不悅，便反駁他說：「那若是有一日，有人將曹操的頭割來，將許都獻給我們，那也是不忠不義囉？」

諸葛亮頓時啞口無言。

關羽語帶挑釁的說：「請軍師說說要斬魏延的理由，說得我心服，我就讓你斬。」

諸葛亮皺眉頭說：「我看魏延腦後有反骨，時日一久，必會造反，所以決意先斬殺，以絕禍根。」

關羽冷笑了一聲，說：「反骨？我還沒看過呢！」

劉備看氣氛愈弄愈僵，便出來打圓場說：「今日若斬魏延，恐怕以後無人敢來投降了，希望軍師饒恕魏延。」

諸葛亮只好指著魏延說：「我且饒你性命，你最好盡忠報主，若是有貳心，我一定取你項上首級。」

「我看魏延不是那種人，時間應該能證明的。」劉備表示相信他。

「主公是個有仁德，又愛才的人，黃將軍就別再猶豫了。」趙雲一再勸說。

黃忠見劉備是真心真意的來請自己，便答應為他效力。

五

昏暗的內室，只有一盞蠟燭亮著。趙雲悄悄的走了進來，深怕腳步聲吵醒熟睡中的樊氏。他緩緩的脫下袍甲，正要和衣睡下。

「回來啦？」原來樊氏沒有睡著，她在等趙雲回來。

趙雲和樊氏結婚已經一年多了，兩人的感情一直很好。

「噓！別吵醒統兒。」趙雲慈愛地看著床上的嬰兒。

三個月前，樊氏替趙雲生了個白白胖胖的兒子，趙雲欣喜萬分，替他取名叫趙統，意思是希望天下趕快統一，別再這麼紛亂下去了。

「夫人跟我到外面走走？」趙雲輕聲的說。

「你不會太累嗎？」樊氏關心的問。

趙雲搖了搖頭。

夜涼如水，月色朦朧，初秋特別引人愁思，趙雲陷入無邊際的思考中，許多年前，他彷彿也曾看過和今天同樣的月。

一座又一座的軍營，整齊的排列著，繡著「公孫」大字的橘紅色軍旗，迎風招展著………

趙雲嘆了一聲說：「已經十八年了。」

樊氏笑笑不語。她看著這個已經步入中年的男人，在敵人的眼中，他是個令人聞風喪膽的猛將；在同袍的眼中，他是個盡忠職守的好將軍；在士兵的眼中，他是個體恤部下的好將領；但在自己眼中，他卻是個心思細密的好夫君。

趙雲發現樊氏正深情款款的看著他，泯著笑問：「我臉上有什麼嗎？」樊氏搖了搖頭。

「快中秋了吧？」趙雲忽然提問。

「後天就是。」樊氏輕聲細語的回答。

「現在卻看不到一絲喜慶的味道，夫人可知道為什麼嗎？」趙雲感慨的問。

樊氏還是搖了搖頭。她一向只聽不答。她喜歡聽趙雲說話。

趙雲低聲吟道：

蒼蒼丁零塞，今古緬荒途。亭堠何催兀，暴骨無全軀。
黃沙漠南起，白日隱西隅。漢甲三十萬，曾以事匈奴。
但見沙場死，誰憐塞上孤？
邊庭流血成河海，武皇開邊意未已。
漢家山東二百州，千村萬落聲荊杞。
縱有健婦把鋤犁，禾生隴畝無東西。
況復秦兵耐苦戰，被驅不異犬與雞。
信知生男惡，反是生女好；
生女猶得嫁比鄰，生男埋沒隨百草。

樊氏靜靜的聽著，卻也看見那無止息的戰爭，帶給人民無盡的痛苦，和無盡的悲棲。

「夫人可知我現在最大的願望是什麼？」趙雲問。這一次卻希望她回答。

「沙場建功？」趙雲搖頭。

「復興漢室？」趙雲搖了搖頭。

「封侯？」趙雲苦笑了一聲，搖頭。

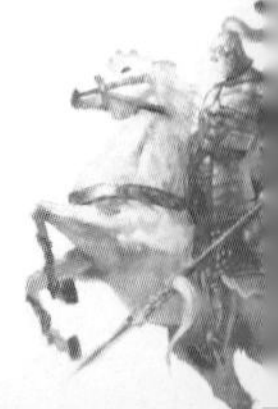

「妾身實在不知。」樊氏淡淡的說。

「不要再讓統兒上戰場……」趙雲緩緩的說出他的願望。

「何其難啊……」趙雲繼續說道。

樊氏緊緊的依偎在趙雲身旁，是啊，何其難啊！在這戰亂的年代，要做個平凡的老百姓是不可能的。戰爭的殘酷是戰勝者凱旋而歸，戰敗者飲恨遁逃，留下的呢？是一具具客死異鄉的白骨啊！生女猶得嫁比鄰，生男埋沒隨百草，難怪夫君會有這樣的感慨。

「不如我們帶著統兒，去隱身在山林之中，過著日耕夜讀的日子？」樊氏也不相信他們能夠這麼做，在這憂患多難的時代，誰都躲不過現實，她這麼說，只是為了平復一下趙雲的心情。

「呵！這倒是好主意啊。」

趙雲沉吟了一會又說：「希望在我這一代之後，天下能夠安定；統兒他們不必再聽到戰鼓響，不必再忍受同樣的痛苦。」

樊氏伸手過去挽著趙雲，趙雲卻把她握得好緊，對著她說：「在太平的日子到來之前，就請夫人多擔待了。」

樊氏感動得掉下淚來，在他出征的時候，自己只能獨守著空閨，默默的等他回來，雖然自成親以來，他還未上過戰場，但接下來的日子呢?誰也不知道的。樊氏不想讓趙雲看見她流淚，便伸手拭去眼淚，強顏歡笑的說：

「與君一日為夫婦，千年萬歲亦相守。」

趙雲憐惜地撫了撫她的臉。

「哇—哇—」尖銳的嬰兒哭聲，打斷他們的對話。

「統兒哭了，我去看看。」樊氏說完便走。

趙雲看著她的背影，忽然想起「人生四悲」的前兩悲來：

寡婦攜兒泣

將軍遭敵擒

希望……希望這兩句話不會落到自己身上來。他答應要給她們母子倆有個安定的日子過的。又是同樣的明月，同樣的晚風，十八年後的趙雲，想得更遠了。

第八章　入蜀地吞併益州

一

孤零零的一座土丘，好像從地上湧起來一樣，雖不高拔，但在四周低矮平原的襯托下，卻也有一番雄渾氣勢。

從土丘邊轉出幾個穿深色褐服的僕奴，推著兩輛四輪車，吆喝吆喝的向前走著。其中一輛，上面坐著一個矮瘦的中年人，手裡正拿著書本，認真的在讀著，也不管四輪車的顛簸晃動，而另一輛，則是滿載著大大小小的行李。

路上的石頭很多，起伏不平的散佈著，車輪輾過這些石頭，發出「喀啦—喀啦——」的聲音。沿途一行行的榆樹，就像是一面天然城牆，煞是綠意盎然。但重重的榆樹，卻掩蓋不住迎面而來的熱氣，推車的僕奴正頻頻擦著臉上的汗水。

坐在轎子裡的人，此時也放下書本，抱怨說：「這是什麼鬼天氣啊？一點風都沒有。」說完便拿著竹扇，啪啦啪啦的猛搖，彷彿這樣可以更快驅散熱氣一樣。

人說「南船北馬」，若不是自己久居內地，坐不慣舟船，真應該乘一葉扁舟，欣賞一下長江沿岸浪漫的景色，又可轉舟岷江，順流回成都，這樣速度可快多，就不用在此像是烤火爐一樣了。中年人煩躁的喊說：「前面是什麼地方啊？」

一名隨車僕奴答說：「官人，前面過去就是荊州地界了。」

中年人探出頭來，看見路邊立著一塊斑駁的界碑，上面寫著：郢州界口。

「嗯……我本來是想將西川州縣獻給曹操，誰知他竟如此侮慢；我來之時，曾在主公劉璋面前誇下海口，說一定向曹操討得救兵，今日空手而回，必定被蜀中人所恥笑；我聽說荊州劉玄德仁義遠播，不如順道去拜訪他，看看這個人如何，再做打算。」

中年人打定主意，便喊著：「走快點，熱死人了。」

「坐車還會熱，那我們可怎麼辦？」奴僕咕噥了一句。

「你說什麼？」中年人問。

「咦！前方有人走過來了。」奴僕剛要回答沒說什麼，就看見前方一名銀盔白甲的大漢，騎著一匹白馬走過來。

「會不會是來搶劫財物的啊？」奴僕擔心的問。

話剛說完，那名大漢已經走過來，勒馬問道：「請問座車裡的是張別駕嗎？」

原來那名中年人名叫張松，字永年，在益州劉璋處擔任別駕，類似刺史秘書一類的職務。

張松狐疑的問：「你是？」

那名大漢趕緊下馬，立於道旁，態度恭敬的說：「趙雲在此等候多時了。」

「啊！」張松也下車回禮說：「你就是那名震天下的常山趙子龍？」

趙雲謙虛的說：「不敢妄稱！」

張松說：「久聞其名，今日一見，果真是英雄豪傑的模樣；不曉得有什麼事呢？」

趙雲躬身答說：「我家主公劉玄德知別駕大人長途跋涉，特命我來此迎接大人到館驛歇息。」

「呵！我剛要去找他，他就先派人來接我了，這個劉玄德果真是好客啊，既然如此，就去看看也好吧。」張松心想。便說說：「有勞趙將軍帶路了。」

「請！」

張松隨趙雲來到館驛門口，只見驛門外站立著數十人，每個人手上都拿著樂器，正為他們的到來，彈奏著悠揚的樂曲；剛一走進館驛內，兩旁走出幾名女侍，手端銀盆，盛著清水，讓他和奴僕們梳洗手臉，待他們洗完後，便又趕緊遞上輕薄柔軟的絹巾，讓他們擦拭；接著又有另一批女侍，端著磁盤上面擺著拳大的蜜梨，溫柔恭謹的遞到他們面前，招待甚是親切、殷勤。

這讓張松十分受用，含笑的對趙雲說：「劉皇叔太客氣了。」

「我家主公久聞大人賢才，命我要好好款待呢。」趙雲拱著手說。

「那皇叔現在人在哪？」張松左看看右看看，看不到劉備，便如此提問。

趙雲答說：「應該就快到了。」

話剛說完，就見劉備帶著諸葛亮等人走進來，劉備一進來就牽著張松的手，親暱的說：「久聞先生高名，如雷灌耳，只恨雲山迢遠，不得聽教，聽說先生回成都會路過此地，特此相迎。」

「嘻嘻！」站在一旁的張飛卻低聲的笑道：「什麼如雷灌耳，我看是鴨子聽雷哩。」

「別壞主公大事。」趙雲趕緊捂住他的嘴，小聲的說。

這是怎麼回事呢？

一切就要從漢中太守張魯說起了。

張魯，字公祺，沛國豐城人。祖父張陵在西川的鵠鳴山傳道，以符水禁咒之法愚民，如果要向他學道，就要先捐五斗白米，所以被稱為「五斗米道」，張陵自稱為天師，張陵死後由他的兒子張衡接任，張衡死後則由張魯接任天師。

五斗米道的教義是信道者必須虔誠，不許欺詐，學道的人稱為「鬼卒」，鬼卒的頭領稱為「祭酒」，祭酒的鬼卒越多，地位也跟著提升，便稱為「治頭大祭酒」。在其教區內，信徒如果犯罪，可以寬恕三次，但仍舊犯罪不改的就要施以刑罰；信徒沒有飯吃的，可以到義舍去吃，但不能貪多，貪多的要受罰；信徒如果生病，就要獨處在靜室中反省思過，懺悔禱告，然後由「監令祭酒」主持祈禱，祈禱的方式是寫三份「三官手書」，說明病人的姓名、病狀，一份存於山頂，表示向上天報告祈禱，一份埋於地下，表示向地報告祈禱，一份則沉於水中，表示向水神報告祈禱，等到信徒的疾病痊癒後，又要捐贈五斗米以為感謝。

由於他們在漢中已經傳道三十餘年，信徒眾多，勢力浩大，朝廷便以地處偏遠不便征討為由，命張魯為鎮南中郎將，兼領漢中太守。後來張魯妄想自立為漢寧王，便想進攻益州，取得西川四十一州為根基。

益州太守劉璋受到張魯的威脅，不知如何是好，就是張松向他建議邀請曹操興兵，攻打漢中，以「圍魏救趙」的方式解救西川，劉璋便派他為使者，去向曹操討救兵。

實際上，張松是想將西川獻給曹操，以圖得榮華富貴，所以便暗畫了西川地理圖，將它藏入袖中，趕赴許都去見曹操。不料曹操見他長得頭尖額钁，塌鼻齒露，身高不滿五尺，一付刁鑽古怪的

樣子，便非常的厭惡。又見他出言不遜，當面頂撞自己，更是火冒三丈，原本要殺他，幸得楊修苦諫才作罷。因此張松連圖本都還沒拿出來給曹操看，就被亂棒打出了。

而當諸葛亮知道張松要獻地給曹操，卻又被曹操趕出時，欣喜的對劉備說：「主公入蜀的機會來了。」便要劉備派人，到張松回成都的路上去迎接他，盡情款待，藉以攏絡張松，讓他心甘情願的把西川之地獻給劉備。因此才有前面趙雲去接張松的事情發生。

張松被劉備說得飄飄然的，瞇眼笑道：「我只是一個小小的別駕，皇叔太看重我了。」

劉備恭敬的說：「請先生在這裡多住幾天，以敘我渴仰之思啊！」說完就拉著張松的手進入內堂。

二

劉備在內堂設宴款待張松，趙雲等人也都列席，劉備將他們一一介紹給張松認識。

席中劉備只和張松閒聊，問他的家鄉，問他的嗜好，談古今，說書畫，就是不提起西川的任何事；張松便故意試探說：「今皇叔據有荊州之外，其他還有幾郡？」

劉備見張松說到正題上來了，但諸葛亮先前曾囑咐他不可操之過急，要擺出一付哀兵姿態，便幽幽的答說：「說來慚愧，荊州也是東吳暫借給我棲身的，但也不時派人來向我索討。」

張松說：「東吳孫權據有六郡八十一州，難道還不知足？」

諸葛亮趁機說：「我家主公乃是漢朝皇叔，沒有半個州郡，其他都是漢之蟊賊，卻都恃強侵占國土，真是叫人不平。」

「欸！」劉備插話道：「軍師所言差矣，我何德何能，哪裡還敢奢望啊？」

諸葛亮加油添醋說：「主公有身分、有仁義，就算占有一州半郡，也是眾望所歸百姓之福！」

劉備揮揮手說：「軍師說的太過頭了，我不敢當的。」

張松凝望著劉備和諸葛亮，這兩人分明唱起雙簧來了，但他們要地，我要官，可以說是各取所需，不如趁現在討好劉備，幫助他入川為主，將來少不了高官厚祿，便說：「荊州一地，東有孫權，北有曹操，都各懷併吞之心，絕非久待之地啊。」

「唉！」劉備嘆說：「我也知道如此，但實在找不到安身之地。」

張松見劉備只是拐彎，不說出真正的心意，再拖下去也是浪費時間，便決定主動獻地，於是說：「如果皇叔不嫌棄，我這裡倒有一條路可以走。」

劉備趕緊站起身來，躬著身說：「請先生指點明路，備自當感恩圖報。」

張松說：「益州沃野千里，民殷國富，歲無水旱之憂；蜀中智能之士，早就仰慕皇叔之德，若是皇叔號集荊襄之眾，長驅西指，還怕霸業不成？」

這分明已經倘開門來賣國了，但這也是劉備想聽的答案，但劉備還是惺惺作態的說：「啊啊啊！萬萬不可，萬萬不可！」不知道是講得太快，還是眼看益州這塊肥肉就要到手了，劉備吞了一下口水繼續說：「劉益州和我同是帝室宗親，我那能奪他的地；況且他恩澤廣布蜀地，豈是他人可輕易動搖的。」

張松搖搖頭說：「劉璋雖有益州之地，但稟性暗弱，不能任賢用能，蜀中人士早已心生不滿；又加上張魯盤據在北，時刻想要侵犯，蜀中人人自危，早想換個明主來領導了。皇叔若是取得西川為根基，然後北圖漢中，收取中原，要建立像漢高祖般的大業，應該不難。」

張松見劉備還是面有難色，便進一步說：「皇叔若有意思，張松願效犬馬之勞作為內應。」說完才發現實在太露骨了，便補充一句：「我這可不是賣主求榮啊，只因見皇叔是個明主，不得不掏心掏肺啊。」

劉備心想：這樣做是最好不過。嘴巴卻說：「我如果這麼做，恐怕會為天下人所唾罵。」

「主公不取，張魯也會取，孫權也會取，曹操更想取，到時候後悔可來不及了。」在一旁的魏延忽然出聲說道，他是個直性子的人，看不慣別人假仁假義的樣子，實在聽不下去，才開口說話的。諸葛亮卻狠狠的瞪了他一眼，好像是在怪他多嘴。魏延也不搭理，反正有什麼我就說什麼。

張松卻笑著說：「魏將軍說得對極了。」

「可是蜀道崎嶇，車馬難行，如何渡過千山萬水，這倒是個難題。」劉備說得很小聲，像是自語，又像是在問張松。

張松從袖中取出幾幅地圖，攤在桌上說：「皇叔只要有這幾幅地圖，便知蜀中概況了。」

劉備等人上前一看，只見這些繪在布帛的地圖，上為南，下為北，古郡國提以墨色，今州縣提以朱色，描繪得十分詳細；共分為「土地之圖」，標示著州縣地界、土地面積、道路、荒地、耕地；「地形圖」標示著山脈、山路、沼澤、河流、河灣、峽谷、平廣高地和大小丘隴的分佈情況；「城邑圖」標示著城郭大小、府庫錢糧；「駐軍圖」標示著駐軍佈防、防區界線、重要據點；「戶籍地圖」標示著居民總數、戶數、男女人數等等。

這些在別人眼中看來一般的地圖，在劉備的眼中看來，卻是那麼真實，那樣立體；彷彿自己已經盤空穿越幾百里的棧道，渡過群山環抱的秦嶺，進入那「萬戶千門入圖畫，草樹雲山如錦繡」的成都，成為天府之國的主人了。

「哈哈－哈！」劉備愈看愈興奮，忍不住大笑起來。諸葛亮趕緊拉了拉他的衣袖，劉備這才驚覺過來，發現自己失態了，神情十分尷尬的對張松說：「哈哈！青山不老，綠水長存，他日事成，必當厚報。」

張松冷冷的說：「到時候……你可別忘了我這個人就好了。」

當晚，趙雲、魏延和裴元紹三個人在房間裡喝酒、聊天，自從魏延投靠劉備之後，就常和趙雲、裴元紹混在一起，因為他覺得劉備帳下的文官武將，就趙雲膽識最夠，頭腦最好，胸襟最廣，待人最好，最重要的是他和自己最聊得來。

「子龍，你不覺得主公太作做、太偽善了嗎？」三個人喝了一會酒，魏延先開口說話，他指的是白天的事。

趙雲說：「主公有主公的難處，不是我們能了解的。」趙雲跟過袁紹、公孫瓚，也看過太多軍閥的貪婪最臉，不管劉備是否作做，是否偽善，至少比起其他人來講，是好得多了。

魏延撇著嘴說：「什麼難處？我可看不出來，裴老弟，你知道嗎？」魏延拍了拍裴元紹。

裴元紹說：「這：我不知道，但趙大哥說的總沒錯。」

魏延喝了一口酒，跳到桌子上去，滔滔不絕的說：「做人嘛，要就大忠，不就大奸，像曹操，雖然被說成是一個大惡人，但我覺得他有本事，至少奸得可愛，是一個英雄，我可欣賞他哩！」

「好了好了，快下來，這些話被軍師聽到，又要數落你了。」趙雲拉著魏延說。

「數落我？我才不怕他呢，我那一點不好，竟然說我有反骨，那一天讓老子不高興，我就不幹

了，回鄉種田去哩。」魏延提高聲音說。

「說到反骨，我還沒有那個張松反哩。」魏延怒沖沖的坐了下來。

「張松賣主求榮，主公有朝一日入蜀，不知道用不用他？」裴元紹問趙雲。

「如果這樣的人也用，主公就瞎眼了。」魏延忿忿的說。

趙雲說：「主公目前對張松好禮相待，是想要的是他的幫助，至於入蜀後用不用他，那也要看主公的意思了。」

「不能用，不能用！沒聽過臣應為忠君而死嗎？張松根本是個貪圖虛利的小人。」

臣為忠君而死？屈原，戰國時代楚國人，當時的中國分成七個國家，齊、楚、秦、燕、韓、趙、魏，這些國家年年打仗，都想稱霸天下；其中最強的是秦國，其餘的六國都飽受她的威脅；當時屈原對外主張聯合六國對抗秦國，對內主張要「嚴明法紀，選賢任能」，提高楚國的地位。

但他的主張一提出，就遭到一些自私貴族的強力反對，這些貴族都是接受過秦國賄賂的人，他們聯合起來說屈原的壞話，想盡辦法打擊他；糊塗的楚懷王就免了屈原的左徒職位，給他一個三閭大夫的閒職，不讓他參與國家大事；屈原認為他對國家是忠誠的，卻遭受到小人的迫害，內心悲憤萬分，從此便開始了自我放逐的生活。

屈原離開楚國都城，順江東下，經過華容，到了武漢，在那裡住了一段時日；接著又向南行，橫渡洞庭湖，過沅水，最後到了汨羅江畔定居。他這段日子雖然不問時事，但卻用他的悲痛和眼淚，寫下一首又一首愛國的詩歌。

屈原六十二歲那年，秦國的軍隊打進楚國的都城，屈原憤恨到了極點，他恨楚國朝廷的腐敗，他悲傷楚國百姓所受的苦難，他覺得自己已經年老力衰了，再也不能為國家盡什麼力，便跑到汨羅江畔慟哭，然後抱著一塊大石頭就要往江裡跳；他的姊姊跑過來對他說：「你自殺便是殺人，你憑什麼要殺死一個楚國人呢？」屈原痛心的說：「眾人皆濁，唯我獨清；眾人皆醉，唯我獨醒啊！」說完就跳入滾滾的汨羅江中。

「唉……」趙雲說完這個故事，長長的嘆了一聲。好一陣子才說：「臣為忠君而死，也要死得其所；只對得起自己、對得起家人、對得起良心、對得起百姓國家，慷慨就死又何妨。」

「趙大哥……」裴元紹感動得叫了一聲。

「子龍，你大忠大義，我欣賞你！」魏延豎起大拇指說。

「來！喝酒吧，別想那麼多了。乾！不醉不歸，不醉不忠啊！」

三

血紅的殘陽包裹著大地，黑忽忽的城門上，正站著一個瘦弱的男人，他是益州從事王累。

城上風大，他站得有點搖搖晃晃的，被風吹散的頭髮，淚水一沾，就全黏到臉上去了，讓人看不清他的面貌，但他喊的話卻是很清楚：「劉備心術不正，千萬不可讓他入川啊……」

劉璋聽屬下報說王累登上城門，要向他死諫，劉璋便與眾人來到城門下。

王累見到劉璋來到，便對著他喊：「主公千萬不可讓劉備入川啊……」

劉璋抬頭看見王累那副狼狽樣，大聲的斥責道：「你在發什麼瘋啊？」但風把劉璋的話吹散了，在城上的王累沒聽到，還是喊著那句話。

劉璋指著王累喊說：「劉備與我乃是同宗兄弟，這次是請他來，是幫助我抵抗張魯的，你不要亂說話啊！」說完轉頭對旁邊的隨從說：「去把他給我拉下來。」

兩名隨從登上城門，要將王累帶下來時，王累拔出配劍說：「別過來，不然我就自刎！」隨從呆得站在城上，不知如何是好；劉璋頓時無名火起，厲聲道：「要死讓他死吧！」

這句話卻清清楚楚的吹進王累的耳朵。他聽進去了，萬念俱灰的喊了一句：「忠言逆耳啊……」便從城上跳了下來。「啪—」的一聲，王累頓時化為一攤肉泥。

「趕快清理一下，劉玄德就要來了，讓他看到，還以為蜀中的瘋子多。」劉璋淡淡的說。

圓天低垂，無聲的運轉著，山路上人馬雜沓雜，一眼望去，到處都是步卒、騎兵和輜重車輛，正魚貫的前進著；開路先鋒趙雲，手持長槍，跨著白馬，威風凜凜的走在最前頭，後面跟著魏延和裴元紹；劉備和軍師龐統則走在中軍，兩旁黃忠、關平等人護衛著。

當初龐統去荊州投靠劉備時，劉備見他面貌醜陋，不是很喜歡，便隨便派給他一個耒陽縣令的職位。龐統到耒陽縣後不理政事，整日就是喝酒作樂，百姓錢糧訴訟的事一概不理；有人就向劉備報告，說龐統上任之後，耒陽縣的大小政事都給荒廢掉了。劉備極為生氣，就叫張飛去耒陽縣探個究竟。

張飛一到耒陽縣，軍民官吏們都出城迎接，就是不見縣令。張飛問道：「縣令人在哪？」縣府官吏回答說：「龐縣令自從到任後，到現在已經快三個月了，但卻從早到晚喝酒，並不處理縣內事務。今早還沒有起床呢！」張飛大怒，衝入縣府內，叫來龐統罵說：「你到任已有百餘日，卻終日沉溺在醉鄉，如此荒廢政事，該是不該？」

龐統答說：「區區一個百里小縣，都是些小事，有什麼好處理的？將軍請稍坐，且看我如何發落。」於是傳喚縣吏，將百餘日來所累積的公務都取來。讓訴訟被告人等都跪於堂下，龐統手拿筆批判公文，口中發落，耳聽百姓辯詞，辦起來曲直分明，沒有絲毫差錯。不到半天的時間，就將百餘日來所累積的事都辦完了。

龐統把手裡的筆丟在地上對張飛說：「所廢之事在哪裡呢？連曹操、孫權之類的人物，我都將他視為我手上的書本一樣清楚，這區區小縣有什麼好放在心上的！」

張飛大為佩服，就趕緊回荊州向劉備報告，劉備拍著自己的頭說：「屈待大賢，真是我的過失啊！」便拜龐統為副軍師中郎將。這次入川，由於顧及荊州安全，諸葛亮須與關羽、張飛把守，劉備便任龐統為軍師隨行。

劉備一到蜀中，劉璋親自率兵迎接，並設宴款待他。由於前天才發生王累自殺的事件，列席的蜀中人士張任、冷苞、鄧賢、劉貴等人，認為王累是劉備間接害死的，便都對他怒目而視。

龐統看在眼裡，便附耳對劉備說：「主公請看那些人。」

劉備抬頭一看，就接觸到一雙雙怨恨的目光，他入蜀之前就聽說王累死諫的事了，現在這些人一定對自己非常不滿，想到此，不由得心驚膽戰起來。

龐統悄聲的說：「照這樣下去，主公的性命危在旦夕，不如現在就殺了劉璋，奪了益州。」

「不可！」劉備制止說：「我們初入益州，對百姓尚無任何恩德與威信，不宜倉促行事。」劉備並不是不想取益州，只是他覺得不論如何，都應該要先取得民心。

龐統提醒劉備說：「我是怕他們要殺主公，劉璋也攔不住啊！」

劉備當真被龐統的話嚇出一身冷汗，原本自得意滿的來到蜀中，沒想到卻是來到一處虎穴。

龐統見劉備拿不定主意，就說：「事到如今，由不得主公了。」便把魏延叫到外面，嘰哩咕嚕的對他交代一番。

魏延高興的說：「好啊！這樣快多了，也不必主公在那邊虛情假意，這事我喜歡幹哩。」說完便走入內廳，拔出配劍說：「酒宴沒歌沒舞的，我來舞劍助興吧！」

劉璋不知魏延要殺他，便拍著手說：「快舞快舞，舞得好有賞。」

魏延拿劍在手，運轉掌腕，往來盤旋，就在席上舞了起劍，只見他舞出一輪一輪的劍花，煞是好看。魏延舞得十分賣力，佩劍破風之聲，在空氣中迴盪著。魏延的劍幾次都在劉璋面前晃過，只要龐統一發出暗號，就要向前砍殺劉璋。由於劉璋不是習武之人，看不出個中端倪，還在連聲叫好。而坐在席上的張任，卻看出劍中隱含著一股殺氣，便站起身來說：「舞劍要有對手才精采，我來陪魏將軍共舞吧。」說完也從腰際拔出劍來，跨步過去與魏延對起招來。他們一個要害劉璋，一個要救劉璋，看似舞劍，其實驚險萬分。

龐統見張任阻撓，此刻要殺劉璋可能不易，便高喊：「關平將軍也去助興！」

關平會意過來，倏地站起身來，提刀加入戰局。

魏延得關平相助，便拋開張任，又霍霍

的向劉璋靠近。

張任見情況不妙，趕緊對席上的冷苞等人使眼色，冷苞、鄧賢、劉貴三人也跳進場中，擋在劉璋的身前說：「二對一不公平，我們來場群舞吧。」

「鐺—鐺—」一方進招，一方拆招，兵器不時發出碰撞的聲音。

「啊……」劉備聽到兵器交錯的聲音，從恍惚之中驚醒過來，發現魏延要殺劉璋，趕緊站起來喊：「全部停手！」魏延和關平聽到劉備一喊，便收起刀劍，站到一旁去，張任等人也退到一邊，但卻都擎刀在手。

「怎麼啦？舞得正好看呢！」劉璋詫異的問道。

來西川前，諸葛亮不是一再交待要先取民心，接著取將心，益州自然就到手了；這個龐統實在太魯莽了，以為殺了劉璋就成了，卻忘了蜀中還有其他的人，龐統這麼做，差點害自己犯下大錯；劉備不由得抹了抹額頭上的冷汗對劉璋說：「季玉兄，相聚飲酒本是一件樂事，但我看他們舞刀弄劍的，搞得好像鴻門宴一樣，心裡頭覺得不舒服，所以喊停，不敬之處望兄見諒。」

劉璋點了點頭說：「玄德兄說得有理，你們都回座去吧。」劉璋揮手命令著張任等人。

冷苞、鄧賢、劉貴三人都乖乖的回座，只有張任站在原地不動，瞪視著劉備說：「是不是鴻門宴，你自己心裡最清楚，不要害了我們主公就好，哼！」

這個張任，太不給我留面子了，張松是賣主的奸人，張任是為主的忠臣，這兩種人，都是自己入蜀後不能用或是用不到的人，劉備心理盤算一遍後，覺得反正用不到，所以不給張任留面子的說：「我昔日能與劉荊州竭誠相處多年，如今為何不可與你家主公互相交心呢？張將軍也太多疑了

吧。」

張任被劉備這麼一挖苦，說得好像他不對一樣，再也控制不了怒氣，咆哮道：「我看你就是不安好心！」

「住嘴！」劉璋厲聲斥責道：「你想要像王累一樣嗎？給我退下。」

主公是怎麼啦？之前很少這麼嚴厲對他們說話的，為什麼劉備一來，就都走了樣呢？這是在座蜀中人士的共同疑問。

「這個劉備，有朝一日我非殺他不可！」張任咬著牙，恨恨的回座去了。

四

漢獻帝建安十七年（公元二一二年），劉璋為防止張魯的侵犯，便讓劉備帶兵到葭萌關駐守。劉備初到葭萌關，便廣施恩德，收買人心，此舉讓張任等人看在眼裡，十分的不滿，便想找機會報仇。

十月，蜀中還是很暖和，只是雲霧多了一點，連冬陽也驅不散蓋天的濃霧，葭萌關孤零零的佇立其中，四周朦朧一片，飄飄渺渺，遠望好似大海中的一座仙島，讓人有遠出塵世之感。

但此時劉備卻輕鬆不起來，他正焦急在廳堂內踱著步，旁邊坐著軍師龐統。

原來是今天早上忽然接到荊州諸葛亮的來信，信上說曹操興兵濡須，要進攻東吳孫權；劉備感到事態嚴重，便趕緊將龐統召來議事。

劉備苦無對策的說：「曹操攻孫權，若是得勝，必定趁機進取荊州；若是孫權得勝，也會去取荊州，這該怎麼辦才好？」

「主公勿憂！」龐統氣定神閒的說：「荊州有孔明在，諒曹操或是孫權也不敢輕舉妄動；不如主公利用這個機會，派人向劉璋說要援助荊州，請他資助精兵四萬人，軍糧十萬斛，等討到軍馬錢糧再做打算。」

劉備從之，於是寫了一封信，派人送到成都去給劉璋。

劉璋收到信後，就派涪水關守將楊懷清點兵馬軍糧，趕緊送去給劉備。

「主公千萬不可！」張任聽到消息，從門外急急忙忙跑進來喊說。

劉璋看著滿身大汗的張任，不解的問：「有什麼不可以的？」

張任告誡說：「劉備自從到了葭萌關，便積極收買人心，用意不善；如今主公若是給他軍馬與錢糧，無異是添薪助火，壯大他的聲勢耶。」

劉璋不相信的搖搖頭說：「玄德與我有兄弟之情，不會做出背叛我的事情。」

張任一再苦勸，劉璋就是不聽，張任只好喟嘆而出。

張任走出太守府後，便直接到涪水關去找楊懷，忿恨的說：「劉備這賊，要地要兵又要糧，我看益州早晚被他占去！」

楊懷本來就對劉備心存懷疑，但自己只是個小小的守關偏將，不好發表什麼言論，現在連張任都明講了，楊懷的膽子也壯了，便告訴張任說：「我也覺得劉備不是好東西，此次主公命我準備精兵四萬人，外加軍糧十萬斛給劉備，我覺得十分不妥，因為這樣一來，涪水關就只剩三萬名兵馬，軍糧也不夠兩個月吃了。」

張任經楊懷這麼一說，計上心來，對楊懷說：「不如這樣吧，你就給他老弱殘兵四千人，軍糧一萬斛，應付應付就好。」

「不妥，不妥！」楊懷忐忑不安的說：「若是被主公知道了，到時，我還要命不要？」

「有什麼事我擔就行了。」張任拍著胸脯說。

劉備收到劉璋的回信，上面說只答應給他老弱兵四千人，軍糧一萬斛，氣得將信撕得粉碎，並指著送信的楊懷罵說：「我為你們主公勞力費心的禦敵，他卻連這麼一點要求也吝嗇給予，這叫我怎麼真心效命呢？」

原來是張任擅自修改劉璋的回信，劉備不知，以為是劉璋不願幫助他，所以才大發雷霆，嚇得楊懷趕緊逃回成都去向劉璋報告。

楊懷一走，龐統提醒劉備說：「主公入蜀，表現出來的是仁義之形象，今日毀書發怒，豈不是前功盡棄了嗎？」

「啊……」劉備頓時醒悟過來，驚慌的說：「我一時氣急，沒想那麼多，現在怎麼辦？」

龐統站起身來說：「現在騎虎難下了，我有三條計策，請主公自擇而行。」

劉備問：「是那三條？」

龐統說：「分為上中下三條，上策：乘劉璋尚未準備之際，暗中挑選精兵，晝夜不停趕路，直襲成都，一舉平定。中策：佯以回荊州為名，計騙涪水關守將楊懷、高沛，等他們一出涪水關，便將之逮捕，併其部眾，再進軍成都。下策：由西川退還白帝城，聯合荊州之兵，等待時機進取。」

劉備聽了心中反覆叼念：「上策太急，下策又太緩，中策的話……」

「如果我決定採取中策，依現在的兵力，恐怕取不下涪水關吧？」劉備轉頭問龐統。

「所以才要用計。」龐統答說。

「那你看派誰去最好？」

「子龍智勇雙全，是最適當的人選。」龐統斬釘截鐵的說。

劉備於是派趙雲去取涪水關，趙雲果然不負所託，用了調虎離山之計，調楊懷和高沛出城，順利的奪取涪水關；又在關口外的樹林埋伏一軍，等到楊懷和高沛發現被騙，回馬攻關時，埋伏軍就大舉殺出，將兩人斬殺，收服兩人所屬的士兵。

劉備獲報趙雲輕易取得涪水關，十分的高興，便殺牛宰羊勞軍，並大擺夜宴款待眾將。當晚，府內燈火通明，觥籌交錯，熱鬧非常。劉備坐在主座，底下坐著趙雲、魏延、龐統、黃忠、關平、裴元紹等人，劉備不知是興奮還是喝多了，整個臉都紅通通的。他舉起酒杯說：「想不到事情進行得這麼順利，來來來，我敬子龍一杯，也敬大家一杯。」敬過酒之後，眾人都埋首吃菜，劉備忘形的抬起腳，碰的一聲放到桌上去，興高采烈的說：「今晚的聚會，真是大快我心，哇哈哈！」

此時趙雲站起，正色對劉備說：「主公，攻打別人的國家而當做樂事，這不是仁者之師啊。」

劉備驚覺自己失言，便趕緊向趙雲道歉。

涪水關這邊歡樂通宵，但在成都，卻是不一樣的氣氛。

只見劉璋鐵青著臉，怒火中燒的嚷嚷道：「想不到劉備是這種人，實在是太……太……」劉璋氣得說不出話來。

「把張松給我帶來！」劉璋忽然怒吼。

張松早就聽聞主公為了劉備奪取涪水關，正在大發雷霆，便趕緊收拾包袱，要逃去投靠劉備，沒想到剛走到城門就被逮到。張松一被押進太守府，撲通一聲的跪在地上，連頭也不敢抬，全身打著哆嗦，抖得身上的鐵鍊發出「鐺鐺」的聲響。

劉璋看著張松，一臉冷肅的問：「你不是說劉備仁慈寬厚？有長者之風？現在看他幹出什麼好事來了？」

張松原本打著就是賣主的算盤，見劉璋逼問，嚅嚅得說不出話來。

劉璋愈想愈生氣，跨步衝了過去，舉腳猛踢張松的臉，邊踢邊罵：「賣國賊！賣國賊！」

踢了一會，劉璋見張松牙斷眼腫，滿臉是血，怒氣未消的說：「拖出去斬了。」

張松大喊冤枉，劉璋只當沒聽到，回頭問眾官說：「劉備占據涪水關，我看有取成都的

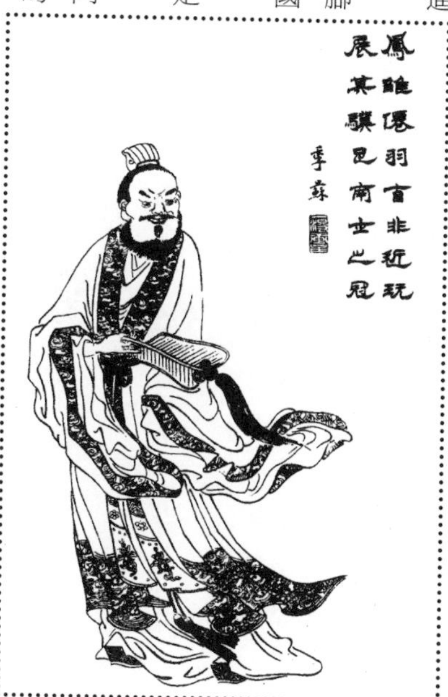

意思，有什麼辦法可以防禦他的？」

主簿黃權說：「主公可派兵把守雒城，塞住咽喉之路，劉備縱然有精兵猛將，也過不來的。」

劉璋便並張任、冷苞、劉貴、鄧賢四人領五萬大軍，連夜趕往雒城部署。

就在張任趕往雒城的途中，劉備正和龐統商議進兵雒城的事宜。這時留守荊州的諸葛亮派人送來了一封信，劉備以為荊州有失，便趕緊拆開來看，卻見信中寫道：

亮夜算太以數，今年歲次癸亥，罡星在西方；又觀乾象，太白臨於雒城之分；主將帥身上多凶少吉。切宜謹慎。

劉備看完後對龐統說：「我今夜先趕回荊州，與孔明討論信中的事。」

龐統心想：「孔明眼看我就要助主公取西川，怕功勞都被我搶了，所以就寫了這封信來阻撓我。」於是信口開河的說：「我昨日也有推算太乙數，早已知道罡星在西方，但就我來看，這是應主公合得西川，並不是什麼凶事；我也占卜過天文，見太白星臨於雒城，但我們先前已斬蜀將楊懷等人，這就已應凶兆。一切都是孔明太過多心了。」

龐統怕劉備真的聽信諸葛亮所說的，著急的說：「請主公不要再猶疑了，可急速進兵。」劉備見龐統再三催促，就下令出兵。

龐統派趙雲為第一路，取南邊小路前進；魏延為第二路，走山北大路，劉備與黃忠等人為第三路，攻雒城東門，自己則為第四路，負責進攻西門，四路軍馬於雒城齊聚會師。

「等等！」劉備說：「軍師可走大路去取東門，由我來取西門。」

龐統狐疑的問：「這是為什麼？」

劉備說：「我昨夜夢間一個神人，手執鐵棒猛擊我的右臂，我覺得這是不祥之兆。」

龐統大笑說：「戰爭不是死便是傷，這是必然的道理。主公何必為一個夢而起疑心呢？」

劉備不安的說：「其實我最擔心的，還是孔明信中所說的那件事；不如軍師留守在涪水關好嗎？」

「又是諸葛亮，我就知道。」龐統不覺拉下臉來：「主公莫非被孔明所迷惑？他是因為不想我獨立大功，才用那些話來使主公疑心。我就算肝腦塗地，也是自願。請主公別再提及這件事了！」

劉備無奈，只好傳令軍士五更造飯，天亮出發。

隔日大軍行前，龐統所騎乘的馬不知何故，前蹄一軟，就把龐統摔下馬來。劉備趕緊去拉住龐統的馬，並說：「軍師為何騎乘這樣一匹劣馬？」

龐統從地上爬起來說：「奇怪？我騎這匹馬有一段時間了，從來不曾如此。」

劉備就把自己所騎的白馬與龐統交換，龐統感動的說：「蒙主公的厚恩，我雖萬死也不能報答於萬一。」

劉備聽到龐統提到「死」字，心中覺得快快不安，但怕一提及，龐統又會不高興，只好說了一句：「軍師一切小心。」

龐統便率五千名兵馬，走小路往雒城進發；走約二十餘里路，龐統見前方兩山窄逼，樹木雜生，環境甚是惡劣。於是停下馬來細看，只見樹中有丘，一道十幾尺的土脊從中橫過，蜿蜒的伸入地下；而丘上又有樹，連枝交蔭，綠意盎然；其中有一棵小樹，勉強的從石頭裂縫中擠出，樹枝迎著強勁的風勢，時而忽左，時而忽右的搖曳著；最奇的是，小樹後面竟有一塊巨石破地而出，朝天擎立著，頂上竟著幾株野草。

龐統愈看愈疑，總覺得那道土脊像是一隻動物的身體，叢密的樹木像是羽毛，小樹像是迎風展開的尾巴，而巨石呢，好像是朝天仰望的頭，這……這……這分明是一隻鳳凰仆臥在地的景象。

龐統伸出顫抖的手，指著前方問道：「這裡什麼地名？」

軍中有投降的當地士兵答道：「這裡的地名叫做落鳳坡。」

龐統聽了陡然變色，失聲叫道：「我的道號是鳳雛，這裡的地名叫落鳳坡，對我非常不利啊。」於是命全軍趕快後退。

這時山坡前忽然一聲砲響，弓箭如蝗蟲般飛來，全部都往龐統身上射去。

「啊—」龐統只叫了一聲，就這樣死於亂箭之下。

原來是張任率領三千名士兵到小路上埋伏，見到龐統軍到，由於龐統騎的是劉備的白馬，因此張任的部下指著龐統說：「騎白馬的人就是劉備。」張任聽後大喜，便傳令部下放箭；龐統就是這樣才慘死的，死時才三十六歲，正是意氣風發的時候，十足令人惋惜。

在荊州的諸葛亮，聽說龐統身亡，驚得昏了過去………

五

龐統死後，諸葛亮只好將荊州交給關羽防守，命關平、周倉、廖化、伊籍、馬良、糜竺、糜芳、向朗輔佐關羽，便與張飛率兵入川幫助劉備。

後來趙雲在雒縣怒斬張任，張飛在綿竹生擒嚴顏，劉璋已無關卡可守，諸葛亮便命全軍直指成

都。諸葛亮依舊以趙雲為前鋒，趙雲大軍到處，均立起免死旗，凡倒戈投降的川兵，皆不許殺害，不願投降者，則放回歸軍；趙雲此舉，大得川兵軍心，所到城鎮，不戰自降，一一攻克。

經過一年多的鏖戰，劉備在漢獻帝建安十九年（公元二一四年）打敗劉璋，入主益州。劉璋親齎印綬文籍，出城投降。

諸葛亮奏請說：「如今西川平定，難容二主，可將劉璋送去荊州安頓。」

劉備心想：初入蜀境，就遷其主，必定引起蜀民的怨恨，取蜀地易，收蜀民心難；暫時把劉璋留在蜀中，可以安定百姓的心，於是說：「我剛得到蜀郡，不可讓季玉遠去，這個以後再說吧。」

隔日，劉備坐於公廳發落相關事宜，蜀郡諸官皆拜於堂下，只有劉巴、黃權二人閉門不出，劉備為此十分不高興，心想如今我已經是蜀中的王了，不來就是看不起我，於是怒沖沖的說：「殺掉他們！」

此時趙雲貼著劉備的耳朵，提醒他說：「主公如要長期經營蜀中，必須重用劉璋舊部才是。」

劉備意會過來，趕緊改口說：「如有害此二人者，我就殺掉他們，並滅其三族！」之後便親自登門拜訪，邀請二人出仕，劉巴、黃權因感念劉備愛才之德，才點頭答應出來為劉備效力。

劉備聽從趙雲的建議，將劉璋的舊部都予以重用：

許靖，字文休，為劉璋蜀郡太守，頗有盛名，劉備任他為長史；李嚴，字正方，劉備任他為犍為太守；吳懿，是劉璋的舅舅，劉備為拉攏他，便娶了他的妹妹，以政治婚姻的手段，減低仇視與矛盾。

而其他的文武百官，劉備盡皆封賞，定擬名爵。嚴顏為前將軍，法正為蜀郡太守，董和為掌軍中郎將，龐義為營中司馬，黃權為右將軍，其餘費觀、彭羕、卓膺、雷銅、吳蘭、李恢、張翼、秦宓、譙周、呂義、霍峻、鄧芝、楊洪、費禕、費詩、孟達……共六十餘人，皆為擢用，與自己的原班人馬一樣看待。

劉備也沒有忘記追隨他多年的眾將，他任諸葛亮為軍師，關羽為蕩寇將軍、漢壽亭侯，張飛為征遠將軍、新亭侯，趙雲為鎮遠將軍，黃忠為征西將軍，魏延為揚武將軍，從張魯處投靠過來的馬超為平西將軍。簡雍、孫乾、糜竺、糜芳、劉封、關平、周倉、廖化、馬良、馬謖、蔣琬、伊籍及舊日荊、襄一班文武官員，盡皆陞賞。

封賞之後，劉備想要將成都的田宅分賜給這次建大功的趙雲，趙雲拒絕說：「益州的人民屢遭兵火摧殘，田宅皆空；如今主公掌領益州，應當將其田宅歸還給百姓，讓他們能夠安居復業，這樣民心方能安定；不宜做為私賞之用。」

劉備聽了萬分高興，有趙雲這樣的人來幫助自己，還怕大業不成嗎？於是號令三軍，如取百姓一物者問斬，又開倉賑濟百姓；因此所到之處，百姓無不扶老攜幼，焚香禮拜，競相觀瞻，感念其恩德。

後天就是端午節了，成都正呈現著一付忙碌的景象，家家戶戶忙著包粽子，他們將糯米盛在樹葉上，裡面加上蛋黃、鹹肉、桂花、百果，用五角絲將其包裹起來，然後放到蒸籠裡面去煮，粽子的香氣沾滿著城裡城外。

蜀中炎夏酷熱，毒蟲孳生，多有瘴氣，百姓都拿艾草掛在門上，以驅五毒之氣；有的用艾葉紮成人形，稱為艾人；好一點的人家，就用布帛剪成老虎的形狀，上面粘著艾草，稱為艾虎。

成都旁的錦江，正在舉行龍舟競賽的下水儀式，只見一艘艘的龍舟，依次推入江中；這些龍舟長約十餘丈，船頭刻成龍頭形，船體畫有龍麟，前為龍首，中為龍腹，後為龍尾，各占一色；龍首上繫有各色的旗幟，代表不同的參賽隊伍；舵為刀形，長約丈餘，以彩繩綁掛於龍腹，待競賽當天再由參賽者執取；龍尾綁著蜈蚣旗，底下放著一面龍紋鍍金鼓，閃耀亮眼。拿著一大串的粽子過來魏延、裴元紹都去看龍舟了，趙雲不想去，便留在家裡閒坐、看書。

「子龍沒有出去走一走啊？」趙雲抬頭一望，只見諸葛亮提著一串粽子，邊喊邊走進來。

趙雲趕緊放下書本，迎向前去，喊了一聲軍師。

諸葛亮一走進來便問：「你兒子命名了沒？」

趙雲答說：「命了，就叫趙廣；是慶賀主公取得益州，廣被恩德的意思。」

諸葛亮將粽子放到桌上，笑著說：「子龍真是有心人啊，吶！這個給你夫人吃，補補身。」

趙雲一看，當中有角粽、筒粽、圓粽，各式各樣都有，趙雲連忙稱謝說：「軍師太客氣了。」

諸葛亮說：「還有這個呢！」說完又從袖口拿出兩個白裸裸的粽子。

趙雲問說：「這是什麼粽？倒沒見過。」

「哈！這叫涼粽。」諸葛亮笑了一聲說：「我跟法正學來的。」

「涼粽？怎麼吃啊？」趙雲詫異的問。

「蘸白糖吃。」諸葛亮用手比了比沾的動作。

趙雲便和諸葛亮各拿一個，蘸著白糖，一口一口的吃了起來。

「還蠻好吃的，軍師怎麼向法正學來的？」趙雲邊吃邊問。

諸葛亮想起法正那天來拜訪他的情形：

劉備為求長期治理西川，便命諸葛亮擬定治國的條例，諸葛亮將制定的律法名為「蜀科」，由於相關條文相當嚴峻，法正覺得不妥，便跑去對諸葛亮說：「昔日漢高祖約法三章，以德治國，所以百姓都感念其恩德。如今軍師卻訂定非常嚴厲的律法，蜀中的百姓必定無法接受，希望軍師能夠寬刑省法，以慰民望。」

諸葛亮說：「孝直只知其一，不知其二。秦代是以法家為中心思想，商鞅改法為律，所以治國的刑法相當嚴苛，因此百姓和官吏無不怨聲載道，等到漢高祖劉邦繼秦建立漢朝，便以寬仁的刑法來統治，所以獲得百姓的愛戴和支持；但益州在劉璋的治理之下，百姓不畏刑法，造成國內治安敗壞，上作奸，下犯科，君不君，臣不臣的紊亂現象；在這樣積弊叢生的情況下，人心望治，亂極思安，如果不嚴加整飭的話，要如何治理蜀國？由於現實環境的不同，所制定的律法也必須跟著調整，才是好的律法。」

法正聽完諸葛亮的分析之後，感到十分佩服，說：「今天我又跟軍師學到一樣東西了。」

諸葛亮笑說：「那孝直也要教我一樣東西。」

法正謙虛的說：「我沒有軍師懂得多，那敢教軍師啊。」

「隨便教一樣嘛！」諸葛亮催促著。

「那端午節快到了，我就教軍師怎麼做涼粽吧！」法正一本正經的說。

「哈哈哈！原來是這麼來的。」趙雲仰天大笑。

「這個孝直真是個性情中人。」諸葛亮瞇著眼說。

「秦代的刑法真的那麼嚴苛嗎？」趙雲收起笑容，轉而提問。

諸葛亮收起笑容說：「秦代除正式頒布的墨、劓、宮、刖、大辟五種大刑之外，還有像是炮烙、抽腸、懸脊、剜膝、剝皮、鼎烹、腰斬、寸斬、甑蒸、刷洗、鴆毒、閉口、沒陣、槌擊、桎梏、拶指、射殺、截舌、沉河、人食、獸咬……等法外之刑，名目之多，讓官吏及百姓都身受其苦。」

「生活在那個時代的人真是可憐啊……」趙雲嘆說。

「不過……」趙雲感慨的說：「生活在戰亂中的百姓才是最悲慘的。」

諸葛亮深有同感的說：「是啊，所以說如何讓人民過好日子，是我們的責任啊！」

諸葛亮說完便吟道：

田疇茂，倉廩實，器械利，蓄積饒，朝會不嘩，路無醉人，吏不容奸，人懷自厲，道不拾遺，夜不閉戶，強不凌弱，風化肅然，軍民安靖。

「這是治國的最高境界，很難很難……」趙雲閉目道。

「是很難，所以在這一天到來之前，只能以戰治戰，早日讓戰亂的時代早早結束。」諸葛亮說。

「以戰治戰……」趙雲若有所悟的說：「我又從軍師身上學到一樣東西了。」

諸葛亮丟開愁思，咧著嘴笑說：「那你也要教我一樣東西。」

「哈哈哈！」

「哈哈哈！」

第九章　封登五虎將

一

烏雲蔽空，細雨濛濛，山間小路陰沉沉的，山巒陰沉沉的，大地也陰沉沉的，這樣的天氣反而顯得寧靜。忽然，一道天雷滾過，雷霆萬鈞的打響著，伴隨而來的是一陣陣尖厲激烈的馬蹄聲，徹底劃破這份寧靜；從山谷的縫隙中，驀地出現千百面旌旗、千百支刀劍和千百名鐵騎；為首大將身穿皂色甲冑，繫著一件紅色披風，倚馬而立，凝神遠眺著遠方的營帳。

這名大將年約六十餘歲，七尺的身軀，魁梧威武，飽滿的額頭已浮出幾絲皺紋，烙印出他曾身經百戰；聳直高隆的鼻樑，表露他性格殘忍冷酷；橫目而上的兩道濃眉，刻畫他行事果敢堅忍；特別是他那雙炯炯森厲的目光，足以震懾三軍。

他，就是威震北方，被稱為天下梟雄的曹操。

他的身後站著隨征的大將夏侯惇、許褚、張遼和于禁，他們披甲戴冑，不敢發出一絲聲響，正屏氣靜聲等候曹操的調遣。

漢獻帝建安二十三年（公元二一八年），劉備為進一步鞏固益州，於是發兵漢中，與曹將夏侯淵、張郃對峙於陽平關；隔年春，劉備派黃忠自陽平關南進，渡過沔水，襲擊夏侯淵，於定軍山斬

了夏侯淵。由於夏侯淵是曹操從父的兄弟，知道夏侯淵被殺，曹操非常震怒，便起二十萬大軍，親自出征要為夏侯淵報仇。

曹操北進到漢水，派大將徐晃、張郃兩人率兵去定軍山圍攻黃忠，自己則往陽平關長驅直入，想要進一步南征劉備，沒想到卻在這裡被擋住。

「噠─噠─噠─」一匹掛著「曹」字大旗的快馬向前奔來，是曹操派出去的探子，他直接奔到曹操身邊，隨即跳下馬，跪在地上稟報說：「前面營寨並無動靜，只有一員大將立於寨門外。」

「什麼？你再說一次！」曹操以為自己聽錯了。

探子又重複說了一遍。

曹操狐疑的問：「你沒看錯吧？」

探子說：「屬下看得很清楚。」

「營寨上掛著什麼旗號？」曹操又問。

「常山趙子龍！」探子小心翼翼的回答著。

曹操和他身邊的大將，都不約而同的倒吸了一口氣，各自的臉上也都掠過一絲驚恐。曹操臉色十分難看的自語道：「昔日常坂英雄還在啊……」過了一會，曹操才開口問探子：「你有看清楚是誰站於寨門嗎？」

探子答說：「回丞相，對方身穿銀盔白甲，威儀萬分，但屬下並不認得他是誰。」

不管是關羽、張飛、黃忠或是魏延，遇到誰都好，曹操心裡最不希望的就是遇到趙雲；曹操著實怕了趙雲，但他不願在屬下面前露出膽怯的樣子，便轉頭對夏侯惇喊說：「元讓跟我到前面去看看。」

曹操和夏侯惇兩人便策馬往山坡上騎去，由於探子不認得那名大將，一路上，曹操的心裡七上八下的，不會真的是趙雲吧？曹操到了山坡往下一看，只見一名四十幾歲的高大武將，身披甲冑，背弓佩刀，橫著長槍，威風凜凜的騎在白馬上。

曹操還要細看他的容貌，但對方好像發現山坡上的曹操，倏地轉過頭來望著他。那……那威嚴駭人的神情，那……那豪氣傲視的目光，分明就是趙雲沒錯。曹操腦袋轟的一聲，臉上流下來不知是雨還是冷汗，好一會才結結巴巴的說：「退……退……退兵，趕快退兵……」

趙雲奉劉備之命，要到定軍山相助黃忠，剛在漢水畔下寨，探子就來報說前方有大批曹兵，正往這邊過來。

趙雲十分鎮定的問：「曹兵還有多遠？」

探子報說：「不到五里了。」

在旁邊的部將張翼著急的說：「趙將軍，趕快緊閉寨門，上敵樓防護。」

「不要關寨門！」趙雲怒喝道：「難道你不知道昔日我在長坂坡，單槍匹馬，視曹兵八十三萬大軍如草芥嗎？如今有兵有將的，怕什麼！」

就命弓弩手於寨外壕溝埋伏，其餘的步卒躲在營寨內，並將營內的旌旗都給放倒，然後自己提著銀槍，立於寨門之外。站在後面的張翼，看趙雲隻身站在門外，不禁為他擔心起來，想說曹兵若是衝殺過來，他一個人如何抵擋？

曹操和夏侯惇在山坡上立馬觀望，張翼也瞥見了，他以為曹操要下令攻過來，嚇得連大氣也不

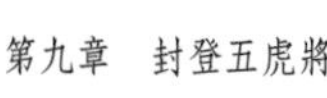

敢呼一聲。張翼豎著耳朵，仔細傾聽著外面的動靜。過了約半刻的時間，山坡上忽然傳來陣陣的馬蹄聲，如打鼓般的撼動著大地，他以為曹兵殺過來了，顫抖的緊握住手上的刀，心裡直喊：「這下完了。」沒想到此時走進來的不是曹兵，而是趙雲；趙雲宣布說：「曹操已經退走了。」張翼簡直不敢相信，眼睛直愣愣的望著趙雲。

趙雲走過來拍著他的肩膀，笑著說：「你怎麼啦？我說曹操退兵了。」

張翼這才回過神來，高聲喊說：「趙將軍一身是膽啊！」

「趙將軍是我們的英雄呀！」

「趙將軍可敵百萬兵啊！」帳下的士兵也跟著跑出來齊聲大喊，一時歡呼聲不絕。

趙雲若無其事的揮揮手說：「去救黃將軍吧！」

二

沔陽縣內風和日麗，耀眼的陽光將廣場照得亮閃閃，流風捲著四邊的旌旗和儀仗，強勁獵獵的聲響，彷彿驅散了滿地上升的熱氣。

廣場中央設著一座高二丈、周長一百步的壇台，壇上放著一張金色寶座，面南而放，寶座前擺著一席香案，底下鋪著供人跪拜的紅色氈墊；後方整齊排列著象鐏鐘、特

磬、編鐘、編磬、建鼓等樂器，都以朱飾彩繪的木架懸吊著，紅緞袍服的樂師則持棒端坐。

五百名身穿各色甲冑的帶刀侍衛，於壇台兩翼侍立，數十名文武百官，整肅儀容，分站左右，躬身在壇下等候，氣氛十分肅穆隆重，顯示即將登位者至高無上的權威。

「咚—咚—咚—」

九聲鼓響之後，劉備身穿紫貂冠服，上鏽四爪金龍及日月星辰之紋，由東面台階登上，先跪於香案之前，文武百官也跟著一齊跪下，劉備先向上天行一跪三叩之禮，然後取出奏章宣讀：

備以具臣之才，荷上將之任，總督三軍，奉辭於外，不能掃除寇難，靖匡王室…………

唸完之後，劉備站起身來，法正、許靖二人各捧著雲紋玉盤，一個放著冕冠，一個放著玉璽，亦步亦趨的走上壇台，將其恭謹的跪遞給劉備，劉備將冕冠帶於頭上，雙手捧著玉璽，坐上寶座，接受壇下文武百官的拜賀……

漢獻帝建安二十四年（公元二一九年）秋七月，劉備攻下漢中後，自立為漢中王。

加冕綬璽儀式完畢後，接著就是封官。眾人跪在壇前聆聽，喊到名字的就跪行向前，聽候封敕，封完之後，便叩拜謝恩，然後再跪行回去。劉備立劉禪為王太子，諸葛亮為軍師，總理軍國大事，許靖為太傅，法正為尚書令，關羽為前將軍，都督荊、襄九郡事，張飛為右將軍，馬超為左將軍，黃忠為後將軍，各加符節斧鉞，趙雲為鎮軍將軍，魏延為漢中太守，其餘眾人皆各擬功勳定爵。

劉備接著命前部司馬費詩為使，齎捧誥命到荊州去見關羽。

關羽見費詩到，迫不及待就問：「漢中王封我何爵？」

費詩說：「漢中王封關將軍為前將軍。」

當時稱王者，所能加封最高的常設武官為前、後、左、右將軍，而前將軍的職權，更是排在眾將軍之上。

關羽是個相當注重名聲的人，一聽說劉備封他為前將軍，高興得合不攏嘴來，捋著鬍鬚笑道：「哈哈！大哥對我真是不薄啊。」

費詩接著說：「漢中王又特封關將軍為五虎將之首。」

關羽正在興頭上，笑呵呵的說：「哈哈，大哥幹嘛又搞這名堂，是哪五虎將呢？」

費詩拿出誥命唸道：「關羽為虎衛將軍、張飛為虎嘯將軍、馬超為虎奮將軍、黃忠為虎揚將軍、趙雲為虎威將軍。」

「什麼！」關羽頓時收起笑容，拍著桌子怒道：「黃忠也在列？」

「是的，黃將軍為後將軍，又特封五虎將之一。」費詩清清楚楚的又說一遍。

關羽拂袖站起，揚著眉說：「益德是我三弟，孟起身出世代名家，子龍跟著我大哥那麼久了，也算是我弟了，他們爵位與我相當，我沒話說，但那黃忠是何等人物，敢與我同列？」

費詩勸解道：「黃將軍助漢中王取得漢中，功勞也是很大的啊。」

「反正我就是不與老朽之卒同伍！」關羽握拳咆哮著。

費詩盯著發怒的關羽，心想當初在長沙，黃忠為了義氣，不以箭射你，差點被韓玄砍頭，現在你卻來跟他爭這種虛名，這不是太不識大體了嗎？終有一天，會被這種驕傲的情緒給害死的。

費詩決定好好開導關羽，便正色道：「昔日蕭何、曹參二人與漢高祖同舉大事，與漢高祖的關係最為親近；而韓信只是楚國亡將，後來爵至王位，居於蕭、曹二人之上，但蕭、曹二人卻沒有任何一句怨言；將軍與漢中王有兄弟之義，將軍就是漢中王，漢中王即是將軍，視同一體的；將軍身受漢中王厚恩，應當同休戚，共禍福，不應該為了官號的高下，而讓漢中王難做人啊，希望將軍深思。」

關羽聽到那句「將軍就是漢中王，漢中王即是將軍」，心中的不快一掃而盡，拱手說道：「幸虧公舉開導，不然我就耽誤大事了。」

費詩只是淡淡的說：「將軍深明大義。」

這頭擺平了，另一頭卻還在爭執。

「不服不服，我就是不服！」魏延大聲喊道。

「都讓你當上漢中太守了，你還有什麼不服的？」諸葛亮冷冷的反駁著。

「我不是說我，我是替子龍不服。」魏延指著坐在一旁的趙雲。

諸葛亮轉頭望了趙雲一眼，趙雲無奈的向諸葛亮聳了聳肩。

魏延在封官之後，覺得趙雲只封個鎮軍將軍，對他實在太不公平了，便跑去對趙雲說：「走，我替你到軍師那邊討個公道。」

趙雲淡然的說：「虛名算什麼，不要為這種事去爭。」

「你不爭我要爭，不公平的事就要爭，這是我魏延做人的原則。」魏延昂著頭說。

趙雲反而勸他說：「我們從軍是為了做大事，又不是要做大官，有些事要爭，有些事就算力

爭，有好處嗎？」

「就是有好處，裴元紹你跟我拉著他走。」魏延撒賴的說。

裴元紹一向敬重趙雲，現在見他如此不計較功勞的歸屬，不爭名利的收穫，心理更加感動，也覺得他實在不應該吃這種悶虧，便與魏延合力拖著趙雲去找諸葛亮。趙雲原本不想去，但繼而一想，再這樣爭執下去也不是辦法，不如與他們一齊到軍師處，讓軍師給他們疏導疏導也好。

魏延接著問諸葛亮說：「你知道我為什麼不服？」

「為什麼？」諸葛亮問。

「軍師說得出子龍的功勞嗎？」魏延不答反問。

「長坂救太子，智取零陵、桂陽二郡，入川建大功，定軍山勇救黃忠……」諸葛亮數說著趙雲的功績。

魏延沒好氣的說：「軍師既然數得出來，那軍師可否告訴我，子龍的功勞輸給誰了？」

諸葛亮頓時啞口無言，是啊，子龍的功勞實在不輸給關羽、張飛等人，但這次封官是主公決定後，才來詢問他的意見的；自己看到關羽等人各封了前、後、左、右將軍，趙雲則是低了一級的鎮軍將軍，當時只想主公自有考量，也就沒為趙雲爭取更好的爵位；還是主公自己說要安撫趙雲，才特封五虎將，讓趙雲也加入的。

諸葛亮滿臉愧色的說：「是委屈子龍了……」

「委屈？」魏延聽了更加不滿，氣鼓鼓的說：「不要說我是在批評，我這人有話直說的，是不是子龍不吵不鬧，就一定要受委屈？」

諸葛亮沉默不答，魏延接著說：「雲長和益德是主公的好兄弟，封他們我不敢多說什麼，至於漢升和孟起，我知道主公為什麼要封他們，還不是想說他們剛投靠過來不久，為了收買他們的心才這麼做的，那子龍呢？他的心就不用收買了嗎？」諸葛亮聽了臉色更加難看。

趙雲本來是要諸葛亮勸勸魏延的，但見氣氛愈鬧愈僵，便出來打著圓場說：「文長這麼說就不對了，就算主公只讓我坐個牙門小將，我也早打定主意跟著他了，說什麼收不收買就太現實了。」

「你呀，就是太老實了。」魏延氣得大聲嚷嚷。

「都是為國家做事嘛！」諸葛亮見氣氛稍稍冷卻下來，舒展著笑容說：「子龍看得遠，不爭一時的名位，讓我相當佩服。」

諸葛亮雖然這麼說，但心裡還是虛虛的，今天被魏延這麼一扯，自己也覺得很對不住趙雲。

「嘴裡是佩服，但實質給過他什麼了？論武藝、論智略、論為人，有哪一個比得上子龍的？」魏延咬住諸葛亮的話不放。

諸葛亮雖然不喜歡魏延時時頂撞他，也覺得他說話太直，太不給人留情面了，但今天這一番話，倒也說得有情有理，自己實在不能不公平處理這件事了，於是說：「文長說得對，我待會就去見主公，幫子龍說說。」

「這就對了嘛！」魏延滿意的拍著手說。

「不行！」趙雲叫說。

「為什麼不行？軍師都要幫你說話了。」魏延不解的問。

趙雲不理魏延，起身對諸葛亮說：「子龍認為國家未定，百姓未安，實在不必為這種事去發牢

騷，軍師應知子龍的心啊。」

「唉，如果人人都像你，那國家就不會有這麼多紛爭了。」諸葛亮瞟了魏延一眼說：「你們知道將軍之才分為九種類型嗎？」

「將軍就將軍，何必去分。」魏延見諸葛亮又要說教，懶洋洋的說著。

諸葛亮嚴肅的說道：「將才共分為仁將、義將、禮將、智將、信將、步將、騎將、猛將和大將九種類型。」

聽了諸葛亮舉出這麼多，魏延的興趣倒來了，趕緊問道：「請軍師說說有什麼分別。」

「『仁將』以德領導部下，不論飢寒、貧苦都與部下共度；『義將』為名譽不顧生死，有很強的榮譽心；『禮將』地位高而不傲慢，戰勝而不得意；『智將』聰明過人，遇事都能冷靜處理，繼而逢刃而解；『信將』信賞必罰，賞無不及時，罰不避權貴；『步將』擅長領導士兵，一心一意固守國境，絕不怠惰；騎將作戰領軍殺敵，撤退時殿後守衛全軍；『猛將』勇冠三軍，不畏強敵，遇戰時意志堅強；『大將』寬容剛直，勇敢機智，凡事以大局為重，能接受他人的意見及勸告。」諸葛亮一口氣沒停，滔滔不絕的說著。

「呀！這些優點趙大哥都有嘛。」裴元紹聽完後，首先叫了起來。

諸葛亮笑著說：「是啊，所以你們說子龍還會去計較表面的將軍稱謂嗎？」

魏延被諸葛亮的一番道理，說得昏頭轉向的，說對嘛，還是沒給趙雲一個公平的待遇啊；說不對嘛，自己又提不出反對的話來，只好說：「那等有一天主公當上皇帝了，一定要封子龍為大將軍。」

諸葛亮微笑的點著頭。

裴元紹欣喜的說：「趙大哥當之為愧。」

趙雲也不答腔，轉頭對魏延說：「我們明天就要隨主公回成都了，主公留你駐守漢中，你可不要辜負主公的期望啊。」

「你呀，就是太老實了。」魏延還是忍不住又說了一句。

三

「滾出去！」關羽瞪大眼睛咆哮著。

只見椅子上坐著一個年約四十多歲的人，長方型臉，五官輪廓分明，飽滿色潤，額頭上還者著一顆紅痣，他是來向關羽提親的東吳使者諸葛瑾。

諸葛瑾，字子瑜，是諸葛亮的胞兄，在東吳為孫權效命，他還有一個族弟在曹操處為官，因此當時就有人評論說：「蜀國得龍，東吳得虎，魏國得狗。」意思就是說他不如弟弟諸葛亮，但諸葛瑾也絲毫不以為意。雖然沒有諸葛亮的大智，但他為人直言敢諫，公而忘私，深得孫權器重。

由於諸葛瑾的臉很長，有一次孫權宴請東吳群臣，宴席上孫權惡作劇的命人牽來一頭驢子，用粉筆在驢子的頭上寫了「諸葛子瑜」四個字，取笑諸葛瑾的臉長得像驢子，惹得在場眾人笑翻了天，諸葛瑾也不生氣，只是淡然一笑；後來還是諸葛瑾的六歲兒子諸葛恪，拿著粉筆添了兩個字，變成「諸葛子瑜之驢」，才化解這場尷尬，孫權一高興，就把那頭驢子送給他們父子倆。

就是這種雍容大度的性格，因此這一次孫權為讓孫、劉兩家結好，以共同抵禦曹操，便派他為使者，到荊州來拜會關羽。

諸葛瑾見關羽怒罵他，只是平心靜氣的說：「我主吳侯真心希望兩家和好，所以想為他的兒子求親，高娶將軍的女兒，這是一件好事，請將軍三思。」

「滾出去！」關羽還是那句話。

「請將軍三思。」諸葛瑾又說了一遍。

關羽不禁勃然大怒說：「你不要再說了，虎女安肯嫁犬子，若不是看在你弟弟諸葛亮的份上，我就斬了你！」

「你不走是不是？來人啊！」關羽見諸葛瑾又要說話，便命左右武官，將諸葛瑾架了出去。

這時糜竺提醒關羽說：「關將軍難道忘了軍師的交代嗎？」

當初諸葛亮要入蜀幫助劉備，便將防守荊州的大任交給關羽，諸葛亮在將荊州印綬交給他前，曾問他：「若是曹操領兵來攻荊州，你怎麼處理？」

關羽昂首答道：「盡全力抵抗！」

諸葛亮又問：「若是曹操和孫權一起來呢？」

關羽心想，這個還要問嗎？來一路我就擋一路，來兩路我就拒兩路，這還不簡單，於是回答說：「分兵抗之。」

諸葛亮見關羽如此剛愎自用，便告誡他要遵守「北拒曹操，東和孫權」的原則，但關羽太過高估自己了，以為憑自己的威名，就可以震攝曹操和孫權，因此他忽視掉諸葛亮的叮嚀；更由於他打從心底就看不起孫權這個「碧眼小兒」，所以才會說出這麼失禮的話來。再怎麼說，諸葛瑾也是諸葛亮的親哥哥，關羽不僅對他惡言相向，還把他給趕了出去，這就有點過分了，因此糜竺才以諸葛亮說過的話來勸阻他。

沒想到關羽卻驕傲的說：「你不要拿軍師來壓我，想當年我溫酒斬華雄，橫刀取顏良、文醜的時候，孫權那小子還在吃奶呢！」

糜竺見關羽這麼自大，只好無奈的搖搖頭，姍姍的退出去了。

諸葛瑾回東吳後，不敢隱瞞，原原本本的將關羽的態度告知孫權，孫權氣得火冒三丈，就要起兵攻打關羽。中郎將步騭上諫說：「主公可遣使去許都見曹操，請他派軍進攻荊州，關羽必定起全州之兵抵抗，到時候我們就可以趁虛取得荊州了；然後我們再使借刀殺人之計，讓曹操殺了關羽，到時候劉備就會起兵攻打曹操，為關羽報仇，一鷸鬥一蚌，我們就可做漁翁啊。」

步騭所提出的計策一環扣一環，的確是個周全的妙計，但他卻猜想不到，關羽最後不是死於曹操之手，而是被呂蒙給殺害，劉備不是去找曹操報仇，而是來和東吳火拚，這是後話。

孫權於是遣使過江，上書給曹操，請求他出兵。曹操自從赤壁戰後，除了幾次零星的戰役之外，就一直不曾南望；自從收定關中、平定隴西之後的這幾年，曹操何嘗一刻忘記南方；這次孫權主動來請兵，曹操認為這是南進的好機會，便命曹仁在樊城牽制關羽，一面又加封于禁為征南將軍、龐德為征西都先鋒，指揮北方七大軍團，浩浩蕩蕩的趕赴樊城幫助曹仁進攻荊州關羽。

而孫權得知曹操出兵，也派呂蒙屯駐在陸口，靜觀其變。

關羽獲報曹操來攻荊州，決定親率荊州軍團，趁于禁還未到達時，先取下樊城，給曹軍一個下馬威。

八月，正是秋雨連綿不絕之際，瓢潑般的雨水，從宛如無底黑洞般的天空拋灑直下，急得連一

點縫隙都沒有，斗大的雨滴宛如天石，重重的敲擊著地面，發出隆隆的巨響，大地無助的任由侵蝕著。關羽大軍冒雨走到樊城外十里時，探子回報說：「樊城外有大軍駐守。」

關羽急急的登上山坡觀望，只見前方整齊的排列著數百幢營帳，帳上軍旗被大雨壓得低低的，但還是可以清楚的看出上面繡著「征南將軍于禁」幾個大字。

「怎麼來得這麼快？」關羽吃了一驚。

原本關羽是想先攻下樊城，等于禁大軍到達時，就可以將他們阻於城外，沒想到于禁竟然先他一步趕到樊城，並且已做好部署。

關羽不敢輕舉妄動，因為北方軍團的士兵個個驍勇善戰，倘若水戰或是據城防守，也許大有勝算，但如想與他們對陣野戰，關羽就沒把握會贏了。正在考慮要不要先退守荊州時，關平走過來問說：「父親，這場大雨已經下了十餘日還不止，襄江都暴漲起來了，水勢甚是湍急，會不會有危險啊？」

關平這麼一說，關羽凝望著前方，只見兩座高大的山丘聳立著，一道山谷斜斜的張開，于禁的大營就駐紮在谷中，而襄江滾滾的打從旁邊經過。

關羽看了半晌，忽然眼睛一亮，一道計策在他心中成形著，關羽愈想愈喜，於是仰天大笑的說：「哈哈！于禁必定為我所擒捉。」便命將士預備船筏及水具。

「陸地交戰，何須用到水具呢？」關平不解地問。

關羽得意的說：「這你就有所不知了，于禁的七路大軍不選擇紮營在廣闊的地方，卻全部聚集在谷口險隘的地方下寨，如今秋雨連綿不絕，襄江的江水必定因為大雨而暴漲，我們只要堵住襄江上游的各處水口，等水一漲滿，我們就可以乘船放水，一舉淹沒樊城，到時屯於山谷中的曹軍，將全部變成魚鱉了。」

「哇哈哈！」關羽的情緒顯得十分興奮。

關平聽說要用水攻，擔憂的問說：「那樊城的百姓怎麼辦？」

關羽有些不高興的說：「目前最重要的是打敗曹操的大軍，哪能管那麼多；況且樊城的百姓是曹操的百姓，又不是我們的百姓。」

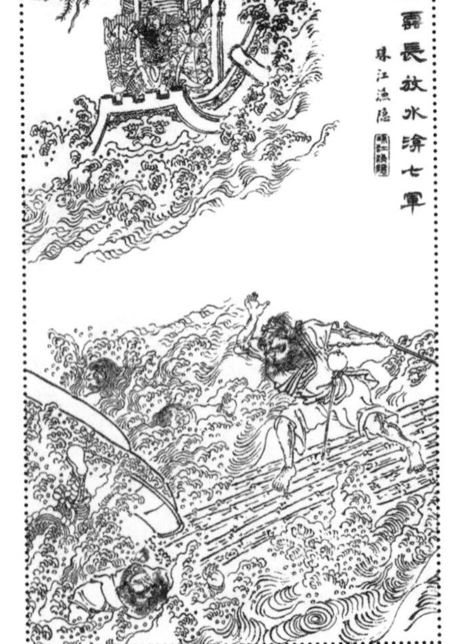

於是一方面派人籌備船隻水具，一方面派人到襄江上游處截斷江水。由於雨水的大量匯入，不到半天的時間，襄江的水就漲滿了，關羽便命全軍乘船，並派關平到決口處放水。

「嘩啦啦——」江水伴著關平的歎息聲，從決口咆哮奔騰而出，一瀉千里。

「轟隆——」隨著一聲震撼大地的悶雷，洶湧的水勢像是脫韁的野馬，橫衝直撞的撲向樊城。平時溫柔平靜的襄江，這時竟然變得如此兇猛猙獰，彷彿張著血盆大口，掀天揭地而來。一時之間，樊城積水五、六丈高，頓成一片澤國，把駐守在城外的營地都淹沒了。水聲如雷，哭號聲如潮，于禁的七個軍旅將士都來自北方，何時看過這種大陣仗，個個都嚇得不知所措，大水一到，無數的曹兵就在水中輾轉沉浮，掙扎攀援，瞬時淹沒在無窮無盡的大水之中，成為無辜的魚鱉。

城內的百姓更慘，連逃的機會都沒有，好像一群被圍在沙丘中的螻蟻一樣，急急忙忙的往高處躲避，望著愈來愈高的水，只能絕望的嚎哭著。

人，在大自然力量的摧殘下，連一點點抵抗的能力都沒有……人，在面臨死亡時，沒有不痛哭失聲的，但無情的大水，卻連這麼一點微弱的聲息，都給掩蓋過去……人，在死前的一刻，腦海中浮現的是故鄉的景色，但此刻在眼前的，卻是無邊無際的汪洋水域……。

于禁和龐德帶著諸將剛登上山丘避水，關羽就乘著戰船前來猛攻。

「咚咚咚—」

船上的士兵配合著鼓聲，大喊著：「投降！投降！」

于禁緊握著手上的劍，這是魏王曹操在出征前贈給他的，于禁想說不如以劍一拚，於是高喊：「大家上！」但回應他的卻是一陣哭啼聲，于禁回頭一望，只見身邊剩不到三十名士兵，全部都坐倒在地上。

于禁含著眼淚自語道：「拿什麼拚啊……」

這不是我的錯，這是天災啊！

于禁雖然懷著愛國的熱誠，希望藉由此戰一舉成名，但望著波濤洶湧的大水，和身旁無助的士兵，于禁決定將這種情緒深深壓抑在內心。

「活著就好。」這樣的想法在于禁的腦海中盤旋著。只要不死，終有一天還是可以報答魏王的。「鐺—」于禁丟下手中的劍，跪地向關羽投降。

另一頭的龐德卻不願降敵，只見他身披盔甲，手持弓箭，帶兵在坡上發箭抵抗關羽。

部將董衡、董超勸說：「如今我們無處可逃，不如投降。」

龐德怒斥道：「我受魏王大恩，豈能屈節於敵人！」

董衡、董超還是苦勸：「可是眼前軍士剩不到百人，且都已受傷了，抵擋不住的。」

龐德氣得拔劍將他們兩人斬殺於前，厲聲喊說：「再有說降者，下場跟他們一樣！」眾軍士只好繼續發箭殺敵。後來箭用完了，龐德手提大刀要與敵軍肉搏，卻因水勢湍急，不幸落水被捕，其他的曹兵也都棄械投降。龐德因為不願意投降，被關羽斬首。

關羽水淹七軍，擒于禁，斬龐德，威震華夏，使得梁縣、陸渾縣、郟縣等地紛紛依附關羽，舉縣對抗曹操；關羽於是有北向以爭天下之志，便發兵進攻樊城。

曹操聞報後十分恐慌，趕緊召聚文武百官商議，曹操面有懼色說：「之前是趙子龍，現在又是關雲長，這兩個人實在太可怕了；如今我軍受挫，倘若關雲長率兵直抵許都，那可怎麼辦？不如遷都到洛陽，先避一避他的鋒芒。」

「千萬不可！」司馬懿出班諫阻說：「若是我們遷都洛陽，關雲長就會趁勢占據許都，到時候他如果聯合荊州及益州之兵，直取宛洛，那我們將無立身之地了。」

「可是關雲長這個人智勇蓋世，現在又據有荊、襄一地，可說是如虎添翼啊，不避還有什麼辦法呢？」曹操囁嚅說著。

司馬懿回答說：「此次若是趙子龍前來，大王就要要擔心，但依我看，關雲長只是逞匹夫勇力之輩，現在他一定因為大勝而驕傲起來；大王可去信東吳，向孫權陳說利害，並割江南之地給他，命他暗中起兵從背後襲擊關雲長，則樊城之危自然就解除了。」

「你去辦妥吧。」曹操還沒從驚恐中醒過來，沒精打采的吩咐著。

「我一定幫大王辦好這件事。」司馬懿討好的說。

「唉！」曹操感嘆著說：「我認識于禁將近三十年了，為何臨難時反而不如龐德呢？」

四

當關羽一聽到陸遜代呂蒙來守陸口，嘲笑的說：「孫權真是見識短淺，竟派一個黃口小兒來守陸口！」

陸遜，字伯言，吳郡吳縣人，本名陸議，後來才改為陸遜；身高八尺，面如美玉，長得一付白面書生的模樣，當時雖然已經三十六歲，但名氣還比不上呂蒙，因此關羽才會嘲笑他是黃口小兒。

陸遜一到陸口上任，馬上就寫了一封信送給關羽：「前些日子得知您洞察破綻，大敗敵寇，按照法度來掌軍用兵，以小小的舉動，便獲得大勝，您的功勳是何等偉大啊！敵國敗潰，盟友因此而受益，當我們一聽到這樣的喜訊，不禁擊掌稱賀。您即將席捲中原，共扶漢室，在下不才接受守備陸口的任務，非常仰慕您的手采，願聽取您以良策來教導我。」

陸遜的謙卑，讓關羽得意地仰面大笑，一下子驕傲了起來，對東吳的防備也就鬆懈了，認為陸遜絕不敢來犯，就把荊州的守軍都調到襄陽前線作戰。

就在這時，孫權派呂蒙悄悄的從後方取得了荊州，關羽趕緊回防，卻不敵東吳精兵，只好往襄陽敗逃。大軍還沒走到襄陽，又聽說襄陽被陸遜占據了，關羽不相信的說：「陸遜這孺子怎麼有這般能耐？」

關平趕緊說：「父親，現在襄陽不能去了，不如先往公安郡，再做打算。」話剛說完，一名探子奔來，急報說：「公安守將傅士仁、南郡守將糜芳獻城投降東吳了。」

由於關羽自恃武勇，目空一切，在下屬面前，動不動就擺出一付唯我獨尊的架子，南郡太守糜芳和駐守在公安的將軍傅士仁，就常吃關羽的白眼，因此對他頗有怨言。

呂蒙取得荊州後，隨即向南郡的糜芳和公安的傅士仁招降，兩人正在猶豫時，關羽從襄陽前線派人來討軍糧十萬石，並令他們要即刻交割，遲者立斬。但由於荊州已被占據，軍糧無法北運，傅士仁便對糜芳說：「關雲長昔日就痛恨我們二人，這次我們無法運糧給他，倘若一日得勝回來，必定饒不過我們，不如投降東吳去，至少保得身家性命。」糜芳無奈，只好同意，於是斬殺來使，出城投降呂蒙；南郡和公安一失，整個荊州保衛戰可說是大勢已去。

關羽一日三驚，心力交瘁的說：「為什麼會這樣？為什麼會這樣？我無敵於世，如今怎麼落得無處可去。」

正在感嘆之際，前方沙塵滾滾，馬蹄聲不斷，數千鐵騎望這邊奔來，原來是來樊城相助曹仁的魏將徐晃；徐晃趕到樊城時，關羽早已失掉荊州，樊城之危自然化解，他便率大軍前來追殺關羽。

關平看到曹軍大舉而來，惶急的說：「父親趕快逃啊！」

關羽竟然對關平說：「徐晃與我是舊識，他應該知道我的武勇，我去勸他退兵，若是他不願意，我就先斬他首級。」於是提刀上馬，到兩軍陣前喊道：「徐公明在哪？」

徐晃聞聲出帳，對關羽客氣的拜說：「自從上次別君侯，轉眼之間已過了好幾年，連君侯的鬚髮都已蒼白了；想起當年承蒙您的教誨，徐晃至今感謝不忘。如今君侯英雄事蹟威震華夏，使得我這故人聽到都不勝羨慕；今日幸得一見，深感安慰。」

關羽喊道：「別說廢話，我與你的交情深厚，非常人能比，你為何引兵來殺？」

「若人取雲長的首級，重賞千金！」徐晃回頭看了看身後的諸將，然後指著關羽大喊。

想以舊情勸徐晃退兵的關羽嚇了一跳，急忙問道：「公明為何說出這樣的話來？」

徐晃大義凜然的說：「今日交戰，乃是國家大事，我不想因為我們的私交而忘公；你如此公私不分，怎麼稱得上是大將呢？」說完之後便提著大斧砍向關羽。

在後面的關平怕關羽有失，趕緊派兵去將關羽救回，護衛著往麥城去了。

麥城只是座屯糧的小城，呂蒙只派了三千名士兵，就把關羽圍得水洩不通。

關羽從來沒有這麼失敗過，不由得心煩意亂起來，在廳堂內來回踱著步，惱怒的說：「這是什麼破城啊，我不想待了，你們跟著我衝出去，我就不信我這把青龍刀殺不光那些鼠輩。」說完舉起青龍偃月刀揮了幾下。

關平靜靜的望著關羽，只見他雙眼佈滿著紅絲，容貌憔悴，一夕間彷彿老了許多，連揮起刀來也沒有往日的勁道，畢竟已經是六十歲的老人了啊，關平不捨的說：「父親，請保重身體要緊啊！」

關羽跺著地，怒斥道：「你說我老了是嗎？」

關平低著頭說：「孩兒不敢……」

「唉……大哥將荊州交給我，沒想到卻……我對不起大哥啊……」關羽黯然的將刀放下。

「關將軍千萬不可洩氣，此城與上庸相近，現在有劉封、孟達在那駐守著，可派人去向他們討救兵。」說話的是麥城守將王甫。

關羽有氣無力的說：「有誰願意突圍往上庸求救？」

「我去！」廖化毫不猶豫的說。

廖化於是率兵奮力殺出一條血路，趕往上庸去了。在上庸的劉封和孟達兩人探知關羽兵敗，正在商量對策時，廖化就到了。廖化滿面塵沙，形容枯槁，一進來就哭著說：「關將軍被困在麥城了，你們快派兵去救！」

劉封竟然說：「駐守上庸相當重要，我不敢隨便派兵。」

廖化簡直不敢相信自己的耳朵，憤恨的喊道：「關將軍可是你的叔父啊！」

劉封原本是長沙劉氏的外甥，父親早亡，劉備剛到荊州投靠劉表時，因為還沒有生下阿斗，又見他可憐，就收養他為義子，關羽是劉備的二弟，因此劉封稱他為叔父。

「我尊關將軍為叔父，他未必認我這個姪子。」劉封表露著不滿的神情。

當初劉備自立為漢中王時，原本也要立劉封為王太子，關羽卻說劉封只是養子，不應該僭越，勸劉備將劉封遠派到上庸，以杜絕後患。

劉備想起袁紹和劉表都是因為立嗣的問題，使得兄弟反目成仇，將辛苦打下的江山拱手讓給別

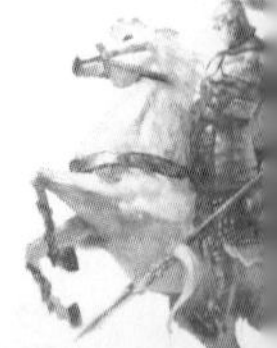

人，便聽從關羽的建議，只立劉禪為王太子，為此劉封懷恨在心。

「你說那個什麼話，你還是不是人啊！」廖化忍無可忍的跳起來，就要衝上前去打劉封。

孟達攔著廖化說：「廖將軍不要動怒，就算是我們願意派兵，上庸城能派出去的不到五千人，一杯水如何能救一車之薪火呢？」

廖化衝著眉說：「我先打死這個畜生再說。」

劉封見廖化發狠，也不計後果了，拉著臉說：「關羽我都不放在眼裡了，你只不過是關羽腳下的一名嘍囉，憑什麼來管我！」

廖化一怔，劉備收他為義子，恩比天重，關羽平日待他也不薄，只是反對立他為王太子而已，他竟然說出如此大逆不道的話來；說他是嘍囉，他可以不在乎，但竟然直呼關將軍的名字，情理不容啊！廖化不由得破口大罵：「要不要去救一句話，不然你會有報應的。」

劉封冷笑著說：「我就是不救，我和孟達談好了，明天就把城獻給曹操。」

廖化聽了反而跪下去說：「千萬不要啊，這樣關將軍就完了……」

「算我求你，算我求你！」廖化拉住劉封的腳，磕頭哀求著。

「你叫他去等成都派兵吧。」劉封一腳把他踢開，拂袖走入內室。

孟達也跟著離開了。

廖化還是趴在地下，痛哭失聲的喊說：「救救關將軍啊……」

五

天空晴朗，只飄著一片白雲，感覺孤零零的；颯颯狂風，吹動四邊的青色營旗，發出蕭蕭的聲音，彷彿在嗚咽著；陽光耀眼，挾著積雪的寒光，照映在冷森森的刀戟上，叫人睜不開眼睛。

刑場的中央，立著一面黑色皮鼓，周圍釘著幾十根二尺高的木柱，圍著皮鼓成為一個圓圈，前方依序站著一百多名身穿甲冑的士兵，氣氛顯得相當冷肅。

孫權神態威嚴的坐在看台上，看台下兩旁聚集了東吳的文武諸官，他們都想來瞧一瞧這個威震華夏的人物。

這次征戰，是呂蒙用計捉得關羽的，因此孫權特別賜座，讓他坐在自己旁邊，呂蒙臉上閃著不安的神情，絲毫沒有戰勝者的喜悅。

而赤兔馬就綁在旁邊的一根柱子上，正昂首嘶鳴著，像是感受到空氣中瀰漫的血腥氣息。關羽和關平兩人披頭散髮，衣甲不整的站著；雖然被五花大綁，但兩人還是硬著腰桿直立著。

左右武將喝令他們跪下，關羽不卑不亢的說：「漢臣不跪逆賊！」

武將本來要走過去要將他們按在地上，卻被關羽凶狠的目光給震懾住，因此都沒有人敢踏上前去。關羽轉頭看著同樣被綁縛的關平，慈愛的說：「是我害了你……」

關平說：「父親請別這麼說，能和父親共赴黃泉，嗚嗚……」關平哽咽了。

「咚－咚－」隨著行刑的鼓聲，兩名高大魁梧，渾身肌肉的刀斧手，快步的走進刑場來，只見他們含了一口酒，向大刀噴了噴，接著緩緩的舉起大刀，就要奮力砍下……

「慢！」坐在台上的孫權喊了一聲。

孫權手裡拿著一把小刀，向刑場中央走去，走到關羽的跟前，孫權便說：「我久慕將軍盛德，欲結秦、晉之好，將軍何必執意拒絕呢？你自以為天下無敵，今日被我所擒，你服我孫權嗎？」

孫權雖然下令將關羽父子斬首，但一到刑場，還是做最後的努力，只要關羽能夠降他，孫權就親自用手上的小刀為關羽割斷繩索。

「呸！」關羽厲聲罵道：「碧眼小兒，紫髯鼠輩！我與劉皇叔桃園結義，誓扶漢室，豈能與你這個叛漢之賊為伍！我今誤中奸計，但求一死而已，何必多言！」

孫權還是問說：「將軍昔日可降曹操，今日為何不願降我孫權呢？」

關羽閉著眼睛不答。

孫權實在太愛關羽之才了，忍不住就要伸手去割斷他身上的繩索，只要今日免他一死，日後以禮相待，終有歸順的一天，孫權心想。

這時站在旁邊的執法官左咸，知道孫權的心思，趕緊抓住他的手勸說：「主公不可，昔日曹操得此人時，封侯賜爵，三日一小宴，五日一大宴，上馬提金，下馬提銀，如此恩禮相待，畢竟還是留不住他，聽任他斬關殺將而去，今日又他被逼得差點遷都，主公必須引以為鑑，此人不除，後害無窮啊。」

孫權沉吟了片刻，高喊著：「拿酒來！」

一名武官捧著兩碗酒過來，恭敬的交給孫權。

「喝吧。」孫權將酒碗遞到關羽的嘴邊。

關羽聞到酒香，說了一句：「好酒！」然後轉頭對關平說：「你也喝吧。」

關平卻搖了搖頭。

關羽於是一口氣把酒喝光，仰天大笑說：「哈哈哈！今日一別，天下再無英雄人物了。」

漢獻帝建安二十四年（公元二一九）十二月，關羽父子被斬於臨沮。

「我頭有點痛，想先下去休息了。」在台上的呂蒙看到滿地的鮮血，那麼的濃稠殷紅，而關羽的斷頭也睜大著眼在瞪著他，不覺心驚膽跳起來，急急忙忙的走下台去。

這時在成都的劉備覺得心神不寧，便召來諸葛亮，問說：「我心裡怪不舒坦的，會不會是荊州有事啊？」

諸葛亮昨夜觀察天象時，發現一顆將星落於荊、楚之地，就已猜到關羽可能遇害了，但未經確認也不敢亂說，便輕描淡寫的對劉備說：「大王可能是近日受了風寒，所以才會覺得身體不適。」

劉備說：「我心跳得厲害，跟風寒應該沒有關係啊。」

諸葛亮這本是安慰劉備的話，被劉備一反駁，訥訥的說不出什麼話來。

這時侍臣報說荊州廖化求見，劉備心頭一緊，顫著聲說：「快帶他進來。」

廖化一走進來，就哭拜在地，將劉封、孟達不發兵解救關羽的事一一詳述。

劉備聽了大驚，張著口說：「我二弟休矣……」

諸葛亮此時更確定關羽一定遇害了，但他還是說：「劉封、孟達如此可惡，罪不容誅！請主公放心，我命子龍提一軍去救雲長。」

「讓我去！」張飛早已聽到消息，急忙奔進來，吵著要去。諸葛亮斬釘截鐵的說：「此事非子龍不可！」

就在爭執不下時，一連幾名探子輪流回來報說：關羽父子遇害。

劉備聽了大叫一聲，眼冒金星，就地昏厥過去。諸葛亮趕緊命人將劉備送進內堂休息，過了半天的時間，劉備悠悠轉醒，卻只是睜著眼睛流淚而不說話。

隨侍在側的諸葛亮看到劉備這樣，也十分難過，但他還是要說幾句安慰的話，沒想到說出的竟只有一句：「大王要保重尊體啊！」

「孤與東吳誓不同日月啊……」劉備緩緩的說了這一句後，忽然坐起來對諸葛亮說：「你去叫大家過來！」

諸葛亮不知道劉備要做什麼，但也不敢違背，便派內侍去召眾人過來。

過了一會兒，趙雲、魏延、張飛、馬超、黃忠、裴元紹及一班文官都趕了過來，大家和劉備一樣，都哭紅了眼；而關羽的兒子關興則是走在最後面，神情更見哀傷。

劉備抬眼看了看大家，語氣感傷的問說：「你們都知道雲長是我桃園結義的兄弟吧？」眾人點了點頭。劉備擦著眼淚又說：「我們曾發過誓，不求同年同月同日生，但願同年同月同日死，所以……我決定興兵伐吳問罪。」劉備緩了一口氣後，堅定的說出這句話。

這句話猶如晴天霹靂一般，在場的眾人不由得震動了一下，只有張飛和關興兩人面露喜色。

除了張飛和關興之外，其餘的人內心都不贊成伐吳。國家才剛站穩腳步，但基礎卻還未打實，如果此時貿然興兵伐吳，必定會鬥個兩敗俱傷，那這幾年辛辛苦苦打下的江山，不就成為幻影了？

況且劉備打的是復興漢室的旗號，而公認的漢賊是曹操，而非孫權，若是攻打東吳，將師出無名，充其量的理由只能說是為關羽報仇，但那可是私仇啊，如何能夠獲得天下人的支持？

劉備要伐吳，最不贊同的是諸葛亮和趙雲，因為他們的心中早已有了「據蜀和吳」的戰略共識。諸葛亮和趙雲互看了一眼，趙雲向他使了使眼色，意思是說：你是軍師，理應由你先表示意見。而魏延等人也不約而同的望著諸葛亮，他們不怕打仗，但希望是打得心甘情願，打得名正言順，所以他們也希望諸葛亮站出來說說話。

諸葛亮把要講的話在腦中轉了一下，然後恭謹的對劉備說：「大王要伐東吳以報弟仇，為臣認為這本是天經地義的事，但為臣聽說東吳將雲長的人頭獻給曹操，依這種情況來看，分明是孫權希望我們去討伐曹操，但曹操卻以王侯之禮將雲長祭葬，也是打著要我們去找孫權報仇的如意算盤；他們各懷鬼胎，都想乘隙獲得好處，因此不論我們與那國交戰，另一國就會有機可乘，到時候受害最深的將是我們啊。」

諸葛亮這番話說得入情入理，擲地有聲，劉備聽了也覺得有理，但關羽的死，畢竟帶給他太大的衝擊了，情感一時矇蔽了理智，便賭氣的說：「那軍師是要我不去找東吳為雲長報仇囉？」

諸葛亮拱著手說：「為臣不敢，為臣的意思是大王應先按兵不動，等到魏、吳不合，就可以興兵討伐了。」

「那要等到何年何月啊？」劉備有些不悅。

「大王須以社稷為重。」諸葛亮語重心長的說。

「懇請大王以社稷為重，以天下百姓為重。」眾人都跪下去苦勸著。

「大哥你一定要為二哥報仇啊！」張飛在關羽死後，極欲為關羽報仇，恨不得此時就飛到孫權旁邊，生呑他的血肉，他怕劉備被諸葛亮等人勸服，趕緊伏在地上哭喊著。

「父親和大哥死得好冤啊……」關興也跟著伏了下去啼哭。

關興長得很像他父親，劉備看著關興的臉，彷彿就看到關羽在對他哭說：「大哥，我死的好冤啊……」劉備心裡更痛了，不為關羽報仇，叫他如何瞑目呢？劉備斷然的說：「你們不要再說了，我決定出兵了；這次由我親自率領大軍，孔明為軍師，子龍為前鋒，魏延為……」

「大王！」趙雲打斷劉備的話。

趙雲此刻的心裡在翻滾著，曾幾何時，大王在成就霸業之前，是那麼的謙遜，那麼從善如流，那麼寬仁為懷；為什麼稱王之後，卻逐漸顯露出驕傲的情緒，讓感情矇蔽了理智呢？那和袁紹、公孫瓚這些軍閥有什麼差別呢？

劉備聽見趙雲叫他，停下話來看著他，想知道他有什麼話說。

趙雲知道劉備現在滿腦子都是報仇的想法，不能對他說理，只能以情來打動他，於是意味深長的說：「大王忘記曹操討伐陶謙的事了嗎？」

當年曹操為了報殺父之仇，負氣出師，血洗徐州，造成生靈塗炭，因此遭到天下人的唾罵，劉備曾為此舉兵幫助陶謙。劉備聽了沉默不語。

趙雲接著說：「今日大王要報仇，我不敢反對，但曹操目前擁有有三分之二的天下，兵多將廣；孫權占有兩州，國強民附；而我們卻要以一州之力與他們爭衡，況且又言不正名不順，有勝算嗎？」

漢獻帝建安十八年（公元二一三年），併天下十四州為九州，初期為司、豫、冀、兗、徐、青、涼、雍、并、幽、交、荊、揚、益十四州。合併後成為豫、冀、兗、徐、青、雍、荊、揚、益九州。當時劉備占有益州，孫權占有揚州及荊州大部分，其他各州都是曹操的勢力範圍。

劉備的頭腦清醒了，趙雲說得對，以目前自己的實力，不要說曹操了，就連要戰勝孫權都成問題了。「但雲長的仇能不報嗎？」劉備似有動搖的問說。

趙雲含著眼淚說：「請大王看看我們這些人……」

劉備環視著眾人，趙雲、諸葛亮、張飛、魏延、黃忠、馬超…………個個對自己不都是忠心耿耿的嗎？劉備不禁動容了，心中百感交集的想，這次失掉荊州，折損了關羽、關平、周倉、王甫、趙累，而劉封、孟達、傅士仁、糜芳也去投了曹操，蜀中幾乎去掉了五分之一的精英良將，若是這次冒然出兵東吳，不曉得還會死去多少人。

「唉！」一聲長嘆，劉備想通後，決定暫時將出兵的念頭壓抑下來，咬了咬牙說：「大家為雲長帶孝吧。」

第十章 彝陵之戰—為報關羽仇

一

夜晚，無風。劉備秉著燭在看書，自從關羽死後，他就食不知味，每天只是痛哭，並執意親自幫關羽辦理喪事。等到一切都辦妥後，今晚在就寢前，他拿起一冊書來，希望藉著看書，讓自己的悲傷能夠平復下來。

但連日來的勞累，加上心情的鬱悶，看不到幾頁，他就覺得頭腦昏昏沉沉的；畢竟是上了年紀的人了，經不起這樣的折騰，他的體力漸漸不支，而眼皮也愈來愈沉重，終於伏在桌上睡著了。他剛趴下去沒多久，桌上的蠟光忽然晃動了幾下，然後無緣無故就熄滅了。室內頓時一片漆黑，更沒有一點聲息。

「嗚—嗚—」死一般的沉寂中，忽然傳來哭泣聲，悽悽的，愴愴的，給靜夜平添了恐怖和悲涼的氣氛……劉備讓哭聲給吵醒，一抬頭，就看見有一個人站在床邊，掩面哭泣著。昏暗中他看不清楚對方的臉，顫聲的問道：「是誰在那邊？」那人沒有回答，只是停住了哭聲。

劉備怕是刺客，趕緊點亮蠟燭。一看，劉備驚得瞠目結舌，只見關羽臉形消瘦，雙眼微腫，眼色十分悲苦的孤站著，燭光將他映得忽明忽暗的。看到關羽的悲慘的模樣，劉備心如刀絞，老淚縱橫的說：「賢弟別來無恙？」說完就要過去牽關羽的手。

關羽不答話，只是一再閃躲。

「我與你情同骨肉，為什麼要躲避呢？」劉備被自己沙啞的聲音嚇了一跳。

關羽指著頸上的一道疤痕，幽幽的說：「希望大哥為我報仇！」聲音十分空洞遙遠，飄飄忽忽的。

「二弟你現在……」劉備的話還沒說完，燭光又劇烈的晃動起來，只見關羽踽踽遠去，消失在自己眼前……

「二弟，你去那裡？二弟！」劉備呼喊著，帶著哭音的。

「咕—咕—咕—」一聲雞啼劃破了黑夜。

正是太陽剛要升起的時候，晨霧還沒有完全退去，帶著一點寒氣。

「啊？原來是夢。」劉備緊縮著身體。看著桌上一攤淚水，自言自語的說：「二弟啊……不是為兄不為你報仇，是大家都勸我不要意氣用事啊……」

此刻耳邊卻有另一個聲音響起：「你現在是皇帝了，有什麼做不到的？」

去年十月，曹操因病去世，他的兒子曹丕便迫不及待逼迫漢獻帝禪位給他，曹丕即位後，是為魏文帝，並遷都於洛陽，改年號為黃初，追尊曹操為武皇帝。

這時在成都的漢中王劉備聽到這個消息，痛哭終日，下令文武百官皆披麻掛孝，設祭壇遙拜，尊諡漢獻帝為「孝愍皇帝」。

隔年春，諸葛亮與太傅許靖、光祿大夫譙周商議，要劉備也趁這個機會稱帝，於是諸葛亮引大

小官僚聯合上表，請劉備立刻即帝位，劉備看完奏表後，大驚的說道：「卿等這不是要陷孤做一個不忠不義的人嗎？」

諸葛亮上奏：「曹丕已經篡漢自立，若論正統，大王乃是漢室後裔更應該即帝位以延漢祀。」

劉備拂袖而起說道：「孤豈能與曹丕逆賊一樣無道！」說完便走入後宮，諸葛亮等人見狀只好暫時作罷。

後來諸葛亮見這樣苦勸下去不是辦法，於是聯合太傅許靖、安漢將軍糜竺、陽泉侯劉豹、別駕趙祚、光祿卿黃權、昭文博士伊籍、光祿大夫譙周、從事郎秦宓等人，一同前去勸說劉備。

諸葛亮說：「曹丕篡位，使得人心思漢，大王再不即位，不僅人民失望，蜀中文武百官也會因此離散而去的，請大王三思。」

劉備這時的態度已不如先前那麼堅決了，半推半就的說：「我並非願意一再推阻，只是我怕被天下人所非議而已。」

諸葛亮說：「聖人說：『名不正，則言不順』，今大王名正言順，天下人有何可議？」

這時跪伏在旁邊的眾官也齊聲道：「請大王擇日以行即位大禮。」此時劉備不答應也不行了，於是擇吉日登壇致祭：

惟建安二十六年四月丙午朔，越十二日丁巳。皇帝備，敢昭告於皇天后土：漢有天下，歷數無疆。曩者，王莽篡盜，光武皇帝震怒致誅，社稷復存。今曹操阻兵殘忍，戮殺主后，罪惡滔天；操子丕，載肆兇逆，竊據神器。群下將士，以為漢祀墮廢，備宜延之，嗣武二祖，躬行天罰。備懼無德忝帝位，詢於庶民，外及遐荒君長僉曰：天命不可以不答，祖業不可以久替，四海不可以無主。率士式望，在備一人。備畏天明命，又懼高光之業，將墜於地，僅擇吉日，登壇祭告，受皇帝璽綬，輔臨四方。惟神饗祚漢家，永綏歷服！

讀罷祭文，諸葛亮恭上玉璽，文武各官，皆呼萬歲。劉備改年號為章武元年，立妃吳氏為皇后，劉禪為太子，劉永為魯王，劉理為梁王，諸葛亮為丞相，許靖為司徒，其餘大小官僚，皆一一陞賞，並大赦天下。

劉備披衣起身，走出內室，一陣冷風撲面而來，劉備拾階登上陽台，遙望著遠方的雲。

成都位於四川盆地西南，氣候潮濕，東南方吹來的暖空氣，與來自西北方的冷空氣，交相雜錯，形成陰鬱的氣候，一年當中，有三分之一的時間都籠罩在雲霧之間。

前方雲翻浪湧，滾滾波動，氣象萬千，波瀾壯闊的雲海正恭逢著太陽冉冉升起。銀白色的雲依次轉成微紅、深紅、火紅，顏色愈來愈鮮豔，此時雲天交際之處冒出了一團紅色的光盤，霎時之間紅光四射，一輪火紅的旭日從雲海中蹦躍而出，將大地染成成一片金黃。

「皇恩浩蕩啊……」這一番景象讓劉備憶起小時候，有一次看到皇帝出巡的往事。

劉備七歲那年，漢桓帝劉志去世，由於他沒有兒子可繼位，河間王劉開的曾孫劉宏被立為帝，是為漢靈帝。漢靈帝即位之後，為了顯赫皇威，決定從洛陽出發，往北方出巡。

這一天皇帝出巡的鹵簿大駕剛好經過涿郡，縣內的百姓奉命跪於道旁迎接。

數百名清道士兵，手持紅色木棍橫在路旁，防止百姓貿然闖進；隊伍最前方是兩名身著光鮮戎服的執金吾，目光炯炯的環顧四方，各領著四十名五色盔甲的鐵騎，威風凜凜的開著路，每行一步就齊聲高喊喝喝。跟在後面的是京畿地區的京兆尹、太常卿、司徒、大將軍、太尉等朝廷重臣，

左、右中郎將各擎黃色旗引於兩側；丹陛樂隊扛著金、石、革、木、絲、竹、土、匏八種樂器，敲著肅穆典雅的宮廷大樂，緩緩的行進。

皇帝的輅車行在正中央，圓蓋方軫，金頂紅版，輅車四柱繪有盤天金龍，才十二歲的漢靈帝就端坐於雲龍寶座上，神態威嚴但卻帶點稚氣的直視著前方。

輅車四旁有五十名羽林將士，各撐著九龍華蓋、紫藍蓋、黃九龍傘、五色九龍傘環繞；前後數百名虎賁將士，張弓挾矢，手執戟刀，歷歷閃閃的，每五十人結成一隊方陣，由虎賁中郎將領導著，護衛皇帝的輅車；最後面則是廂步甲隊，共四十八伍，每伍三十人，陪前向後，簇擁跟著龐大的侍衛儀仗隊伍前進，全部車隊多達八十一乘………構成一幅顯赫雄壯的場面。

當時劉備也跪在人群當中觀看，浩浩蕩蕩的皇帝車隊一經過他的面前，劉備十分羨慕的說：「總有一天，我也要乘坐有蓬蓋的天子車。」

「現在我不就是天子了嗎？」劉備心裡有一種苦盡甘來的感觸。

想起當初到荊州投靠劉表時，有一次和劉表在後堂飲宴，劉表見他臉上有淚痕，不解的問：「賢弟何事悲傷？」

他感嘆的說：「眼看著日子一天一天的過，我也逐漸衰老，卻還沒有建立大丈夫的功業，想到此不禁潸然流淚。」

劉表笑著說：「我聽說賢弟在許昌與曹操共論天下英雄時，賢弟盡舉當今名士，曹操都不認同，僅對你說：『天下英雄，惟使君與操耳』，以曹操的權勢，尚不敢排名在你之前，何慮功業不成呢？」他乘著酒意，脫口說出：「備若是有基本，天下碌碌之輩，實在不足慮啊！」

是啊，天下碌碌之輩，實在不足為慮；當初寄人籬下，都有這樣的大志，現在我都當上皇帝了，還怕一個微不足道的孫權嗎？為什麼就不能幫二弟報仇雪恨？劉備閉起眼睛，就看到桃花如雨飄落，堆滿於地；自己和關羽、張飛三人正在林中飲酒，微風吹拂著他們的衣裳，如此輕鬆自在。

關羽對他和張飛說：「今日桃園相聚，大家的志向相同，不如我們結為兄弟吧！」

張飛在旁拍手叫道：「好啊！好啊！」

他點著頭說：「大家以後就同心協力了。」

「皇天在上，后土在下，劉備、關羽、張飛三人雖為異姓，今日在此結為兄弟，不求同年同月同日生，但願同年同月同日死。」

「大哥，我先敬你一杯。」張飛首先舉起酒杯。

「好！乾！」他一飲而盡。

「大哥……」

聽到關羽叫他，想說關羽要敬他，便斟滿酒杯，轉過頭………

他看到關羽頸子有道傷痕，傷痕上有血珠子在沁出來，起先是一滴一滴的，後來忽然啪的一聲

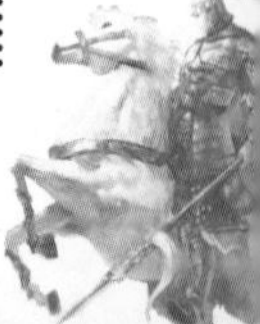

裂開，一股鮮血自傷口噴灑出來，汩汩的鮮血順著身體淌著，流到地上聚成一團殷紅的血池。

劉備不由得摸著自己的頸子，有種涼浸浸的感覺。關羽的口張得很大很大，彷彿可以聽到他發出憤怒的呼叫聲，一雙眼睛充滿著怨恨，是不是在怨劉封不去救他呢？他緊握著拳頭，握得手背的青筋都冒浮出來滾動著，好像要帶著血噴出來一樣，骨節也發出「格格」的聲音。

「二弟你怎麼啦？」他推了推關羽。

「碰——」關羽全身僵直的倒了下去。

「不要啊……」劉備驚駭的睜開眼睛。

「二弟死的時候一定很痛苦吧……」劉備聲音發澀的自語著。

「你現在是皇帝了，有什麼做不到的？為什麼不幫你二弟報仇？」這時耳邊又響起同樣的聲音。「哈哈哈！對對對！我是皇帝了，我是皇帝了！」劉備忽然仰天大笑。

「二弟，大哥幫你報仇，哈哈哈——」

二

當天早朝，劉備對群臣說：「朕自桃園與雲長、益德結義，誓同生死，不幸二弟雲長被東吳孫權所害，到現在已經兩年了，若是再不為他報仇，有負我們的誓約；朕決定即日傾全國之兵，攻伐東吳，生擒逆賊，以雪此恨，你們覺得如何？」

其實劉備早已打定出兵主意了，只是形式上的問一下眾人。

趙雲首先出班諫說：「國賊乃是曹操，而非孫權；如今曹丕篡漢自立，正合神人共怒；陛下可出兵關中，搠渭河而上洛陽，討伐凶逆之徒，則關東的義士，必定裹糧策馬以迎王師；若是捨魏而伐東吳，雙方兵勢一交，豈是短時間能夠解決的？希望陛下細察。」

劉備板著臉說：「孫權害死了朕弟，我恨不得吃他的肉，喝他的血，滅他三族才能消我心頭的恨，卿為何屢次阻我？」

前年劉備聽從趙雲的勸告而暫緩出兵，但昨晚關羽來託夢，要自己一定要為他報仇，因此他決定不管誰勸，都一概不聽，趙雲雖是自己最喜愛的忠臣，他還是硬起心腸，一口回絕。

「漢賊之仇，是公仇；兄弟之仇，乃是私仇，願陛下以天下社稷為重！」趙雲一字一句的說著。

天下？我是皇帝，天下就是我的，既然你們說要以天下為重，為什麼不以我的話為重？但這些話不便說出口，劉備只好偏拗的說：「朕不為弟報仇，雖有萬里江山，何足為貴？你退下吧。」劉備揮了揮手。

「唉，陛下從不曾如此對待我，難道君臣之義還是比不上兄弟情感嗎？」趙雲心裡感嘆著，退到一旁去了。

這時換學士秦宓走出來，上奏說：「陛下捨萬乘之軀，而詢小義，是古人所不做的，希望陛下三思，以大義為先。」

這些腐儒，每天就是把「大義」掛在嘴邊，叫他們去打仗，連兵也殺不死一個，劉備鐵青著臉說：「大義？我幫雲長報仇，就是大義。」

秦宓正色說：「若是陛下不聽臣言，恐怕有失。」

劉備聽了火冒三丈，大聲斥責道：「朕就要出兵了，你在此時竟然說出這種不吉利的話來，不

怕朕斬了你！」

「陛下……」在場群臣趕緊都跪了下去，為秦宓求情。

「哼！」劉備忿忿的說：「朕先把你囚禁，等朕報仇回來再處置。」

左右武士便將秦宓架了出去，秦宓回頭大喊：「可惜新創之業，又要顛覆了！」

劉備轉頭不理。眾人看到這一幕，彷彿看到袁紹在對付田豐一樣，田豐也是反對袁紹倉促出兵南下攻曹操，而落得慘死獄中的下落。

諸葛亮蹙著眉，出班說：「陛下，秦宓所言極是，這次出兵……」

「好了，」劉備想起今早聽到的聲音，倏地站起身來說：「我是皇帝，我說了就算，你們別再諫了！」說完就拂袖進入內堂，留下一班朝臣，不知所措的站著。

「哼！皇帝，還不是我們大夥賣命討來的。」安靜的殿堂，清楚的聽到魏延的埋怨聲。

隔日，詔書下來了，丞相諸葛亮、趙雲、裴元紹保太子守兩川，馬超、魏延、馬岱守漢中，黃忠為先鋒大將，關興、張苞為先鋒護駕，馮習、張南為副將兼督糧草，傅彤、張翼為中軍護尉，趙融、廖淳為後軍護尉，黃權、程畿為參謀，馬良、陳震掌理文書，共起兵七十五萬人，擇定章武元年七月丙寅日出師。

駐守在閬中的張飛也接到詔命，命他提本部大軍，與劉備大軍會於江州，同伐東吳。

張飛等這一天等很久了，為了表示替關羽報仇，便命全軍準備白旗白甲，他要披孝伐吳。負責籌辦這件事的是裨將范疆和張達，兩人接到命令，要在三天內準備全軍的白旗白甲。

張達覺得不可思議的說：「閬中全軍有三萬多人耶，一時之間哪裡趕得出來啊？」

范疆附和道：「這分明是強人所難嘛！」

張達說：「不如我們去跟張將軍說說，請他寬限一些時日。」

「張將軍性格急暴，他會答應嗎？」范疆不安的問。

張達無奈的說：「不試試怎麼知道？走吧。」

兩人便去張飛的營帳，報告說：「由於要製作的白旗白甲數量太多，三天實在不夠，請將軍寬延個幾天。」

張飛拍著桌子，怒目橫眉的罵說：「我恨不得馬上便出兵報仇，你們還敢來跟我討價還價，給你們三天是不是嫌太多了？好，現在我要你們明天就給我交出來。」

張達漲紅著臉說：「將軍，這不是為難我們嗎？」

「為難？我這樣才叫為難！」張飛拿出鞭子，就往他們兩人身上猛抽。

「咻—咻—」一鞭又一鞭，很很的抽在范疆和張達的臉上、身上，打得他們皮破肉綻，血流如注，沒有張飛的命令，范疆和張達不敢動，任由張飛怒鞭他們。

張飛鞭了數十下後，氣喘呼呼的說：「明天就交出來，不然我斬了你們兩個，滾出去！」

兩人抱頭鼠竄的逃出，回到自己的營帳後，范疆拿出金創藥，邊擦邊喊：「痛死我啦！」

「這個莽夫實在太可惡了。」張達咬著牙，恨恨的說。

范疆擔憂的說：「我看明天是辦不好了，你我要丟性命了。」

張達瞪著眼睛說：「不如我們先去殺他！」

「不行啦，」范疆搖頭說：「你又不是不知道他那個人武藝高強，你我近不得身的。」

「他這一陣子晚上都會喝酒，我們就趁他大醉的時候，一刀結束了他。」張達用手掌在頸子比個橫切的動作。

「好！看他有幾條命可以神氣的。」范疆點頭表示贊同。

靜悄悄的夜晚，冷清的大地，映著淡淡的月光，晚風吹得樹上烏鴉發出嘎嘎的叫聲；張飛的營帳旁出現了兩個黑影，躡手躡足的走著，在月光的照映下，彷彿可以看見一絲閃亮的刀光。

「幹什麼？」守在張飛營帳外的衛兵喊問。

「有要緊事稟報將軍。」張達趕緊將匕首藏到腰際後面。

侍衛說：「將軍醉了，明天再來吧。」

「醉了最好，天意注定你該死耶。」張達心想；然後假裝生氣的說：「這是軍情要事，你不讓我們進去通報，明天將軍怪罪下來，有你受的了。」

那侍衛知道張飛的脾氣，白天在帳外也看到他鞭打范疆和張達，便說：「你們進去吧。」

兩人一進入帳內，看到張飛眼睛睜得大大的，以為他醒著，不敢粹然動手，范疆拉了張達就要退出，張達細聲的說：「我聽說張飛晚上睡覺都不闔眼的，我們試他一試。」

「將軍，將軍？」張達張口喊了幾聲，張飛只是不動。

「哈！我沒說錯吧。」張達得意的說。

「你趕快行動啦！」范疆催促著。

「啊呀——」張達舉起匕首，狠狠的插進張飛的心口，張飛大叫一聲，吐血而死。

「什麼事？」侍衛聽到聲音慌慌張張的跑進帳來。

張達衝了過去，也一刀順便把他給刺死，兩人便帶了張飛的頭，趁夜逃奔去投東吳了。

劉備自從決定御駕親征後，每日都到教場操演兵馬，張飛被殺的隔天，劉備騎在馬上，忽然覺得心驚膽顫，眼皮直跳，便問身旁的諸葛亮：「朕心跳得厲害，坐立難安，丞相可知這是何意？」

諸葛亮雖然奉詔命留守，但每日都會來陪劉備練兵，在他的心裡，他不希望劉備為了私義伐吳，因為這樣一來，會破壞他「據蜀和吳」的戰略方針；但潛意識裡，諸葛亮又贊成劉備伐吳，取荊州、奪益州、鼎立西南、然後從荊州和秦川兵分兩路進攻中原、進而統一天下，這些都是他在隆中對早已提出來的；但現實的狀況是：荊州丟了，等於他制定的方針整個都給打亂掉了，要以一州之力北伐曹魏，談何容易啊？

諸葛亮樂觀的想，這次劉備親率大軍東征，若是順利，不僅可從孫權手上奪回荊州，說不定有更驚人的戰果，這個戰果就是攻滅東吳，占有半壁江山，成為南方霸主。

因此這一次劉備將趙雲屏除在出征的將領之外，留他與自己守兩川，不讓趙雲隨同出征，擺明了就是不給趙雲有進諫的機會；趙雲是個大將之才，有他同去征戰的話，東吳沒有一個將領是他的對手，但若是讓趙雲同行，又怕劉備半路被他給勸服，放棄這個東征的機會。

諸葛亮的心情是複雜又矛盾，他把很大的希望寄託在這一次大戰上，也許會得勝吧。

「上天保佑！」諸葛亮沒聽到劉備的問話，順著剛才的思緒說出這句話。

「上天保佑？」劉備不解的問。

「唔……」諸葛亮急忙請罪說：「陛下剛剛說什麼，恕臣一時疏忽，沒聽清楚。」

劉備說：「朕是問丞相，朕忽然覺得心跳得厲害，不會是又有什麼意外吧？」

關羽被殺害時，劉備也曾如此心跳不安，所以他才有這樣的疑問。

諸葛亮昨夜觀星，曾見西北一顆斗大的將星墜地，現在劉備又因心跳而詢問自己，諸葛亮隱約感覺到可能又要損失一名大將，但他不敢向劉備明說，便淡淡的回答說：「這是陛下過度思念雲長的緣故。」話剛說完，一名偏將驟馬趕到，稟報說：「驃騎將軍馬超因病身故。」

「啊！」劉備和諸葛亮不約而同都驚呼了一聲。

「原來朕會心跳是因為這個。」劉備說。

「原來將星殞落是應在馬超身上。」諸葛亮只在心裡想著。

劉備感傷的說：「想當初孟起威震潼關，殺得曹操割鬚棄袍，聞風喪膽，想不到如今卻英年早逝，實在叫人感嘆啊……」

「命馬岱好好厚葬他，說朕追謚他為威侯！」劉備下著詔命。

「遵旨。」偏將領旨上馬離去。

「蜀國可用之才又少一個了。」劉備想到他的統一大業，又少了一個幫手，無限感慨的說。

「唉！」諸葛亮也嘆，他為馬超嘆，也為作為臣子的嘆，關羽戰死沙場，換來的是劉備舉國為他報仇，馬超戎馬一生，有幸不是死於敵人之手，只得到劉備一句的感嘆；難道在這樣的時代，為國戰死才是忠君的表現？病死或是壽終正寢的，不能算是死的壯烈嗎？為何換來的只是厚葬、封侯？趙雲曾經跟他說過，生得熾烈，不如死得轟烈，他一定也有同樣的感嘆吧！

馬超的死，就像一片凋零的葉子，墜落得那樣寂靜輕聲…………

「噠噠噠——」一陣急促的馬蹄聲愈來愈近，騎在馬上的是張飛的兒子張苞，張苞一奔到劉備跟前，隨即翻身下馬，跪在地上哭說：「嗚嗚……范疆、張達殺了臣父，取首級去投靠東吳了。」

諸葛亮聽了不由得震動了一下，不是只有一顆將星墜落嗎？怎麼應了兩個人？

「出兵東吳，給朕即刻出兵！」諸葛亮還在錯愕時，劉備已經悲憤交集的大聲命令著。

三

長江，自巴顏喀喇山南麓，挾帶著奔洩洪洪的水勢，流了二千七百餘里後，來到巫山，被層層的群山給擋住，山不轉，水轉，億萬年來的沖蝕終於把巫山給切穿，形成了壯闊的巫峽奇觀；峽內江水湍急如奔雷，令人驚心怵目，似萬馬奔騰，其勢卻更勝萬馬。

彝陵，扼長江三峽西口，古稱「西南四道之咽喉，吳楚萬里之襟帶」，左邊一座赤甲山，右邊一座白鹽山，兩山隔江夾峙，一峽中開，一如刀削，一如斧劈，遠望就像山門雄偉的矗立著，山岩高聳齊天，奇險無比。

江流在兩山之間蜿蜒滾滾東下，不是涓涓細流，而是吞天沒地的浩波。距江邊十里，有一處水流沖激而成的河灘，方圓數百里，相當平曠，其後有綿延不絕的茂密樹林，蔥蔥鬱鬱的環抱整個山巒。

劉備此次東征，正是毒辣辣的五月天，長江的水氣也驅不散襲人的熱氣，士兵們個個熱得叫苦

連天，焦躁不已。劉備為避熱，便命大軍於灘後的樹林裡紮營，分四十餘屯，縱橫七百里。

劉備親率的蜀軍，就和東吳對峙在彝陵、虢亭一帶，他打算順江而下，一舉掃平東吳。

江上多雲霧，煙波浩渺、雲水蒼茫，被擠在山壑之中飄不出去，半清半霧的，待微風一吹，宛如一個身披雲裳的美麗女子，在江上翩翩起舞著。峰頂猿猴的啼叫聲，淒厲的在空氣中迴盪著，叫人有種毛骨悚然的感覺。

劉備正站在一塊岩石上，看著滔滔江水碰撞岩壁激出磅礡的白浪，不禁讚嘆說：「真是動人心魄的景觀啊！」我七十五萬大軍就要像這急流一樣，淹沒東吳的每一吋土地；很快的，從益州到揚州的整個長江流域，都是屬於自己的了，劉備這麼一想，在他面前的滔滔江水，看起來彷彿也柔順許多。

昨天關興來向他請兵三萬，說要渡江進攻南郡，他沒同意，他要大軍集結到赤壁一帶，與東吳一決勝負。他驕傲的說：「朕能在赤壁打敗曹操，也要在這裡擊潰東吳。」

但今天他決定渡江了，原因是他獲報孫權改拜陸遜為大都督，統率大軍來對抗自己。在劉備的認為，關羽不僅是孫權害死的，也是呂蒙和陸遜害死的，呂蒙死了，因此，他把仇恨都記在陸遜身上。劉備忘記關羽曾因輕視陸遜而兵敗，當馬良告訴他陸遜之才不亞於周瑜時，他十分不屑的說：「朕用兵數十載，豈會不如一個黃口孺子！」

仇人見面，份外眼紅，因此他決定改變戰術，渡江南岸，先擒殺陸遜再說。

馬良再次提醒他：「據探子回報，南岸的樹林裡，好像藏有數千名吳軍。」

劉備今早到高處觀看，南岸的樹林裡，的確有隱隱約約的刀光閃著。

劉備看了一會，忍不住開口大笑說：「這就是陸遜的大軍？藏頭藏尾的，朕看他是沒打過仗，朕派五千名士兵就把他給踏平了。」

「渡江！」劉備臉上掠過一絲得意的命令著。

馬良苦勸說：「長江這一段的水位太高了，若是冒然搶渡，恐怕不是那麼容易，況且敵軍在對岸以逸代勞，我軍就算能順利渡過去，也會成為敵軍的囊中之物。」

劉備恨不得現在就渡到南岸去活捉陸遜，哪裡還聽得進別人的意見，因此他沒好氣的說：「又不是要你去渡江，你擔心什麼？」

「有誰要去取這頭功的？」劉備接著問。

「老臣願往！」黃忠躍躍欲試的踏出來。

劉備高興的說：「好！朕給你五千精兵，你去替朕把陸遜活捉過來，朕封你為大將軍。」

「遵旨。謝陛下。」黃忠叩頭謝恩。

黃忠帶著兵士集中在淺灘上等候命令，他看著滾捲出泡沫的江面，也不禁猶豫起來，這水如此兇猛，好像無數條的白龍在憤怒吼叫著，牠只要輕輕的擺一擺尾，小舟根本抵擋不住。

「渡！」劉備沒給黃忠太多思考的時間，站在那塊聳出的岩石上，揮手發佈渡江的命令。

數百隻小舟，嘩啦嘩啦的被推入水中，士兵緊跟著跳進小舟，奮力的划向前，劉備等人就在岸邊觀看著。江水的衝擊讓小舟發出「格吱格吱」的聲響，好像隨時會被拆散一樣；士兵們竭力撐著木槳，使小舟斜斜的向南岸前進，五千多人乘坐著小舟，就這樣與湍急的江水搏鬥著。

此時劉備的心情也不禁緊張起來，他舉目往南岸眺望，沒有看到吳軍的影子，才稍微安了些

心。但，他絕想不到陸遜之所以沒有動靜，是因為正在向南郡調集著投石車。

這數百隻的小舟在江中搖搖晃晃的，行進得很緩慢，半個多時辰還渡不到一半；但雖然水勢難測，驚險萬分，到目前卻還沒有一隻小舟被打落的。

「看來我的擔心是多餘的，這頭功就讓我取了吧！」站在小舟最前頭的黃忠也不禁挺直腰板，信心滿滿的想。忽然，一聲砲響，從南岸射出數百顆的巨石，就像憤怒的天雷，鋪天蓋地的往江中的小舟擊去。

「碰—轟—轟—」在江中的小舟，根本毫無閃躲的地方，全部都變成了待宰的活靶。

許多的士兵被巨石當頭擊中，腦漿四溢，當場慘死；有的是被巨石擦身劃過，強大的衝力將他們的手腳都給拉斷；更多的是因為小舟被巨石擊沉，而落入水中溺死。在北岸的蜀軍看到這副景象，個個嚇得臉色蒼白，渾身發顫。

劉備抖著聲音大喊：「叫他們回來，快叫他們回來！」

「嗚—嗚—」但距離實在太遙遠了，蜀軍吹起撤退的號角聲，也被巨石打在江水所發出的聲響給掩蓋過去。

「快啊，划快點！」黃忠扯著喉嚨大喊，連額頭也喊出青筋來，現在的他進退兩難，這任務是自己討來的，就這麼退回去，只怕會被眾人看低，只好硬著頭皮向前衝。

「咻咻咻—」南岸吳軍的巨石投光了，陸遜接著命弓弩手放箭。由於江中擠滿小舟，目標實在是太大了，吳兵只要舉起弓，朝天亂射，就可輕易射死蜀兵。

「放箭！放箭！」劉備在岸上急得跳腳。

「陛下，」馬良跪在地上說：「敵軍的距離太遠了，若是放箭會傷及我軍的。」

「現在怎麼辦？你們倒是想想辦法啊！」劉備也手足無措了。

渡江蜀兵的處境悽慘萬分，沒被巨石擊死或是落江沉溺的，此刻也被弓箭給射死。

黃忠奮力揮著手中的大刀，將射來的箭一一格開，但畢竟是年歲已大，在體力逐漸不支的情況下，被一箭射中右胸口，黃忠大叫著跌入水中。

「快把黃將軍救回來！」在岸邊的劉備看得清清楚楚，帶著哭音吼叫著。

為了救黃忠，又有五百多名乘著小舟下水，但這是他們已有防備，在小舟的四邊架起擋箭牌，抵禦吳軍的箭雨。經過一番折騰後，終於把黃忠給救起來，但渡江的五千名士兵，全部都壯烈犧牲了。黃忠一被抬回到岸上，劉備就趕緊和軍醫過來察看他的傷勢。由於箭支入肉，再加上於水中浸泡過久，傷口整個潰爛，軍醫看了看，對劉備搖了搖頭。劉備握著黃忠的手，含淚地說：「讓老將軍受傷，是朕的過失……」

黃忠微閉著眼，艱難的開口說道：「老臣只是一介武夫，有幸得遇陛下，再無任何遺憾了。」說完就昏過去了。

「將黃將軍抬入帳中，盡力治療。」劉備哽咽的說。

劉備雖然知道救活的機會不大，但他還是抱有一絲希望，如果黃忠再死去，五虎將就只剩下趙雲一個人了，這和自己當初自立為漢中王，風風光光封將的景況，實在是差太多了。

當晚，黃忠出氣多入氣少，在帳中吐血身亡。

善於使箭的黃忠，竟然死於箭傷，這或許是武將的宿命吧。

劉備正在為黃忠的去世而哀傷時，陸遜卻趁夜率兵，悄悄的渡過長江，每人手執茅草一把，內藏硫磺燄硝及火種，來到劉備駐紮的北岸。

「哼，連營七百里？」率先登上岸邊的陸遜，望著劉備一排排的軍營，發出冷笑的自言自語著。陸遜回頭一看，見吳軍都已登上岸，便命周泰、丁奉各帶著五百名士兵，繞到樹林兩側，聽候命令放火；徐盛、朱然各帶著一千名士兵，繞到樹林後方，聽候命令放火，並負責阻斷劉備的後路；自己則於岸邊部署，破壞劉備的舟船。

一切的行動都是靜悄悄的。大戰之前，向來是靜悄悄的。

「燒！」陸遜一聲大喊，陡地劃破寧靜而感傷的夜。

劉備在赤壁靠火燒建立起的基業，也在熊熊的大火之中，毀去…………

四

「蜀漢氣數已盡！」諸葛亮收到馬良從前線畫來的大軍紮營圖本，不禁仰天大嘆。

「丞相為何嘆息？」一早被諸葛亮請來議事的趙雲，不解地問。

「你看看吧。」諸葛亮將圖本遞給趙雲。

「糟了！」趙雲將圖本展開，只見上面清楚的標明地理形勢和紮營位置；趙雲看到劉備大軍夾江橫占七百里，共分四十餘屯，下寨於林木茂盛之處，低呼了一聲。

「子龍看出哪裡不妥了吧？」諸葛亮問。

趙雲不安的說：「連營七百里，戰線拉得太長，敵軍死命攻來，首尾不能相顧；又大軍屯於草木叢生、乾枯燥熱之地，這是兵家大忌，倘若敵軍用火攻，一發不可收拾，大軍必不得救。」

諸葛亮點了點頭後，又搖了搖頭說：「我一生善於火攻，陛下怎麼給忘了呢？」

趙雲站起來說：「丞相讓我派一軍去救吧！」

諸葛亮沉思了一會，語重心長的說：「五虎將只剩你了……」

趙雲懂得諸葛亮的意思，拍著胸脯說：「丞相請放心，子龍何時敗過？何時讓丞相失望過？」

諸葛亮凝眼望著趙雲，雖然他鬢髮略見灰白，已經是四十幾歲的人了，但豪氣實在不減當年；五虎將之中，關羽剛愎自用，張飛魯莽好鬥，馬超勇而少謀，黃忠年歲過高，只有眼前的趙雲，是自己用得最順手的一員大將，不論是交代給他什麼樣的任務，他都能盡力完成，甚至處理得比他囑咐的還要好。

「唉！」諸葛亮嘆了一口氣說：「子龍此去要萬分小心。」

趙雲問說：「倘若吳兵已勝，那該如何？」

諸葛亮說：「陛下若是兵敗，一定會退往白帝城，子龍可速速趕往白帝城營救陛下；然後請子龍把吳軍引到夔關，我在那裡早已埋伏著十萬大軍了，包管嚇得陸遜即刻退兵。」

趙雲原本要問何來十萬大軍？但繼而一想，丞相會這麼說，一定有他的道理，這是他與丞相多

年征戰得來的默契，於是便說：「子龍定不負丞相之命。」

「去吧，快去快回。」諸葛亮意味深長的說。

趙雲領兵從成都出發時，劉備的大軍正讓火給燒得焦頭爛額，死有七八；劉備在關興等人的保護下，倉倉惶惶的逃往白帝城。沒想到剛走到半路，吳將徐盛、朱然引大軍從山谷之中殺來，劉備身邊將不滿五人，兵不過百人，根本無法與之抵戰。正束手無策之際，忽然聽到吳軍後方有人高喊：「我是常山趙子龍！」

有如聽到天籟之音一般，劉備知道自己得救了，心情一放鬆，整個人就癱軟在地上，喃喃自語道：「子龍一來，朕有救了。」

趙雲如猛虎殺入羊群般，瞬間就砍死數十名吳兵，吳將朱然策馬要與他交鋒，不到一回合就被刺下馬去；徐盛知道自己不敵趙雲，便急命退軍。

趙雲奔到劉備面前，下馬跪道：「臣救駕來遲，請陛下降罪。」

劉備能夠死裡逃生，完全是趙雲的功勞，感激都來不及了，哪會怪罪，於是便將趙雲扶起，寬慰的說：「何罪之有，何罪之有。」

趙雲起身，馬上提槍說：「請陛下先往白帝城歇息，待臣去救出其他人，再進城面見陛下。」

劉備雖愛趙雲之才，但從沒有給他一個公平的待遇過，這時見他如此盡忠，不禁感慨的說：「子龍真是一身是膽啊！」

趙雲在東吳大軍的包圍下，陸續救出吳班、張南、馮習、程畿等人，派人將他們送往白帝城後，記起諸葛亮的吩咐，便單槍匹馬來到夔關誘敵。

陸遜火燒彝陵之後，便率軍往西追趕，趕到離夔關不遠處，看見趙雲單騎立於一處沙灘上，陸遜疑是誘兵之計，便命全軍於原地排成防禦陣勢，派出哨馬前去探視。

一會哨馬回報說：「前方並無大軍埋伏。」

陸遜不相信，便親自登高察看，的確只有趙雲一人，陸遜高喊：「前方可是趙子龍將軍？」

趙雲不答反問：「陸大都督好生威風，燒我大軍七百餘里，敢來與我一決死戰嗎？」

陸遜知趙雲當年於百萬曹軍之中，如入無人之境般衝鋒的英勇事蹟，連孫權主公也曾叮嚀他，遇到趙子龍，千萬不可與之正面交敵，於是笑著說：「趙將軍藝高人膽大，陸某十分佩服，這就退兵二十里。」

趙雲心想，人說陸遜能進能退，能屈能伸，今日一見果然如此，不由得升起一股惺惺相惜的情緒，但丞相的吩咐不可忘記，於是抬手比著自己說：「都督只要越過我趙子龍，成都就有如囊中之物，都督何必退兵！」

陸遜聽趙雲這麼說，更加確信必定伏有疑兵，皮笑肉不笑的說：「陸某自信越不過趙將軍，所以決定主動撤退耶！順便我也要恭喜蜀國呢。」

「恭喜什麼？」趙雲大聲的問。

「恭喜蜀國有你趙將軍這名大將，讓我陸某不敢西望。」陸遜笑容不變的說著。

這陸遜真的比泥鰍還滑溜，看來激他可能沒有用，不如激一下他身邊的武將吧，趙雲想了一遍後便喊說：「堂堂一個吳國大都督都沒膽來捉我趙某，那都督身邊的武將們不就更……」

「嘿嘿嘿！」趙雲的話說到一半就打住，改以冷笑聲代替。

陸遜聽到趙雲這麼一說，心中暗叫一聲：不好！自己麾下這些武將們，個個年輕力盛、血氣方剛，自己剛拜將時，他們本不服自己，常常出言相譏；一直到了火燒劉備大軍後，眾人才稍稍收斂一些；這時讓趙雲一挑釁，眾人不氣得跳腳才怪；況且己軍剛勝，氣勢如虹，個個是摩拳擦掌，要與蜀軍決一勝負；這時候自己若是下令撤退，不僅會影響全軍士氣，武官們肯定更會反了自己。

陸遜回頭一看，果然周泰、丁奉、凌操等人正對著趙雲怒目相視。

趙雲見達到效果，更進一步的喊說：「我現在就走，若是你們不敢來追，到時候全天下都吳國怕了我趙雲，孫權怕了我趙雲。」

周泰等人聽見趙雲如此輕蔑他們的主公，都按捺不住的怒叫著。

「都督……」凌操自恃勇力，不把趙雲放在眼裡，率先說話。

「唉！」陸遜知道他們要幹什麼，便打斷凌操的話，無奈的說：「要追就去追吧。」

陸遜實在萬分佩服趙雲，不僅有勇，還智謀過人，自己底下的這些武將實在沒有一個比得上他的。

趙雲見陸遜提兵向前，回馬便走。陸遜大軍一行到趙雲剛才站立的沙灘，只見上面亂石成堆，一股殺氣由地沖出。陸遜見石堆亂中有序，不像自然形成，似乎是有人刻意排上去的，便命士兵去找來幾名當地居民，問他們說：「這是何人將亂石做堆？為何會有殺氣沖出？」

居民答說：「此處沙灘名叫魚腹浦，這些石堆是諸葛丞相入川時排成的，從那時起，便常有殺氣由內發出了。」

陸遜聽了居民的回答後，便繞著石堆仔細的看了看，石堆是以碎石堆砌為八疊，高五尺，疊間相距為兩丈，共八八六十四行，縱橫棋堆，左看一勢，右看一勢，變幻萬千。

「八陣圖！」陸遜驚恐的叫了出來。

八陣圖，在後方是用以練兵的陣法，在前方則是用以拒敵的佈陣，佈局有方，可分可合，可定可變。八陣是按八卦的原理佈置而成，共有休、生、傷、杜、景、死、驚、開八個門，除了生、景、開是吉門外，其餘五門都是凶門；而與敵對戰的陣勢又分為天、地、風、雲、飛龍、翔鳥、虎翼、蛇盤八種，全陣用一萬四千名馬軍，五十人為一隊，共二百八十隊；步軍一萬人，列為兩百隊；每名馬軍占地四步，步軍占地二步，有的面對面，有的背對背，馬軍和步軍互相配合，輪換著攻擊，以迷惑敵人。

一般來說，八陣圖有「陸八陣」和「水八陣」兩種，此時陸遜遇到的是「水八陣」，人馬只要一進入，就會迷失在陣中，不得其門而出，最後餓死在陣中。

陸遜知道八陣圖的厲害，便命全軍班師回朝。一路上還嘀咕著說：「我以為諸葛孔明伏下軍隊，想不到他所佈下的，竟比千軍萬馬還厲害。」

白帝城，位於夔關以東，原名魚腹城，相傳城中有白龍從井中騰空，而改名為白帝城，該城依

山構築，規模不大。劉備自從彝陵兵敗，逃至白帝城後，因積憂成疾，自知不久於人世，便遣使到成都去請丞相諸葛亮，命他趕快到白帝城來。

諸葛亮接到詔命後，知道劉備是要交代後事了，便留太子劉禪守成都，帶著魯王劉永和梁王劉理，星夜趕往白帝城。一到白帝城，諸葛亮便往宮中去見劉備；諸葛亮見劉備雙眼緊閉，神色恍惚，游氣如絲，瘦得不成人樣，痛哭得跪了下去說：「陛下保重……」

劉備聽到聲音，勉強的睜開眼睛，見是諸葛亮，便伸手去牽他，氣喘吁吁的說：「咳……是丞相來了呀，坐吧！」

諸葛亮起身坐到臥榻之側後，劉備撫著他的背說：「朕……有幸得丞相幫助，才有今日的帝業，原本……咳……咳……」劉備咳了幾聲後，竟吐出一口鮮血來，諸葛亮趕緊以自己的衣袖去擦拭，劉備現在要說的是遺詔，他不敢打斷。

劉備繼續說：「原本要與卿共扶漢室，咳……如今朕死在旦夕，不能與卿共事了，朕死後，傳位給太子禪，希望……咳……希望丞相多加教導……」

諸葛亮痛哭流涕的說：「臣必盡犬馬之勞，以報陛下知遇之恩。」

劉備抬手去擦諸葛亮的眼淚說：「丞相才能十倍於曹丕，必能安邦定國，終成統一大事，若是劉禪可以輔佐，請丞相輔佐，若是不才，咳……咳……丞相可自為成都王啊。」

這分明是告訴諸葛亮，若是劉禪不夠賢明，他是可以取而代之的，但劉備早知劉禪不是個帝王之材，為何還要這麼對他說呢？難道……難道陛下到死都還不相信自己？怕他一死，自己就會奪國篡位？這是明著來的警告嗎？

「臣必竭股肱之力，盡忠貞之節，死而後已！」諸葛亮聽完後不禁汗流浹背，慌忙從臥榻跳起，跪到地上，泣不成聲的說著。

諸葛亮的痛哭，一半是因為劉備病危，另一半則是因為劉備到死，竟然都還防著他，忠臣心，老臣淚啊……

「嗯！」劉備滿意的點了點頭，又問說：「趙雲呢？」

內侍將傳喚趙雲進來，劉備對著說他說：「朕與卿相遇於患難之中，沒想到現在要分別了，太子的命是卿救回來的，咳……往後還請卿好好的輔佐。」

趙雲跪在地上，激動的說：「嗚……臣必肝腦塗地，以報陛下……」

劉備於是閉起眼睛，喃喃的說：「蜀國的重責大任，就交給你們兩個了……」

劉備彌留了，模糊之中，彷彿看到關羽和張飛在對著他揮手。

「二弟、三弟，大哥來了……」劉備說完後就駕崩了。

五

「快，快踢進去，踢進去朕有賞！」看著毬場上十個身穿烏黑勁裝的人，正在互相追搶一顆毬子，毬子在眾人腳下滾來滾去，個個是爭得面紅耳赤，滿身大汗的，坐在看台上的劉禪卻看得眉開

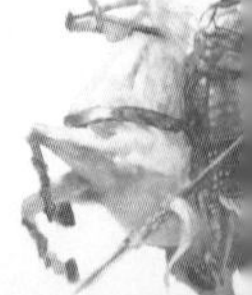

眼笑。

劉備死後，太子劉禪便於成都即帝位，為蜀漢後主，改國號為建興，葬劉備於惠陵，諡昭烈皇帝。這個劉禪，小時候長得還蠻可愛的，長大後卻都變了個樣。

前額短窄不平整，中間突起拱成一個球形；眼球過大，上眼皮薄而無肉；往下直掉的八字眉，左右高度不一，眉際又過寬；鼻子不高，鼻翼低於鼻頭；下巴太過尖短；兩耳細小薄弱；下垂的厚嘴唇，讓他笑起來卻像是在哭。十足的愚鈍之相。

這讓他感覺到有些自卑，怕別人笑他傻，但只要一讀書又覺得頭昏腦脹，因此便常搞些玩樂來開心，潛意識裡認為這是別人作不到，只有他才做得到的事情。

最近他就迷上打毬。打毬，在漢代以前叫「蹴鞠」，相傳是黃帝發明的，原本是作為練武之用，後來才漸漸轉成一種娛樂。毬賽通常分成兩個隊伍，以十人為一隊，打毬的目的在於競技，而不是爭得輸贏，打贏毬的隊伍，有獎品紅利等厚賞，表示他們的毬技高，武藝當然也高，將來可以在沙場上奮勇殺敵；打輸的隊伍，也有鮮果等賞賜，藉以鼓舞他們再接再厲。

毬場長寬各五十尺，四周插滿紅旗、毬門彩、職事旗、排旗和五色傘；毬門是以兩根約四丈長的削節竹子，豎立在毬場兩旁，中間以一塊薄板連接成為一扇門形，木板的前端懸掛著一面大網子，左右兩邊的竹仔飄著鮮豔的彩色繩帶；毬子則是用八塊獸皮砌在一起，裡面塞滿鴨毛，再用針縫牢，使之成為一顆不透氣的圓球。

在毬場的旁邊，設有一座看台，看台由四根大柱子搭起，上覆遮陽蓋，四根柱子上各繪有金龍圖案，這是給皇帝和大臣觀看毬賽的，台上備有酒宴，可讓他們一面飲酒一面看毬，台上還陳列著許多獎品，讓皇帝在球賽結束後頒發給打毬的人。

毬賽開始的時候，毬門兩邊站著打毬的人，包括正蹴、驍色、左軍、右軍和守網人，以拈鬮決定由哪一隊先攻。

「通—通—通—」三聲鼓響之後，先攻隊伍的正蹴，先把毬踢給驍色後，另外一隊就可以開始搶毬了，左右兩軍則負責阻撓對方的進攻，每個人都要趁機將毬踢入對方的網中，而守網人負責接住對方踢來的毬。

「進了，進了！」劉禪高興得跳起來。

劉禪身旁放著一面小鼓，只要有人進毬，劉禪就敲一下，旁邊的唱籌官就發籌木一根，插在階下的木架上，等比賽結束後，統計籌木的數量，就知道哪一個隊伍獲勝了。

這場毬賽打了一個時辰才結束，「一、二、三、四、五……」原本是由唱籌官來算籌木的數量，卻被劉禪一把搶過去，興高彩烈的一根一根算著。

「黃門丞的隊伍獲勝！」劉禪高舉著籌木叫喊。

黃門丞指的就是黃皓，他是宦官，是個善於逢迎鑽營的小人，他知道劉禪最近迷上看毬，便招集一些人，天天訓練他們打毬，藉此來討好劉禪，後來劉禪就是寵信他，使得朝政日漸腐敗。

勝的隊伍排在右邊，輸的隊伍排在左邊，接受劉禪的敬酒，眾人也舉杯回禮，並高呼萬歲。

劉禪正要頒發獎品時，一名近侍慌慌張張跑到台下，跪著說：「陛下，不好了！」

「什麼事不好了？」劉禪手裡拿著獎品，瞪著那名近侍，不悅的說。

近侍稟報說：「魏國以曹真為大都督，率著五十萬大軍，來取西川了。」

魏將司馬懿趁劉備剛死，後主劉禪剛即位，蜀國內部不是很穩定的時候，上奏魏主曹丕：「劉備已亡，何不乘此國內無主的情況下，起兵去攻伐蜀國？」

曹丕覺得很有道理，於是問司馬懿有什麼比較好的計謀，司馬懿說：「可命曹真為大都督，提兵五十萬，由京兆徑出陽平關取西川，以大軍壓制蜀境，相信他們必不戰自亂。」

曹丕大喜，馬上拜曹真為大都督，領兵五十萬，直取陽平關。

「咚—」劉禪聽完後，嚇得手上的獎品都掉到地上，這是他即位以來，面對最大的一次危機，打毬他會，調戲宮女他會，鬥雞、鬥蟋蟀他也會，但就這打仗的事他不會。

他顫聲的問道：「這……這事就交給丞相處理吧。」

近侍回答說：「早已報知丞相了，但不知何故，丞相卻推病不出。」

劉禪惶惶的說：「走走走，你們跟我到丞相府去。」

劉禪一到丞相府，見諸葛亮獨倚竹杖，在小池邊觀魚，並不像生病的樣子，於是趨前問道：「相父在做什麼？」

諸葛亮聽到聲音，回頭一看，趕緊丟下竹杖，跪伏在地上說：「臣不知陛下前來，未曾遠迎，罪該萬死。」

劉禪將諸葛亮扶起來，問說：「如今曹丕派大軍來犯我境，情況甚是緊急，朕實在擔心極了，相父為何不肯出府商議退兵之計呢？」

諸葛亮奏說：「大軍將至，臣哪裡會不知道？我不是偷閒觀魚而是在思考退兵之計。」

劉禪聽了又驚又喜，急問：「相父想到了嗎？」

魏國此次來犯雖有五十萬之眾，但這只能嚇唬嚇唬那些不懂兵法的人，熟讀兵法的諸葛亮是不會畏懼的；但若是真的兵戎相見，不免又增加死傷，彝陵之戰後，蜀國內力大耗，此刻應該休生養息，為日後的北伐作準備；因此他想到的是不以兵力直接與敵人交戰，而又能夠戰勝敵人的方法，達到「不戰而屈人之兵」的目的。

諸葛亮笑著說：「曹真引兵犯陽平關，此地險峻，可以堅守，臣打算派一員大將，引軍把守關隘，但並不出戰，曹真見我軍不出，自然就會退兵了。」

劉禪聽完後，忐忑的心已安了一半，高興的說：「今天聽到相父所分析的，我沒有什麼可擔慮的了，毬賽還沒頒獎呢，那朕回去了。」

這個阿斗，每日只知玩樂，實在昏瞶至極，早知道讓你死在長坂坡就好。「唉！」諸葛亮想到此，不自覺的嘆了一口氣。

劉禪不解的問說：「相父不是已有退兵之策了，為何還嘆息？」

諸葛亮看著劉禪，心裡又想起劉備臨終時的交託，便含糊的奏說：「臣是想到曹魏無故興兵，又要讓平靜的土地大起戰火，生靈塗炭，所以才感嘆的。」

「原來是這樣。」劉禪對於百姓的死活，遠不及他對毬賽勝負的關心。劉禪前腳剛踏出去，忽然想起什麼，轉過頭來問諸葛亮：「相父想到要派誰去把守關隘了嗎？」

諸葛亮點著頭說：「這個人必須智勇雙全，又要夠冷靜，臣早已想好人選了。」

劉禪問說：「是誰？」

「趙雲！」諸葛亮眼睛發著光，十分肯定的奏道。

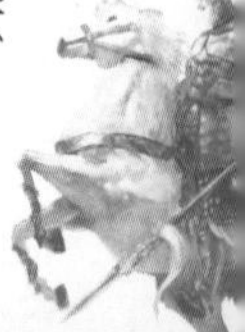

第十一章　征南伐北

一

蜀漢建興三年（公元二二五年），蠻王孟獲大起蠻兵十萬，侵略益州邊境。

南蠻即是益州南方邊境的少數民族，有彝族、壯族、侗族、羌族、擺夷族……共有二十二個支族，發源於金沙江、雲貴高原一帶，主要分布在今日的雲南省、貴州省境內，漢朝通稱為南蠻；蠻族生活的地方，被視為瘴癘之地，犯罪的官員百姓或貶謫或流放到此地的，通常就等於是送死了。

蠻族生性剽悍凶猛，不服王化，常使邊陲騷動不安，始終是蜀國逐鹿中原的後顧之憂。

諸葛亮趁早朝上奏後主劉禪：「臣觀南蠻之族不服王化，長久下去將是國家的大患，請陛下讓臣領兵前去討伐。」

諸葛亮想趁此機會，貫徹他在隆中對提出的「西和諸戎，南撫夷越」方針。

後主劉禪聽到丞相又要出征，著急的問道：「東有孫權，北有曹丕，他們都對蜀國虎視眈眈，倘若他們趁著相父南征，前來犯境的話怎麼辦？」

「陛下請安心，」諸葛亮說：「東吳已與我國結盟，應該不會有異心，若是有異心，前線有李嚴守在白帝城，這一方面不會有問題；至於曹魏，曹丕稱帝後，漢朝舊臣不時起而反抗，內部極不穩定，暫時不必擔憂；臣又留關興、張苞守成都，保陛下萬無一失。」

後主劉禪心想，既然丞相說沒問題就好，他可繼續當他的太平皇帝，便說：「朕年幼無知，一切依相父決定。」

「萬萬不可！」諫議大夫王連出班奏說：「南方為不毛之地，瘴疫之鄉，孟獲、雍闓等人之亂，實為疥癬之疾，根本不必理會，北方曹魏才是心頭大患，請陛下多加斟酌。」

「王愛卿說得也對。」劉禪晃著腦袋，似懂非懂的說著。

聽這也對，聽那也對，一個皇帝拿不出半點主意，早晚累死我這個當丞相的，諸葛亮鐵青著臉，不發一語的站著。

這時趙雲上奏說：「要北伐，必須確定蜀國後方無慮，因此臣也認為，應先平定西南蠻才是可行之計；臣願隨丞相一同深入南中，掃蕩蠻族。」

諸葛亮見趙雲幫腔，也跟著奏說：「請陛下派臣先去平南，然後再圖北伐大計，以報先帝三顧之恩，託孤之重！」

劉禪高興的說：「有子龍同行，朕就放心了，朕就等你們凱旋歸來。」

於是諸葛亮以趙雲為大將，總督軍馬；魏延、王平為副將；蔣琬為參軍；費禕為長史；共起川兵五萬人，浩浩蕩蕩往益州邊境進發。

征南初期，十分的順利，諸葛亮略施小計，就使建寧太守雍闓、越雋太守高定、牂牁太守朱褒三人互相猜疑，反目成仇，最後雍闓、朱褒被斬，高定、鄂煥投降，不費吹灰之力就平定建寧、越雋、牂牁三郡。而永昌太守王伉本就不願隨雍闓等人反叛，這時更是大開城門，將諸葛亮等人迎入

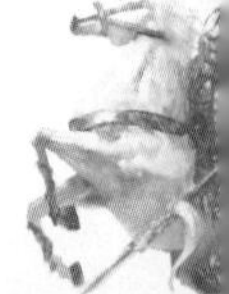

城內。

諸葛亮認為此次雍闓叛亂，乃是受到蠻族孟獲的挑撥，平定州郡之亂容易，但更南方的蠻族才是問題根本；此時又得王伉部將呂凱獻給他一幅「平蠻指掌圖」，上面詳細標明蠻地的地理環境及可屯兵交戰之處，因此他決定先留守在永昌郡內整備，讓趙雲率一萬名士兵繼續南指。

趙雲率大軍前進約十日之後，發現四周的景色與蜀地大不相同。

蠻地多山多谷，一山一谷井然有序的排列著，千奇百怪的石柱林立其中，每一柱均高達數十尺，稜戟森森，柱頂尖銳，如同拔地而起的利劍，沉積的底座就像是舉劍的武士，狂風在石柱之間流動嘶嘶聲有如舞劍一般，整個石林就像一座大迷宮。

谷中佈滿彎曲深邃的山洞，洞內矗立、倒懸著乳白色的鐘乳石。

過了石林，地勢更是崎嶇不平，荒涼貧瘠，一大片怪石嶙峋，其形不一，像是山中的野獸，或跑或臥，讓人目不暇給，奇石上大小不一的凹洞，小如錢幣，大如碗口，鏤刻著歲月的痕跡。

再往前走，地面千坑百洞，從坑洞中噴出一道道的熱霧，彷如來自地獄之火，彌漫蒸氣，遍布水氣，燙得叫人不敢向前。

「走樹林吧！」趙雲看著地上的熱氣，手指著右方的一大片樹林。

大軍一進入幽深的樹林，環境更是惡劣，到處隱藏著沼澤泥坑，人馬一不小心，就會跌入其中，任憑你如何哭爹叫娘，使盡吃奶的力氣往上爬，只會愈陷愈深，直至滅頂。

一棵棵雙人合抱的大樹，毒蛇巨蟒成堆的盤據其上，張著血盆大口，眼睛射著陰寒的光芒，叫人看了怵目驚心；最可怕的是到處飛著拳頭大的毒蚊，只要被叮上一口，被叮的地方馬上腫脹寸高，奇癢無比，癢進每一個毛孔，每一個細胞，每一根骨頭；被叮的人往往癢得受不了，用手去猛抓，抓得皮破肉綻，流血不止；滿地盡是叫不出名字的怪蟲，只要你一停下步，馬上有成千上萬隻的怪蟲爬滿你的雙腳，用手去拍打，青白色的蟲漿噗滋溢出，滿是刺鼻的怪臭味。

士兵口渴也不敢喝溪流中的水，因為看似乾淨的溪水，其實充滿著千萬隻螞蝗，若是喝進此水，螞蝗就會開始在人的肚子裡吸血，痛得五臟六腑都給吐出來。

飄在林中的瘴氣，有一股糯米飯的香氣，不小心聞到的人，就會頭昏倦怠，力不從心，重者倒地喪命；一到中午時刻，濃霧四起，厚得連陽光也穿不過，十尺之外不能見物，士兵們只好靠著喊聲，一個跟著一個，摸索著前進。到了夜晚，更有一種晝伏夜出的夜蜂，成群結隊的出來扎人，叫人不能安眠。這裡，簡直就是鬼域。

蜀軍在樹林裡無助的走著，餓了，就吃身上的乾糧，渴了，就啃樹上的野果，並依土人教的方法，燃燒一種葉菸，藉以驅散瘴氣和蚊蟲；走了三天三夜，終於走出樹林，來到一片廣闊的平地上。

平地上意外的住著幾十戶人家，都是又破又舊的茅屋，居民個個皮膚黝黑，骨瘦如柴，有的拿著石斧在砍柴，有的拿的鋤頭，麻布袋在墾荒種地；一面四方形的土牆邊，幾名頭上裹著破布的婦女，用幾塊石頭圍成火塘，煮著一盆缺少油水的青菜湯，湯滾後便丟進生辣椒和鹽巴，就這樣攪和著喝。幾個小男孩坐在地上玩著泥巴，抬頭看見趙雲的軍隊，便一哄而散；其中一個小男孩跑得太快，一個踉蹌跌倒在地，趙雲走過去把他扶起來，他怯生生的看著趙雲半晌，就一溜煙的跑掉了。

這時一名白髮蒼蒼的老人，趕著一匹又老又瘦的驢子，搖搖晃晃的走過來。

「請問老丈人，你們是這裡的人嗎？」趙雲走過去問他。

「我們都是從鄴郡逃到這裡來的。」老人抬著混濁的雙眼看著趙雲，然後操著北方口音，緩慢的說著。

他們是一群北方人，當年曹操與袁紹對戰時，讓他們的故鄉烽煙四起，家破人亡。

一個深夜，官吏帶著幾名士兵，惡狠狠的來他們村落抓人去當兵。

他向官吏哭訴說：「我三個兒子都去當兵戰死了，一個媳婦上個月也被抓走，家裡只剩下我和老伴及一個吃奶的小孫子，大人饒過我們吧。」官吏不依，硬是要他繳出一個人來。

他苦苦哀求，換來的是一陣鞭打，他失望了，知道躲不過了，便把拐杖扔到地上，低著頭跟著他們走。他的老伴哭著衝出來，抓著那名官吏的腳哀求說：「你們要抓就抓我吧，我還可以到軍中做做飯呢……」

他也跪著哭說：「抓我吧，我替你們去打仗。」官吏考慮了一下，覺得他人老力衰，上不得戰場，老婦人反而比較有用，就把他老伴給架走了。

「唉！」老人悽悽的說：「我一個垂暮的老人，還有什麼期盼的？當晚我就帶著孫子，跟逃難的人一起走了。」

一群人冒著九死一生的危險，渡過黃河，爬過秦嶺，越過長江，千里迢迢又風塵僕僕的來到這蠻荒之地，在貧困交迫下，飽受著思鄉的痛苦與生活的煎熬。

他們是被無情的戰爭拋到這荒山野嶺之中的。

趙雲感嘆的說：「你們可以遷到蜀中，那裡沒有戰爭，你們可以安居樂業。」

老人望著遠方，搖搖頭說：「不了，我累了，到哪裡還不都一樣？落地就是根，這是命啊！」

趙雲告誡說：「這裡也要戰爭了，你們還是到蜀中去吧，我派幾名士兵護送你們。」

老人苦笑了一下，牽著驢子走了。

趙雲望著他的背影，心頭掠過一絲哀愁。這被遺忘的一群人，默默的承受著生命的無奈，安定的生活竟是離他們那麼遠。眼前這是自己看到的，那看不到的角落呢？不曉得有多少人在暗夜裡哭泣著。「百姓如此受苦，我被稱做常勝將軍又如何呢？輸的還不是百姓。」趙雲心裡十分的感慨。

趙雲大軍剛離開村落，繞過一處山谷，就聽到震動大地的吶喊聲，如狂風暴雨般席捲而來。山谷之中忽然出現成千上萬的蠻兵，人數愈來愈多，他們揮舞著手上的武器，殺氣騰騰的嚎叫著。他們身穿藤甲戰服，手持長刀，獵弓、銅棒，齜牙裂齒的模樣，像是一隻隻跳上山坡的惡狼。從隊伍之中，走出一個頭戴牛角獸帽的蠻將，滿臉塗著五顏六色的花彩，頸子掛著三個銅環，手臂上盤著一條粗如碗大，長約二尺，黑白相間的蟒蛇，眼睛通紅如火，正張大嘴吐著深紫色的舌信。他的右手持著銅製的鋩鑼，奮力猛搖著，發出難聽的軋軋聲響，另一手則拿著獸皮盾甲，雙腳互換跳著奇怪的舞蹈，朝天喊著：「烏里托！烏里托！」

他是孟獲的弟弟孟優，聽到雍闓被殺，就率著蠻兵前來報仇，不料與趙雲在此相遇。

孟優跳了一會，舉著鋩鑼指向趙雲的軍隊，大喊了一聲。

「吼——嗥——」蠻兵們向前推進，恍如鬼魅般瘋狂撲來。

「嗚—嗚—」後方的蠻兵也奮力的吹著牛角號。

「弟兄們上啊！」趙雲勒緊馬韁，舉手往前揮了揮，高聲的喊著。蜀兵雖然都被蠻兵的裝扮給嚇呆了，但因趙雲平日訓練有素，所以一聽到趙雲的命令，馬上都鎮定下來，拔刀呼嘯而出。

跟過趙雲的士兵，見過趙雲之勇，新加入的士兵，也聽過趙雲的威赫事蹟，在他們的心目中，趙雲是戰神，既然是神，一定可以帶領他們打敗這批妖魔鬼怪的。

「殺啊—」

「衝啊—」

這場與南蠻的遭遇戰，打了三個多時辰，刀劍相擊，血光飛濺，等到刀砍鈍了，箭射光了，雙方就用牙齒互咬，用拳頭互擊，不然就是拿起石塊互砸。

趙雲在混亂的廝殺陣中，認準衣著不同的蠻將，長驅直入，揮著銀槍將他們一一挑下馬；蠻兵長久以為中土的武將個個武藝不高又貪生怕死，何曾看過如此神勇的猛將，紛紛丟下武器逃跑。

戰役結束了，雖然斬殺了孟優、金環三結、董荼那、阿噲喃、朵思大王等蠻將，擄獲了三千名蠻兵，但蜀軍也死傷慘重。由於蠻兵的刀和箭皆塗有毒藥，被砍中、射中的蜀兵，皮肉潰爛，痛得在地上滾動哀嚎，最後五臟迸裂而死。

「太慘烈了……」趙雲聲音發澀的自語著。

二

留守在永昌郡的諸葛亮，聞報趙雲取得首勝，便率全軍前去與趙雲會合。

諸葛亮一行人到，趙雲正蹲著在幫一名傷兵擦藥，魏延搶先對趙雲喊說：「那一片樹林簡直不是人走的！」

趙雲起身，對著他苦笑。

諸葛亮看著滿地的傷兵，蹙著眉頭說：「此戰贏得艱難啊！」

趙雲搖著頭說：「想不到蠻兵這麼難應付。」

「還不都是人，有什麼難應付的？」魏延不服的大叫。

趙雲說：「他們個個身穿藤甲衣，手拿獸皮盾，刀劍很難突破，必須用力砍刺才行；但這樣一來，砍沒幾下刀就鈍了，手也軟了。」

「這麼厲害呀！」魏延吐著舌頭說。

「蠻兵這一波攻勢受挫，孟優又被我刺殺，我猜孟獲不久又會率大軍前來，正在思考對策。」趙雲這句話是對著諸葛亮說的。

諸葛亮跟馬軍、步卒、水兵打過仗，就是沒遇過蠻兵；蠻兵還沒什麼，最難解決的問題，是蠻兵身上穿的藤甲衣。聽說那藤甲衣是取生長於山澗石壁的藤，將其浸於油中半年，然後在大太陽底下曬乾，等乾了又浸，如此反覆十餘次製成的；穿在身上，渡江不沉，經水不濕，刀箭不入。

「那怎麼辦？」魏延擔憂的問。

是啊，怎麼辦？諸葛亮來回踱著步想著。

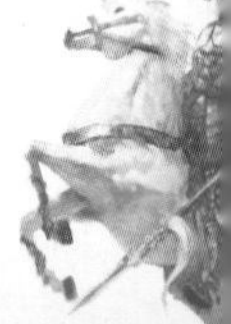

諸葛亮想了半天，得不出一點頭緒，忽然抬頭看見前方有一道山谷，危岩峭壁，四周光禿禿的沒一棵樹木，谷口大張，但谷道狹長，就像一條張著大嘴的長蛇。

諸葛亮問當地土人說：「這谷是何地名？」

土人回答說：「叫盤蛇谷，過谷有一處桃花渡口，離那不遠處就是蠻兵大營。」

「太好了！」諸葛亮高興的說。

「什麼太好了？」魏延聽到諸葛亮一叫，知道他想到辦法，這樣一來，自己就有仗可以打了，蹦跳著跑過來。

諸葛亮笑說：「文長別急，這一仗就靠你了。」

「是嗎！請丞相下令吧。」魏延磨著拳頭說。

諸葛亮說：「你率一千士兵，明日越過山谷與蠻兵交戰，只可敗不可勝，將他們引到谷中。」

「什麼？」魏延瞪著眼睛，十分不悅的說：「這就是丞相的好辦法？」

諸葛亮不理他，轉頭對副將王平說：「你去準備火藥、乾草，置於黑油櫃車內，擺放在谷口兩端，等文長一過，就讓士兵推出去擋住蠻兵的路。」王平領計而去。

諸葛亮又喚趙雲說：「子龍準備火把，明天一早跟我到山谷上去。」

趙雲問說：「丞相莫非要用火攻？」

「嗯！」諸葛亮點了點頭。

時序就快進入秋天了，月亮又圓滿起來，但此刻卻沒有誰還能有心情去欣賞；荒野的地方，看不到一隻飛鳥，只有瑟縮在山邊的枯草，孤零零的搖動著；從山谷那邊吹來的風，帶著淒涼的腔調，好像在訴說士兵行軍打仗的苦楚。

蒼茫的大地上，站著兩個人。是趙雲和諸葛亮。他們以同樣的姿勢站著，卻有著不同的思緒。

諸葛亮心想，這次南征，說起來也是很勉強的，蜀中可用的良將所剩無幾，除了趙雲、魏延、關興、張苞之外，其餘都是一些稱不上精英的人物，所以征南蠻這樣的任務，還是必須動用到趙雲和魏延。

但他們還能為蜀國征戰幾年呢？十年？二十年？之後呢？如果不能在這幾年北伐成功，往後要靠誰去復興漢室？

自古以來，因為北方一直是高度開發的地區，不論是在人才、政治、經濟、軍事各方面，都遠勝尚是蠻荒之地的南方，因此北伐就比南征多了一層困難，春秋時期，晉、楚的城濮之役和齊、楚的召陵之會，都以敗北收場，就是最好的例子，自己能不能打破這樣的定律呢？此次征南之後，就要把蜀國這個彈丸小國，投入伐魏的戰火之中，艱難啊……

諸葛亮將想的事放在心裡，趙雲卻將所想的，提出來問說：「這樣分裂的局面還會維持多久？」輕輕的一句話，讓諸葛亮聽了不由得微微一震，分裂局面的結束，表示全國的統一，不是他北伐成功就是蜀漢被……。

諸葛亮吁了一口氣後說：「動亂的年代，各種勢力起伏消長，錯綜複雜，合久必分。分久必合；《鬼谷子》提到『捭闔者，天地之道』，捭闔就是分合的意思，《孫子》一書也提過：『兵以詐立，以利動，以分合為變者也』，其實都是一樣的道理，天地之間，必定有著潛在的、無形的力量，讓大勢分分合合，東漢末年以來，動亂好幾年，也該合而為一了。」

「什麼時候呢？」趙雲又問。

「北伐之後吧……」諸葛亮沉吟了一會，不十分確定的回答著。

「北伐之後應該沒有戰爭了吧？」趙雲單刀直入的問。

「你在擔心什麼？」諸葛亮不答反問。

「統兒和廣兒，」趙雲一提到他的兩個兒子，臉上就露出慈愛的表情，堅定的說：「我不想讓他們再上戰場了。」

諸葛亮說：「他們都快十五歲了吧？」

趙雲沉默的點了點頭。

十五歲，是可以上戰場的年紀了，若是北伐的問題，不能在三年的時間內解決，自己能不讓趙統和趙廣出來為國效力嗎？

「蜀國可用的將才愈來愈少了。」趙雲為自己的兒子可能要上戰場而嘆，也為蜀國而嘆。

兩個人剛開始想的不一樣，但得出的結果竟是那麼類似。

「北伐……也許會有奇蹟出現吧。」

蜀國本來就弱，自從彝陵兵敗後，更是元氣大傷，面臨著戰亦亡，不戰亦亡的困境，這一點諸葛亮比誰都清楚，所以他只能勉力而為，希望奇蹟能夠出現。

「希望如此。」趙雲看著這個曾多次以寡擊眾，創造軍事奇蹟的天才，若有期盼的說著。

諸葛亮拍著趙雲的肩膀，笑著說：「明天，先把南蠻給平定吧。」

隔日，魏延怏怏不樂的率兵越過山谷，來到桃花渡口下寨。

蠻將兀突骨聽說此事，便率著蠻兵前來交戰；兀突骨頭戴日月狼鬚帽，身披金珠纓絡，騎象走在隊伍的前頭，一來到桃花渡口，眼見對岸的蜀兵人數不多，個個衣甲不整，大聲嘲笑的說：「孟優竟然會被這種殘兵打敗，我看他是愈來愈不中用了。」

「喂！」兀突骨向對岸的魏延挑釁的喊：「你，有膽過來決一死戰。」

魏延隱忍著，撥馬命全軍往谷內走。

「唷，膽怯啦？」兀突骨咧著嘴大笑，露出一口焦黃的牙齒。

「追！」兀突骨大手一揮，身穿藤甲的蠻兵發出呼嘯聲，渡河而過。

蠻兵剛追到盤蛇谷中間，谷口忽然推出數十輛黑油櫃車，兀突骨見上面堆滿火藥、乾草，驚慌得大叫退兵。不料剛一喊完，從山上丟下無數根火把，將車上的火藥點燃。

「轟轟——」烈焰倏地噴騰而出，一股一股的濃煙往上直冒，掩黑了天空，蜀兵為增強火勢，也將硝煙滾滾的投到山谷之中。

藤甲不怕水，不怕刺，就怕火燒，火一遇到藤甲，就劈哩啪啦的竄燒起來，蠻兵根本來不及脫，就被活活燒死；蠻兵拚命在谷中跌撞奔逃，哀叫哭嚎著，那叫聲讓人不禁脊骨發寒；蠻兵的皮

膚被蒸騰得冒泡潰爛，流出來的鮮血，馬上就被烤乾，他們痛苦的爬上山坡，卻被大火給捲了下去……

兀突骨和他的三萬名蠻兵，就在谷中被燒得互相擁抱而死。

被火燒死的屍體異臭，飄到山上來，讓蜀兵都不禁掩鼻、嘔吐。

諸葛亮看著谷中一具具緊縮的焦黑屍體，垂著眼淚說：「我雖有功於社稷，如此做也要損壽啊……」正在感嘆之際，王平從山下奔來報說：「魏將軍的兵馬被孟獲圍困住了。」

「我去救！」趙雲毫不考慮的提槍上馬，往山下奔去。

原來魏延在引蠻兵進入山谷之後，應該要到山上去向諸葛亮覆命，但他愈想愈窩囊，這麼一場大戰，自己卻不能臨陣殺敵。

「什麼全靠我，還不是叫我去誘敵，我不管了，我就去砍下孟獲的頭給你們瞧瞧。」魏延不滿的大聲嚷嚷後，便命全軍繞過山谷，往桃花渡口進發。沒想到剛走到一半，就被孟獲的大軍給截住，由於人數相差太多，蜀兵潰敗，或死或逃或被捕，魏延也被包圍住，情況十分危急。

蠻兵將魏延緊緊的圍住，欲置他於死地，魏延雖然猛揮著長刀，破口大罵：「砍死你們，砍死你們！」但這時早已汗如雨下，體力漸漸不繼。魏延奮力衝突半天，終於讓他殺開一條血路，策馬往後便跑，蠻兵卻在後緊追不捨，魏延仰天叫苦：「怎麼有如此這般纏人的鬼怪。」

跑約三里路，魏延遠遠看見趙雲單騎往這邊來，欣喜若狂的大喊：「子龍，我在這啊！」

趙雲趕上來，對著魏延斥道：「你怎麼自做主張呢？」

「好嘛，先別講了，蠻兵追上來了。」魏延滿頭大汗的說著。

趙雲二話不說，奔馬向前，衝入湧過來的蠻兵隊伍之中，將蠻兵殺得狼狽後退。

「好啊！這才是虎將本色。」魏延看得熱血沸騰，也提著長刀前來助陣。

眾多蠻兵本就不是趙雲的對手，這時候再加上一個魏延，便呼喊著四散逃開。

「被捕的士兵呢？」趙雲見蠻兵逃走，轉頭問魏延。

魏延說：「我看見他們被抓到對面的山坡上去了。」

趙雲是個愛兵如子的武將，猜到士兵被抓去，免不了受到蠻兵的折磨，便丟下魏延，急急忙忙的往山坡奔去。

「等等我啊！」魏延在後面追趕著。

山坡上，草木不生，只有幾棵半枯的老樹，無助的承受狂風的摧殘。趙雲和魏延剛奔到山坡上，就看到一幅不可置信的景象：

蠻兵將擄來的蜀兵一個個綑綁在樹上，然後從地上抓起泥巴，塞進他們的口中，蜀兵驚慌得想叫，但由於嘴巴裡塞滿泥巴，因此只能發出「嗚嗚」的聲音；只見一名頭頂嵌寶紫金冠，身披纓絡紅錦袍，腰繫碾玉獅子帶，腳穿鷹嘴抹綠靴，懸兩口松紋鑲寶劍，騎著一匹捲毛赤兔馬的蠻將，指著樹上的士兵大笑道：「哈哈哈！蜀兵也不過如此嘛。」

「射死他們！」說話的是一個背插五口飛刀，手挺丈八長標的女將。

那名蠻將從馬肚邊取出一把蛇弓，用力拉滿弓—「咻—」飛箭不偏不倚的射中一名蜀兵的右眼，那名蜀兵痛得五官緊蹙在一起，從喉嚨間發出「嗚哇—嗚哇—」的悶哼聲。

「大王神射！大王神射！」旁邊十幾名蠻兵高聲呼喝著。

原來那個蠻將就是孟獲，而女將就是他的妻子祝融夫人。

孟獲舉弓又要射，在山坡上的趙雲和魏延早已按捺不住了，兩人策馬衝下去，殺死較近的幾名蠻兵，魏延去救樹上的蜀兵，趙雲提槍直接刺向孟獲，孟獲急忙拔劍抵擋，不到兩下的功夫，寶劍就被趙雲一槍挑飛，孟獲也被打下馬來。

趙雲舉槍要刺他時，祝融夫人從旁射出幾把飛刀，趙雲只好回槍去擋，就這麼一個空檔，祝融夫人將孟獲拉上馬，逃竄而去。趙雲擔心樹上受傷蜀兵的狀況，便不再追趕。就在趙雲與孟獲交戰時，魏延早已救起被綁的蜀兵，而一些來不及逃走的蠻兵則跪在地上求饒。

「這些蠻兵如此殘忍，乾脆我們也把他們綁在樹上，一箭一箭的射死他們。」魏延氣憤的說。

「喔，不，我想到一個更好的主意，」魏延溜轉著眼又說：「讓我一刀一刀的把他們的肉給剮下來，祭一祭被殺死的弟兄。」

蠻兵聽了這些話，渾身直打哆嗦，磕頭哀求說：「饒命，饒命……」

趙雲冷眼看著他們的臉，彷彿看到昨天被火燒死那些人的臉，一張張溢著屍臭的臉，說他們殘忍，其實我們也何嘗比他們仁慈？這一切都是戰爭的錯，不干這些人的事；戰爭造就了他，但他不想在他手中又多出些戰爭與殺戮。

「放他們走吧。」趙雲揮了揮手說。

「啊，不殺啦？」魏延不可置信的問。

「還不走！」趙雲對著蠻兵怒叫著。

那幾名蠻兵好像剛從鬼門關逃出來一樣，連滾帶爬，沒命的跑走了。

趙雲看著他們的背影，轉頭對魏延說：「我有事要跟丞相商量。」

在山上的眾人正為趙雲和魏延擔憂時，他們兩個平安的回來了。

只見魏延口中發出嘖嘖的聲音，搖著頭說：「可惜啊，讓那孟獲給跑了。」

「文長你可知罪！」魏延話剛說完，諸葛亮就對著他沈聲說道。

又來了，不就是上陣殺敵嗎？還分什麼罪不罪的，魏延緊閉著嘴巴不說話。

「這筆帳回去再跟你算！」諸葛亮嚴厲的說。

魏延聳了聳肩，意思好像是說：隨便你。

諸葛亮轉過頭去，十分憐惜的對趙雲說：「子龍辛苦了。」

「丞相還記得當日你教我以戰治戰，要我也教你一樣東西的事情嗎？」趙雲拱了拱手，忽然問了諸葛亮這麼一句話。

諸葛亮笑著說：「當然記得，你那時只是笑而不答，怎麼？你現在想到要教我什麼了嗎？」

「是！」趙雲十分肯定的回答著。

「子龍請說。」諸葛亮向趙雲攤著右手。

「以夷制夷！」趙雲神情專注的說著。

「此話怎說。」諸葛亮腦子閃過一個模糊的概念，愈來愈清晰，但他想聽聽趙雲的看法。

「南蠻恃其地遠山險，不服已久，今日雖然大敗，難保他日不會復叛，如果又是如此征戰下去，只是徒增傷亡而已，所以子龍斗膽建議丞相，對付蠻兵只能攻心，不能攻戰；等收服了孟獲，也要對他以禮相待，務必使他心悅誠服，然後再讓他去管理南蠻各族，這樣一來，蜀國的後方就可

安定了。」

「好個以夷制夷！」諸葛亮拍手起身，欣喜的說：「子龍可教我一樣好東西。」

「我是跟丞相學的。」趙雲謙虛的說。

後來諸葛亮率兵渡過瀘水，七擒七縱孟獲之後，終於讓他心甘情願歸順蜀國。

諸葛亮更讓孟獲鎮守南中，然後不留一兵一卒，全部撤回蜀中；南蠻九大部族感念諸葛亮的恩德，皆稱他為「慈父」，到處為他立祠，四時祭祀不絕；也獻出大批金銀、丹漆、戰馬、耕牛以示忠誠，並指天發誓永不反叛。

回師途中，諸葛亮笑著對趙雲說：「子龍又立大功了。」

「一將功成萬骨枯……」趙雲只是默默的自語著。

三

「司馬懿反了！」

洛陽城內，到處流傳著這樣的流言。

原因來自東邊城門的一張告示：

驃騎大將軍總領雍、涼等處兵馬事司馬懿，謹以信義布告天下：昔太祖武皇帝，創立基業，本欲立陳思王子建為社稷主，不幸奸讒交集，歲久潛龍。皇孫曹叡，素無德行，妄自居尊，有負太祖之遺意。今吾應天順人，剋日興師，以慰萬民之望。告示到日，各宜歸命新君。如不順者，當滅九族！先此告聞，想宜知悉。

魏文帝曹丕於年初駕崩，太子曹叡即位，是為魏明帝，他一即位，就發生這樣的事情，如何能不吃驚？曹叡於是急召群臣商議。

太尉華歆上奏說：「當初司馬懿上表乞守雍、涼二州，臣就覺得他有異心；昔日太祖武皇帝曾對臣說過司馬懿有鷹視狼顧之相，不可將兵權交給他，久必為國家大禍。今日他已露出狐狸尾巴，須盡快將他誅殺。」

漢獻帝建安六年（公元二〇一年），司馬懿受曹操的徵召，在他麾下擔任行軍司馬，頗受曹操的重用。當時有人向曹操進讒言，說司馬懿有「鷹視狼顧」之相，鷹視是指眼睛炯然有神，光銳射人，就像老鷹一樣盯人，狼顧是指走路的時候，常常會向狼一樣往後看，而身子不動，頭部就可以扭轉一百八十度；這樣的人猜疑多忌，又胸懷大志。

曹操聽了便有疑慮，有一日上朝，把司馬懿叫到跟前，命令他往前走，然後在他背後叫了一聲：「司馬聽令！」

司馬懿不知道曹操是在叫他，還是在叫其他的司馬（官職），略一遲疑，停下步就轉頭往後斜看。他這麼一轉頭，著實讓曹操大吃一驚。

「果真是狼顧之相啊！」從此便逐漸疏遠他，並向曹丕及群臣告誡：以後要小心司馬懿。

但曹操一死，曹丕掌魏國大權，卻對司馬懿青睞有加，讓他一路扶搖直上，做到御史中丞，總攬行政和軍事大權，但這樣卻引起其他的老臣不滿，華歆便是其中之一。

現在曹丕已死，華歆哪可能放過這個攻擊司馬懿的機會，便趁機向曹叡進讒言。

華歆說完抬眼瞄了瞄站在對列的司徒王朗，王朗和華歆是站在同一陣線上的，見他率先發言，便也出班奏說：「司馬懿深明韜略，素有大志，他的兩個而子更是善曉兵機，這三人若不早除，恐

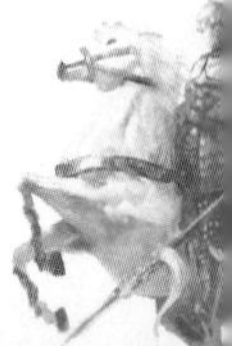

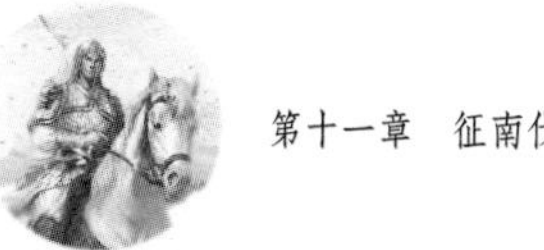

怕會出亂子。」

王朗不僅攻擊司馬懿，連帶把他兩個兒子司馬師和司馬昭也拉下水，華歆滿意得對他頷首微笑。自古以來，身為皇帝，最怕的就是有類似篡謀的事發生，因此他們寧願錯殺，也不放過任何可能。因此曹叡聽完點了點頭說：「兩位愛卿都是先皇欽定的顧命大臣，朕相信你們所說的都是為了國家好，朕就命你們前去討伐司馬懿吧。」

華歆和王朗兩人剛剛說得口沫橫飛，現在聽說要去討伐司馬懿，心中不禁暗暗叫苦，若是真的拚起來，他們哪是司馬懿的對手啊。

還是華歆的腦子動得快，他上奏說：「陛下初登極位，臣建議應由陛下親征，如此必可大大增加陛下的威信。」華歆的話一說完，底下的群臣便鼓譟了起來。

這個華歆也太大膽了，御駕親征可是件大事，怎麼可以隨隨便便的就提出來，況且要討伐的並不是蜀國或吳國，只是處理內亂的問題而已，何必如此勞師動眾。

「不可！」大將軍曹真跨步出班，指著華歆說：「若是陛下有任何閃失，華太尉要負責嗎？」

曹真，字子丹，他的父親曹邵是曹操的同族兄弟，由於曹邵跟隨曹操在陳留起兵時，被黃巾軍殺害，曹操可憐曹真年少無父，就收他為義子，按輩分來算，他還是曹叡的叔父；曾歷任中堅將軍、征蜀護軍、鎮西將軍，曹叡即位後，升遷為大將軍。

由於他是皇親國戚，華歆被他這麼一搶話，只能忍氣吞聲的退到一旁。

曹叡問說：「那大將軍有更好的建議嗎？」

曹真奏說：「這次的謀反事件，說不定是吳國或蜀國的離間之計，倘若貿然對司馬懿用兵，只是逼他造反而已；臣認為，要是不相信司馬懿，只要削他兵權，命他歸罷田里就可，諒他一個老夫也上不了天。」

曹叡思量片刻後說：「就依大將軍所奏，罷司馬懿軍職，由大司馬曹休兼領雍、涼兵馬。」

司馬懿喊冤的聲音，拉得很長很長，飄到了成都，傳進諸葛亮的耳朵，諸葛亮仰天大笑的說：「北伐曹魏，我所懼的只有司馬懿一人，如今他中計被貶，我還有什麼好憂慮的，哈哈哈！」

原來那張謀反榜告，，是諸葛亮派人去貼的。

蜀漢建興五年（公元二二七年），諸葛亮於前年率兵平定西南蠻後，蜀國已無後顧之憂，又收南中所出產之各項特產，使得蜀國軍需更加充實，更得數萬名南中勁卒，稱之為飛軍至此軍需和兵源充足；在經過兩年的修生養息之後，諸葛亮便開始全心全意準備北伐曹魏的事宜。

但由於司馬懿總督雍、涼二處的兵馬，將諸葛亮的北伐大軍卡死在魏境之外，諸葛亮才以這招「借刀殺人」之計，將司馬懿給除去。

隔日早朝，諸葛亮便上了一道「出師表」：

臣亮言：先帝創業未半，而中道崩殂；今天下三分，益州罷弊，此誠危急存亡之秋也！然侍衛之臣，不懈於內；忠志之士，忘身於外者，蓋追先帝之殊遇，欲報之於陛下也。誠宜開張聖聽，以光先帝遺德，恢宏志士之氣；不宜妄自菲薄，引喻失義，以塞忠諫之路也。

宮中府中，俱為一體；陟罰臧否，不宜異同。若有作姦犯科及為忠善者，宜付有司論其刑賞，以昭陛下平明之治；不宜偏私，使內外異法也。

侍中、侍郎，郭攸之、費禕、董允等，此皆良實，志慮忠純，是以先帝簡拔以遺陛下。愚以為宮中之事，事無大小，悉以咨之，然後施行，必能裨補闕漏，有所廣益。

將軍向寵，性行淑均，曉暢軍事，試用於昔日，先帝稱之曰『能』，是以眾議舉寵為督。愚以為營中之事，悉以咨之，必能使行陣和睦，優劣所得。

親賢臣，遠小人，此先漢所以興隆也；親小人，遠賢臣，此後漢所以傾頹也。先帝在時，每與臣論此事，未嘗不嘆息痛恨於桓靈也。侍中、尚書、長史、參軍，此悉貞亮死節之臣，願陛下親之信之，則漢室之隆，可計日而待也。

臣本布衣，躬耕於南陽，苟全性命於亂世，不求聞達於諸侯。先帝不以臣卑鄙，猥自枉屈，三顧臣於草廬之中，諮臣以當世之事；由是感激，遂許先帝以驅馳。後值傾覆，受任於敗軍之際，奉命於危難之間，爾來二十有一年矣！先帝知臣謹慎，故臨崩寄臣以大事也。受命以來，夙夜憂嘆，恐託付不效，以傷先帝之明。故五月渡瀘，深入不毛。今南方已定，兵甲已足，當獎率三軍，北定中原，庶竭駑鈍，攘除姦凶，興復漢室，還於舊都；此臣所以報先帝而忠陛下之職分也。至於斟酌損益，進盡忠言，則攸之、褘、允之任也。

願陛下託臣以討賊復興之效；不效則治臣之罪，以告先帝之靈。若無興德之言，則戮攸之、褘、允等，以彰其慢。陛下亦宜自課，以諮諏善道，察納雅言，深追先帝遺詔。臣不勝受恩感激，今當遠離，臨表涕泣，不知所云！

劉禪看到最後那句「臨表涕泣，不知所云！」也不禁感動得落下淚來。他擦著眼淚說：「相父南征，遠涉艱難，回都後未曾歇息，悉心處理國內大小事，現在又要北伐，相父要保重自己的身體啊。」

諸葛亮聽了不禁心頭一熱，激動的說：「臣受先帝及陛下的厚恩，無以回報，只能以這無用身軀盡棉薄之力，此次北伐，臣不勝不回。」

劉禪哽咽的說：「勝敗不重要，相父平安回來就好。」

勝敗哪能不重要呢，勝了，蜀國還有一線希望，敗了，將無立足之地啊……

諸葛亮沒有說出口，嗑頭謝恩離去。諸葛亮回丞相府，召集文武百官聽命。

留郭攸之、董允、費禕為侍中，總攝宮中之事；向寵為大將，總督御林軍馬；蔣琬為參軍，張裔為長史，掌丞相府事；杜瓊為諫議大夫；杜微、楊洪為尚書；孟元、來敏為祭酒；尹默、李譔為博士；法正、費詩為秘書；譙周為太史。內外文武官員一百餘人，同理蜀中之事。

接著又派令：

前督部—鎮北將軍領丞相司馬涼州刺史都亭侯魏延；前軍都督—扶風太守張翼，牙門將—裨將王平，後軍領兵使—安漢將軍領建寧太守李恢，副將—定遠將軍領漢中太守呂義，運糧左軍領兵使—平北將軍陳倉侯馬岱，副將—飛衛將軍廖化，右軍領兵使—奮威將軍博陽亭侯馬忠、鎮撫將軍關內侯張嶷，行中軍師—車騎大將軍都鄉侯劉琰，中監軍—揚武將軍鄧芝，中參軍—安遠將軍馬謖、前將軍都侯袁琳、左將軍高陽侯吳懿、右將軍玄都侯高翔、後將軍安樂侯吳班，領長史—綏軍將軍楊儀，前將軍—征南將軍劉巴，前護軍—偏將軍漢成亭侯許允，左護軍—篤信中郎將丁咸，右護軍—偏將軍劉敏，後護軍—典軍中郎將宮雝，行參軍—昭武中郎將胡濟、諫議將軍閻晏、偏將軍爨習、裨將軍杜義、武略中郎將杜祺，從事—武略中郎將樊岐，典軍書記—樊建，丞相令史—董厥，帳前左護衛使—龍驤將軍關興，帳前右護衛使—虎翼將軍張苞，以上各員都隨平北大都督、丞相、益州牧、武鄉侯諸葛亮北伐；選定蜀漢建興五年春三月丙寅日出師。

分撥完畢之後，忽然一人闖進丞相府，高聲喊道：「丞相為何不用我？」

諸葛亮抬頭一看，見趙雲面有慍色的走了進來。

諸葛亮心虛的回答說：「子龍須留在成都，以防東吳的侵犯。」

「丞相是嫌我年紀大，打不得仗了吧？」趙雲厲聲問道。

「這……」諸葛亮被猜中心事，一時語塞。

趙雲提高音量說：「我自隨先帝以來，臨陣不退，遇敵當先，哪一次不是盡心盡力？大丈夫就算戰死沙場，也算是為國盡忠，丞相何不成全我呢？」

「子龍，你聽我說……」諸葛亮吶吶的說著。

「今日若是不用我為前部先鋒，我就撞死在這裡！」趙雲語氣堅定，指著旁邊的一根柱子。

諸葛亮不明白，趙雲一向通達事理，就算請戰，也會以大局為考量，為何今日如此堅持，甚至有些蠻橫。

昨天晚上，趙雲在住處忽然覺得頭昏腦脹，胸口鬱悶，忽然碰的一聲，昏厥過去。妻子樊氏趕緊命下人將他抬進內室，經過一番急救之後，趙雲才悠悠轉醒。趙雲醒來後一語不發，只是怔怔的看著樊氏；樊氏知道他有話說，便把下人屏退，十分心疼的牽著他的手說：「相公有話就說吧。」

趙雲拉起樊氏的手，只見她手上都長滿了繭，他感到有萬分的歉意，自己在外征戰多年，家裡的事都是由她一手打點，從沒讓自己操心過，統兒和廣兒也是她含辛茹苦，一手帶大，而自己何嘗盡過做丈夫、做父親的責任，連好一點的日子都沒讓她享受過。

趙雲愧然的說：「辛苦夫人了……」

樊氏反而笑說：「相公為了國家，勞心勞力，比妾身還要辛苦不知道多少倍呢。」

「我的身體……」趙雲艱難的說：「自從南征回來之後，我就常覺得不適，但一直不敢驚動夫人，這次無緣無故昏倒，病情恐怕不輕了。」

樊氏強忍著淚，強顏歡笑的說：「可能只是太過勞累的關係，相公別想太多了。」

趙雲搖了搖頭說：「我知道自己的病情，夫人不必安慰了，只是我有一事相求……」

「相公請說。」

趙雲坐起身來，緊握著樊氏的手說：「丞相就要北伐了，明天，我想向丞相請得前鋒一職。」

樊氏蹙著眉說：「可是你的身體……」

趙雲凝望著地上，好一會才說：「這可能是我最後一次為漢室盡忠了，請夫人原諒……」

「妾身哪次反對過相公的。」樊氏說完，終於忍不住眼淚，哇的一聲哭了出來。

趙雲緊緊的抱住啜泣的她。

四

趙雲被任命為伐北先鋒鎮東將軍，漢代皇帝左右的武官有車騎將軍、驃騎將軍、輔國將軍等等，屬從公列，為常設之二品官職，但僅有名號，並無實權；真正有帶兵權的諸將軍列中，鎮東將軍的官職為最高，接著是鎮南、鎮西、鎮北，然後才是「征」、「安」、「平」、「威」字輩。

劉備在世時，趙雲雖然戰功顯赫，但職位一直不高，這次為了北伐，趙雲才得到這個僅在諸葛亮之下的軍職，應該說是遲來的正義呢？還是對他不公平的一種諷刺？

蜀國和關中之間橫亙著秦嶺山脈，山脈東從子午谷，經駱谷、斜谷、箕谷等溪谷，連綿不絕，沿著這些溪谷，緊臨著急峻山崖築有縱貫南北的棧道。

此時棧道人聲嘈雜，旌旗蔽野，戈戟如林，車子的聲音轔轔地響著，馬兒蕭蕭地叫著，蜀國大軍正浩浩蕩蕩往長安進發。

趙雲的兩個兒子趙統和趙廣，這次也跟在隊伍之中，這是他們第一次隨軍出征。

趙統今年十八歲，中等身軀，容顏有幾分清秀，但眉間自然透露著一股英氣。趙廣今年十六歲，身材壯碩，鼻樑高聳，下顎飽滿，濃眉大眼的方形臉，有著趙雲的影子。趙雲看著他們騎在馬上，絲毫沒有一點畏懼，疼愛中帶點責備的說：「打仗不是兒戲，你們為什麼一定要跟來呢？」

趙廣一聽趙雲這麼說，不滿的辯解道：「父親，我們已經不是小娃兒了。」

是啊，自己從軍時也大不了他們幾歲，只是心中那一股父愛，讓他替這兩個兒子擔心。

趙統補充著說：「是娘親讓我們來的，她要我們幫助父親。」

原來是夫人讓他們跟來的，趙雲對她就是又愛又敬又愧。愛的是她把這兩個兒子教得這麼好，趙統個性老成持重，趙廣個性耿直勇敢，都像自己。敬的是她深明大義，為了國家，默默忍受著思夫之苦及思子之澀，讓他們趙氏一家可以完忠。愧的是…………。

「唉……」趙雲忽然轉頭對趙統和趙廣說：「蜀國以後就靠你們了。」

趙統笑著說：「蜀國還有父親大人呢！」

趙廣也跟著附和說：「我們從小聽娘親說起父親的英勇事蹟，十分的羨慕，都恨不得早點跟父親一同奔馳沙場，戰場父子兵，敵人沒得拚。」

「喝，誰教你的啊？」魏延騎著馬跟到他們三人身邊。

「魏叔叔！」趙統和趙廣齊聲叫著。

「哈哈哈！什麼戰場父子兵，你這句話應該改成魏延領大兵，敵人沒得拚才對呀。」魏延誇張的笑著說。

趙廣靦腆的說：「魏叔叔說得對。」

「兩個小毛頭，」魏延瞇著眼問：「怕不怕打仗啊？」

趙統回答說：「不怕，有父親在呢。」

「嗯？」魏延斜睨著眼，故意板著臉。

趙廣機靈，趕緊接著說：「當然還有魏叔叔在啊。」

「哈哈哈！真是虎父無犬子啊！」魏延聽了喜孜孜的，開心的仰頭大笑。

大軍一過秦嶺，就是沃野千里的關中盆地了。關中盆地，西起寶雞峽，東至潼關，北接黃河，南據秦嶺，山河環於外，渭、涇二水流於內，屬於黃土堆積與河流沖積而成的地塹盆地，自古便有「天府之國」的美稱。這裡沒有綠柳低垂，沒有歌舞笙簫，有的只是無垠無邊的黃土，和雜沓的馬蹄聲，讓人不禁有一種滄桑悽涼的感覺。

「來了！」魏延忽然停住馬，指著前方喊了一聲。

北伐的先鋒大軍剛開到關中盆地，駐守在長安的魏將夏侯楙便領兵前來迎戰。魏軍前鋒大將韓德，帶著他的四個兒子，韓瑛、韓瑤、韓瓊、韓琪，及五千名西涼兵先來叫陣。

「衝啊！」趙雲氣壯山河的衝了出去。趙雲斬了韓德和他的四個兒子之後，夏侯楙倉皇的逃往南安郡。蜀軍在諸葛亮的調度下，先後占領了安定和天水二郡。

諸葛亮的羽扇一揮，大軍又緊接著撲向南安郡。

夏侯楙是夏侯淵之子，由於夏侯淵被黃忠斬殺，曹操可憐他，便招他為駙馬，將自己的女兒清河公主許配給他；他雖然掌有兵權，但從來就不曾上過戰場。當初曹叡得知諸葛亮率三十萬大軍

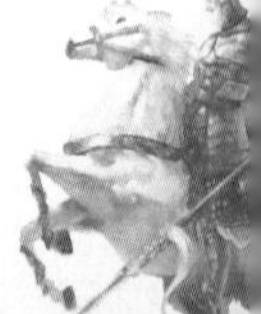

前來時，趕緊召開軍事會議，遍問百官說：「蜀軍來攻，有誰願意為先鋒大將鎮守長安，並擊退蜀兵？」

這時夏侯楙站出來應聲，自請出征；曹叡大喜，就要封夏侯楙為大都督前去應敵。

司徒王朗出班諫道：「夏侯駙馬素不曾經戰，今付以大任，可能不適合；更兼諸葛亮足智多謀，深通韜略，千萬不可輕敵。」

王朗的說法已經算是客氣的了，意思是：夏侯楙這個皇家駙馬，只是個不懂兵法的飯桶。

但是夏侯楙也不惦惦自己的斤兩，就馬上反駁王朗說：「司徒莫非是與諸葛亮有私通，作為他的內應？我自幼就隨著父親學習韜略，因此深通兵法，你該不會是欺我年紀輕吧？我這一次出戰，若是不生擒諸葛亮，誓不回來見天子！」

王朗氣得不願再說什麼，魏明帝曹叡於是封夏侯楙為大都督，調關西諸路軍馬二十餘萬，星夜趕至長安以敵諸葛亮。

蜀軍將南安郡圍得像鐵桶一般，滴水不漏。

夏侯楙自知南安孤城難保，不聽參軍程武「堅守以待援」的建議，連夜開城門，逃了。

諸葛亮取得南安、安定、天水這三郡之後，關中以西的大片土地都在蜀國的手上，接下來就可以直接揮軍長安了。諸葛亮的勝利，造成關中局勢緊張，逼得曹叡不得不重新啟用閒住在宛城的司馬懿，封他為平西都督，前赴長安抵禦外敵。

司馬懿尚未出兵之時，就聽到新城太守孟達意圖叛變的消息。

孟達原為蜀將，關羽兵敗那一年叛蜀投魏，投魏後深感不受重用，這次便想趁著諸葛亮北伐，想以駐守的新城為條件，再度歸蜀。

司馬懿知道這個消息後，欣喜若狂的說：「哈哈哈！這真是皇上齊天的洪福，諸葛亮兵出祁山，大敗我軍，殺得朝廷內外皆膽寒；幸好皇上早日用我，不然等孟達一反，兩京就危險了；我就出兵把孟達給擒住，先取了這大功。」

長子司馬師建議說：「父親可趕緊寫表申奏天子。」

司馬懿搖搖頭說：「若是等聖旨下來才出兵，這樣往返大概要一個月的時間，事情就來不及了！」司馬懿認為情勢非常急迫，決定不經朝廷批准就直接出兵鎮壓；於是命宛城兵馬即刻整裝起程，加快行軍速度往新城進發。

「一日要行兩日之路，如遲立斬！」司馬懿是這麼下令的。

反觀孟達，在獲報司馬懿有可能帶兵討伐自己時，不以為然的說：「宛城離洛城約八百里，至新城約一千二百里，若司馬懿要來攻我，須先奏明魏主，這樣一個來回也要個把月，那時候我就進軍洛陽了。」

孟達的想法是，宛城離新城的距離為一千二百里，而距洛陽雖僅八百里，但司馬懿若是要討伐自己，必須要上奏朝廷才能起兵，這一來一往的路程就已超過一千六百里。

八天，才八天的時間，司馬懿的兵就來到新城的城下。

孟達措手不及，根本來不及部署，僅十六天就被攻破了，落得身首異處的下場。

司馬懿斬了孟達之後，諸葛亮料定他下一步會來取街亭。

街亭，地處南安、天水、安定三郡的總路口，陽平關以東的咽喉地，是進出漢中的門戶；街亭

若失，成都運糧到前線的糧道就全斷了；而如果在前線的蜀軍又攻不進長安的話，蜀軍進退不得，反而被困在魏國境內，到時候就可能就會全軍覆滅。

「全軍覆滅！」這樣的結局讓諸葛亮心亂如麻。

「子龍在嗎？」諸葛亮想派一員大將去守街亭，他第一個想到的是趙雲。

「鎮東將軍已派往箕谷了。」隨軍長史楊儀恭敬的回答著。

「文長呢？」諸葛亮問起魏延。

丞相今天是怎麼了？這些人不都是他派出去的，怎麼就給忘記了呢？楊儀雖然心中疑惑，但還是躬身答說：「鎮北將軍正在圍攻秦川。」

「還有誰在？」諸葛亮眼神恍惚的問。

楊儀答說：「現在只剩一些參軍、長史之類的文官。」

諸葛亮倒吸了一口氣，汗水不覺的從額頭滴流下來，但他強自鎮定的問說：「有誰願意領兵去守街亭？」

眾人都知道此戰關係重大，沒有人敢答話。

「我去！」參軍馬謖離座，站在諸葛亮面前，自告奮勇的說：「我願意去守街

馬謖拒諫失街亭

亭！」

諸葛亮說：「街亭雖小，但卻十分重要。若是街亭有失，我八萬大軍就完了，你雖然深通謀略，但街亭既無城郭，又無險阻，守起來十分困難。」

馬謖信心滿滿地說：「我自幼熟讀兵書，頗知兵法，小小一個街亭豈不能守住？」

諸葛亮慌了，明知道馬謖絕不是司馬懿的對手，但他還是希望會有奇蹟出現。奇蹟？守街亭要奇蹟，攻長安要奇蹟，整個北伐大業，靠的竟然是不可預測的奇蹟；諸葛亮覺得有點累了，吃力的說：「就你去吧……」

馬謖於是立下軍令狀，領二萬五千精兵準備出發；諸葛亮又派王平為副將，與他共守街亭。馬謖與王平到達街亭勘查地形之後，來到一處位於山下的五路總口。王平指著路口說：「屬下認為應該要在這裡伐木為柵，就五路總口當道下寨，以阻敵軍。」

馬謖哼了一聲說：「當道豈是下寨的地方？此處側邊一山，四面皆不相連，且樹林極廣，此乃天賜之險；可以在山上屯軍。」

王平制止說：「屯兵當道，只要築起城垣，有一夫當關之勢；若是屯兵於山上，魏軍如果在山下四面包圍，蜀軍就全完了」。

「哈哈哈！」馬謖大笑說：「你這是婦人之見，兵法書上不是有說：憑高視下，勢如破竹。若是魏兵到來，我一定殺他個片甲不留。」

王平還是勸說：「我久隨丞相觀陣，所到之處，丞相都盡意教導；如今我觀察此山，乃是一個絕地；若是魏兵在山下截斷我們取水之道，我軍將會因為缺水而不戰自亂，請參軍三思。」

「你懂什麼？」馬謖聽完後不禁大怒，搬出兵法來教訓王平：「孫子兵法有說：『置之死地而後生。』若是魏軍截斷我們取水之道，我軍豈能不死戰？到時候便會以一當百，奮勇殺敵。我熟讀兵書，丞相凡事都還問計於我，你竟敢來教訓我？」

王平見勸阻不成，只好請令帶一隊軍馬在山下駐紮，以接應馬謖。

馬謖不耐煩的說：「去去去！到時候大敗魏軍，你不要跟我爭功就好。」

馬謖，一個飽讀兵書的人才，忘記他的任務是守街亭，而不是攻城掠地，既然是守，就要挑能夠以一擋百的地方來守，但他卻沒有選擇要處來守，反而空憑兵書上「置之死地而後生」的理論，將全軍帶往絕地。

第二天，司馬懿大軍來到街亭，把整座山都團團圍住，並派重兵在各水源處紮營把守，斷絕了蜀軍的取水之道。山上的蜀兵又餓又渴，馬謖雖然下令全軍衝鋒，但士兵們根本無心殺敵，奔下山只顧找水喝，因此不是被魏軍砍殺，就是跪地投降。而山下王平的五千軍士，根本抵擋不住魏將張郃大軍的猛攻，也沒有辦法突圍來幫助馬謖。

司馬懿更命人沿山放火，頓時之間四處火起，直迫山頂，使得蜀軍陣勢大亂，紛紛抱頭鼠竄，只顧著逃命，哪有餘力作戰？馬謖的二萬名兵馬就這樣整個瓦解掉了。

街亭，丟了。馬謖，逃了。諸葛亮，哭了。全軍大罵：馬謖無知！

「退兵吧……」諸葛亮掩面而泣。

諸葛亮的第一次北伐，沒有出現奇蹟……

第十二章 一世英名傳萬代

一

蜀漢建興七年（公元二二九年）十二月，成都很難得的下起細霜，雰雰的寒氣，也蓋不住整城的喜氣。要過年了，成都的百姓正在準備辭舊迎新，歡度年節；家家戶戶都繞著年事忙碌：買年貨、做新衣、辦年菜、準備敬神祭祖……。

平常百姓，一年當中難得吃到幾次肉，這次也趕著宰豬殺羊，包起餃子來，廚溢肉香的要忙上好幾天。男人揮著大汗在修修補補及粉刷牆壁，婦女則忙進忙出的打掃房屋，並把門窗上舊的紙版撕下，糊上新的紙版；年輕閨女的手巧，都集中站在家門前，以五顏六色的紙張，剪出一張張喜慶吉祥的窗花，然後將它黏到窗戶上去，增加熱鬧、節慶的味道；這時小孩子也跑過來湊熱鬧，撿著地上的紙張，折出一個個花花綠綠的風車，拿著在路上跑來跑去，風車便「啪啦啪啦」的轉著。

雷鳴的爆竹、火紅的春聯、甜膩的年糕、香郁的年酒，渲染出這個人人重視的年節氣氛。

冬天，大自然奉獻給人們的是朔風、霜雪，但卻擋不住人們對年節的喜悅；好像藉著過年，可以洗去一年來的勞苦與風塵，所有悲悲喜喜、苦苦甜甜的故事，全部都先沉澱下來。

而蜀國的皇宮裡更是萬分忙碌，正準備著除夕夜的煙火及皇帝的元旦大朝會。一個個身穿奇

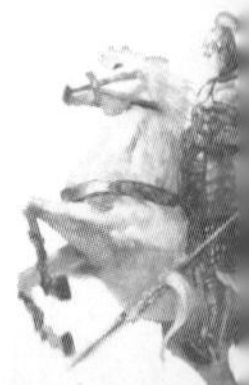

裝異服，手持各式各樣道具的人，被引進宮中，他們是要在除夕夜表演百戲給皇帝看的，有倒立、角抵、飛劍、跳丸、舞輪、走索、吞刀、舞盤、吐火、採高翹、轉石戲、舞龍戲、長袖舞、折腰舞……等等，相當五花八門。

此刻上自王侯、三公九卿，下至百石的小吏都趕赴到成都，要向皇帝賀年，街上早已車水馬龍，行人如織；或乘軒車，或騎駿馬，個個服飾鮮麗，峨冠博帶；而遠從南蠻來的使者腰繫金帶，身穿漢服，帶著一車車的特產貢品來到成都，向他們敬畏的天子朝賀。

丞相府內外，懸珠掛燈，佈置得一派輝煌，諸葛亮正坐在書桌前，提筆寫著奏表。

去年北伐失利後，諸葛亮引罪自咎，上表自貶三級，從丞相貶為右將軍，劉禪雖然批准了，但仍然讓他領丞相事，總督全國兵馬；因此他不得不再勞一次心，上表奏請第二次北伐。

> 先帝慮漢賊不兩立，王業不偏安，故託臣以討賊也。以先帝之明，量臣不才，固知臣伐賊，才弱敵彊也；然不伐賊，王業亦亡……

「唉……」諸葛亮寫到「王業亦亡」這幾個字時，不禁停筆嘆息著。

曹丕篡漢時，正是起正義之師北伐的好時機，不料關羽遇害，連帶失去了荊州；劉備舉起「祚漢室」的旗幟稱帝時，亦是伐魏的好時機，但卻錯伐了東吳，讓幾十年的努力付諸東流；曹丕去世，曹叡繼位，魏國內部動盪，也是圖謀中原的好時機，但馬謖卻失守街亭，讓大軍無功而返，連辛苦奪得的安定、天水和南安三郡，也雙手奉還給了魏國。

「先帝……你告訴我該怎麼做吧……」諸葛亮痛心的喊著。

「謀事在人，成事在天啊！」耳邊彷彿聽到劉備的喟嘆聲。

「不！我不甘心。」諸葛亮自言自語的說道：「蜀國還有我，還有趙雲、魏延這些人，我不相信北伐不成。」

諸葛亮咬著牙，繼續提筆寫道：

為坐而待亡，孰與伐之？是故託臣而弗疑也。臣受命之日，寢不安席，食不甘味，思惟北征，宜先入南；故五月渡瀘，深入不毛，并日而食，臣非不自惜也，顧王業不可偏安於蜀都，故冒危難，以奉先帝之遺意，而議者謂為非計。

這時夫人黃氏端著一碗粥走進來，將它放在桌上後，關心的問：「相公在忙什麼？」

「沒事，這是什麼？」諸葛亮指著桌上的粥。

「這是臘八粥啊，吃了可以提神活氣，妾身怕相公為國事太過勞累，特地煮來給相公吃的。」黃氏微笑著回答。

吃臘八粥是是當時臘月的一種習俗，取黃米、白米、小米、菱角米、栗子、桂圓、紅豆、棗泥八種材料，和水煮熟後，再撒上杏仁、花生、瓜子、桃仁、松子、紅糖以做點染，特色是八色八味，鮮豔味濃。

「多謝夫人了。」諸葛亮說完，便捧起碗來，勺了一口吃。

「味道怎麼樣？」黃氏柔和的問道。

「好吃極了。」諸葛亮忽然想到什麼，又接著問：「夫人說這粥可以提神活氣？」

「是啊，還可以驅寒去疾呢。」黃氏笑瞇瞇的說：「相公怕吃不夠啊？還有呢。」

「喔，不！」諸葛亮以瓷勺攪著臘八粥，看著碗裡的料說：「我是想說這粥既然可去疾活氣，應該拿一些送去給子龍吃。」

趙雲自從北伐回來後，健康狀況變得更差，有一次竟然在早朝上昏倒，劉禪特別詔命讓他回家休養，不必參與早朝。

「趙將軍的情況還好吧？」黃氏問。

「好好休養一陣子就沒事了吧，唉，我們都老囉。」諸葛亮半開玩笑的說。

「相公是暗示妾身也老了嗎？」黃氏呶著嘴說。

「呵呵，不老不老，夫人才不老。」諸葛亮連聲說著。

「快吃吧，妾身待會就送去給趙將軍。」黃氏心裡甜絲絲的說。

諸葛亮點了點頭，剛勺起一口粥放到嘴邊時，下人跑來報說：「趙統、趙廣兩位將軍求見。」

諸葛亮捧碗的手不禁顫抖起來，不會是趙雲有事吧？

趙統和趙廣兩人一進來，就跪在地上哭說：「父親……父親今早病逝了……」

「匡啷—」諸葛亮彷彿五雷轟頂，驚得拿不住碗，將碗掉落在地上，臘八粥灑了一地。

「怎麼會？怎麼會……」諸葛亮期期艾艾的自語著。

「父親臨終前……要我跟丞相說，給……給百姓一個安定的國家，嗚—」趙統邊哭邊說。

趙雲在北伐後，曾經感嘆的對他說，城池奪了又失，失了又奪，苦的是那些老百姓啊！沒想到他臨終前惦記的還是這件事。

「哇—」諸葛亮忍不住抱頭痛哭起來，呼號著說：「子龍啊！你為何如此早死，國家又損失一個棟樑啊！」

諸葛亮想起北伐失利退兵時，司馬懿親率大軍來追，它命趙雲斷後；趙雲不僅成功的掩護主力大軍平安撤退，更把司馬懿殺得躲在泥中，以泥土裹身才躲過一劫。

「常山趙子龍」這個名號，魏軍人人認識，威名早為天下所知，不知有多少大將死於他的槍下，他手中的那把精槍，人見人畏，避之唯恐不及，是他使敵人懼怕而不敢再追。

「斷我一臂，斷我一臂啊……」諸葛亮用力的擊著自己的右臂。

趙雲斷後，全軍不折損一人一騎，軍用物資也沒有任何損失，自己取金五十斤、絹一萬疋要犒賞他。他卻推辭說：「三軍無尺寸之功，子龍也有罪過；若是反而受賞，是丞相賞罰不明；請丞相將這些賞賜暫且寄在官庫，等到冬天再做成冬衣發給將士們吧。」

趙雲如此嚴以律己，寬待部下，讓自己讚賞的說：「先帝在世的時候，常稱讚子龍的品德，今日所見，果真如此。」

「子龍一生，光彩照人……」諸葛亮心如刀絞的說著。

大風起兮雲飛揚，威加海內兮歸故鄉，安得猛士兮守四方

諸葛亮哀聲的吟唱著當年劉邦的感嘆。

「從今以後，誰來為我守土安邦啊！」諸葛亮老淚縱橫了。

「走，我要去看看他。」諸葛亮搖晃的站起身來。

趙統和趙廣就扶著諸葛亮，往趙雲的將軍府走去。

諸葛亮一到，魏延和裴元紹已經在那裡了，樊氏則是跪在地上哭泣，看見諸葛亮來，趕緊叩首說：「勞駕丞相，妾身代子龍謝過……」

諸葛亮想要說些安慰的話，無奈喉嚨就像卡住了一樣，說不出一句話來，只是拉了拉趙統的衣袖。趙統會意過來，便走過去將樊氏扶了起來，與趙廣將他扶進內室去了。

諸葛亮走近床前，只見趙雲十分安詳的躺在床上。

諸葛亮的眼睛濕潤起來，模糊了，模糊到看不見趙雲昔日戰無不勝、攻無不克的模樣。

最後一個五虎將也去世了，何等令人傷痛啊。

關羽、張飛兩人，號稱是萬夫莫敵、英勇蓋世的人物，關羽殺顏良以報答曹操，張飛因義氣而釋放嚴顏，都表現了猛將的風範；但是，關羽性情剛烈而驕傲，張飛本性暴躁而少憐恤，性格上的缺失為他們惹來了禍害，這是命裡注定的呀！馬超勇猛，威震諸戎，卻因此使他的家族幾乎被誅滅，多可惜呀！黃忠老而彌堅，卻因一時之功，而斷送英魂，可嘆啊！只有趙雲，強壯威猛，智勇雙全，一生為國盡忠，立下無數汗馬功勞，卻從不爭功，帶頭衝鋒陷陣，卻從不莽撞；這才是自古以來，武將的完美典範啊！

「丞相，要小殮了。」裴元紹的話打斷諸葛亮的思緒。

人死後，替過世的人穿衣下棺叫「殮」，替屍體洗頭、洗身，並裹上衣衾叫「小殮」，裝棺叫「大殮」。這時走進兩個人要為趙雲更衣，而趙統和趙廣也從內室走了出來。

「我來吧。」諸葛亮身手接過衣衾說。

「丞相貴體，千萬不可……」趙統趕緊阻止。

「子龍與我一世故交，讓我送他最後一程吧。」諸葛亮忍著眼淚說。

「丞相大恩，父親九泉之下也能含笑了。」趙統和趙廣淚汪汪的跪了下去。

「丞相，也讓我一起做吧。」魏延哽咽著說。

諸葛亮看著他，這是他們第一次意見相同，便點了點頭。

「我也……」裴元紹哭著靠過來。

諸葛亮、魏延和裴元紹三人，扶起趙雲的屍體，緩緩的脫去他的衣服，只見他身上一道道的傷痕，靜靜的呈現在眼前，啊！這些都是為國家、為社稷，無怨無悔所付出的忠臣淚啊。

「趙大哥……」裴元紹激動的叫了一聲。

「子龍……」魏延也感動的啜泣著。

諸葛亮伸手撫摸著趙雲身上的傷痕，哀慟的說：「人臣以己之力，立宗廟定社稷為功；以己之德，立宗廟定社稷為勳；子龍是蜀國的大功臣啊！」

三人幫趙雲裹上衣衾後，諸葛亮站起來說：「去向陛下報喪吧。」

劉禪聽到趙雲過世的消息，搥胸頓足的哭說：「當年若不是子龍，朕就早死於亂軍之中了。」

便下詔將他葬於錦屏山，趙統繼承爵位，並加封為虎賁中郎將，趙廣則加封為牙門將。

昔日戰長坂，威風猶未減。

突陣顯英雄，被圍施勇敢。

鬼哭與神號，天驚並地慘。

常山趙子龍，一身都是膽。

世上萬物生生滅滅，來來去去，萌生的，短暫脆弱；逝去的，沉默不語。

只有趙雲的名字，像是永恆的光輝，讓人無限憑弔……

而趙雲平日所騎的白馬，似乎知道主人已經去世，幾日不食馬料而死。

二

蜀漢建興十二年（公元二三四年），諸葛亮第五次北伐，因積勞成疾，病逝於五丈原。

諸葛亮臨終前對姜維說：「我這一生，所遺憾的只有兩件事情，第一件事，是我錯用了馬謖，以致兵敗街亭，但這是無法挽回的事實了；第二件事，是我對不起子龍，他一生盡忠報國，我卻讓他帶著貶號死去，這一定可以挽回的，我死後，你上奏後主，務必要給他追諡啊。」

諸葛亮第一次北伐失利後，自貶三級，連帶隨同出征的將軍都受貶，趙雲由原來的鎮東將軍被貶為鎮軍將軍，因此他是帶著這個貶號死去的，連個封侯也沒有，讓人不勝唏噓。

後來諸葛亮因忙著準備北伐，所以一直沒替他處理這件事。

諸葛亮死的這一年，被曹丕貶為山陽公的漢獻帝也死了，三國歷史進入另外一個階段。

清晨，太陽緩慢的爬上天空，將金碧輝煌的琉璃瓦，照射得閃爍生光。寂靜的蜀國皇宮長廊上，從遠方那一端傳來「咚咚咚」的腳步聲。剛升遷為蜀國大將軍的姜維，顯得容光煥發、志得意滿，他正越過一座假山，躍上長廊，快步的向前走著。

「皇上呢？」姜維問一名經過的太監。

「正在擺宴呢！」那名太監指著長廊盡頭的後殿，恭恭敬敬的回答著。

「咚咚咚—」姜維三步併兩步，往後殿行去。

諸葛亮死後，遺命蔣琬為尚書令、大將軍，總理國政，後來蔣琬升遷大司馬後，姜維便升為衛將軍，與大將軍費禕共錄尚書事，管理蜀國的朝政和軍政；等到蔣琬和費禕死後，姜維順理成章的成為蜀國的大將軍，集大權於一身。姜維當上大將軍後，蜀國上下已經沒有人的權力高過他了，他要去實踐諸葛亮交代給他的遺命。

後殿是劉禪平日用膳的地方，一進入後殿，映入眼簾的是兩側八根蟠龍金漆柱，殿的正中間設有一張飾金雕龍寶座，寶座後面有六片連接的金黃大屏風，正上方浮雕著口銜寶珠的蟠龍藻井，配上周圍金龍飛鳳的井口圖案，與寶座上下輝映，顯得相當富麗堂皇。

此時劉禪就坐在寶座上，咧著嘴，開心的笑著，兩旁站著十幾名太監伺候著他。

寶座前，擺著三張描金花的方桌，上面盡是金盤、銀箸、玉碗、翡翠杯、瑪瑙勺。

太監正魚貫的從膳房端出一道道的美食菜餚，有蟠龍黃魚、葵花獻肉、包羅萬象、寒門造福、白銀如意、紅棉蝦團、湛香魚片、雪梅黃葵、龍抱鳳蛋、玉石青松、春暖秋光、龍鳳賞月、白雪胭片、風雪飄凌、寒地藏歸、雪度寒冬、象牙雞條……共四十八道菜。

劉禪在諸葛亮死後，不僅不精勵求治、奮發圖強，反而變得貪好酒色，並大興土木，大規模的開闢苑囿、土山及樓台，命俸祿二千石以下的官吏，都要親自進山督促伐木的工作，使得朝野相當失望；因為工程及勞役的費用十分浩大，劉禪就詔命地方官加緊課稅，百姓都深以為苦，劉禪又因寵信宦官黃皓，放任他專權亂政，結黨營私，搞得朝廷腐敗，百姓疲憊。所謂「入其朝，不聞直言；經其野，民有菜色。」

這擺宴的主意，一定又是黃皓想出來討好皇上的。剛踏入後殿大門的姜維，恨恨的想著。

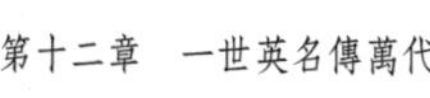

「大將軍有事嗎？」劉禪抬眼看見姜維，開口問道。

「啟稟陛下，臣有事上奏。」姜維叩首說道。

「有什麼事情等會再說，膳房御廚正在說故事呢。」劉禪手裡正拿著一粒圓鼓鼓的包子。

當年劉備帶著關羽、張飛兩次拜訪隱居在南陽隆中的諸葛亮，都不得見；第三次去的時候，書僮說先生正在睡覺，劉備聽了喜出望外的說：「那我等他睡醒好了。」

劉備三人足足在外等了一天沒有吃飯，諸葛亮感到劉備的誠意，便讓書僮把他們請進來；當時正值寒冬臘月，天降鵝毛大雪，諸葛亮早就準備好兩種點心給他們充飢。

劉備看著桌上擺著一乾一稀兩種點心，乾的以麵皮製成圓狀，內包肉丁、芝麻和大豆，稀的是混合著桂圓、荔枝、蜜棗、青梅的雜粥，劉備可能是餓過頭的關係，覺得兩樣都很好吃，乾的甜香不膩，稀的順滑適口，便問諸葛亮這兩樣點心叫什麼名字。

諸葛亮狡黠的笑說：「乾的叫『包羅萬象』，稀的就叫做……『閉門羹』。」

劉備意會過來，哈哈大笑。

後來劉備將「包羅萬象」改成「聚英包子」，「閉門羹」改成「聚樂元宵」，紀念他和諸葛亮的相遇，而兩道美食也成為蜀國宮廷中的必用的御膳。

「哈哈！好故事，那這個呢？」劉禪指著桌上的一盤黃花魚。

「陛下！」姜維按捺不住的叫了一聲。

「啊？大將軍不喜歡聽故事嗎？」劉禪傻頭傻腦的問道。

「臣有事稟奏。」姜維嚴厲的說著。

劉禪心想，難得擺宴聽故事，有什麼重大的事情，一定要現在稟奏的？放下包子，表情不悅的說：「奏吧。」

姜維奏說：「臣今日來，是遵奉丞相遺命，來為趙雲爭取追謚的。」

「為什麼要追謚他？」劉禪不解的問。

趙雲死了好幾年了，劉禪整日沉溺酒色，對於趙雲曾經救他的往事，早已淡忘了；對於趙雲為蜀國奮鬥至生命最後一刻的忠心，也已模糊了。

姜維板著臉說：「趙氏一門忠烈，但趙雲死時是帶著貶號的，這是丞相臨終前念念不忘的事，他一再要臣上奏陛下，務必追謚趙雲，請陛下成全丞相遺願。」

劉禪心想，追謚就追謚，不過是給他封個侯，恢復他原來的將軍職，這又什麼好如此慎重其事的，算了，趕緊答應他吧，我還有很多故事還沒聽呢。

劉禪於是故做大方的說：「好吧，朕就恢復趙雲鎮東將軍的職位，並謚他……謚它為……。」

「常勝侯！」姜維接口說。

「為什麼要謚為常勝侯？」劉禪反問道。

姜維眼裡充滿著敬佩的光芒，語氣堅定的說：「趙雲一生歷經七十餘戰，從未敗過，所以臣認

為應諡他為常勝侯。」

「就常勝侯好了，朕准奏了。」劉禪不耐的揮了揮手。

「陛下請三思，」這時站在旁邊黃皓附耳對劉禪說：「現在蜀國上下安定，邊境無戰事，如果諡趙雲為常勝侯，恐怕……這『常勝』兩字會刺激到魏國，倘若魏國一不高興，起兵來討，兩國又要開戰了，到時候陛下就沒有這麼安樂的日子過了。」

黃皓這一類小人，腦無戰略，胸無宏圖，對國家毫無幫助，但要陰謀、搞破壞的本領倒是一流；為了在劉禪面前表現自己為國盡忠的態度，便來胡言亂語。而這劉禪也很昏庸，聽到黃皓這麼說，不禁心虛膽怯起來，如果惱怒了魏國，他們真的來攻蜀國，自己哪能抵擋得住啊？

劉禪看著站在階下的姜維，面露難色的說：「關於這個諡號，朕還是再想想好了。」

「陛下……」姜維見黃皓對劉禪咬耳朵，雖然不知道他說什麼，但看到劉禪的態度前後不一，肯定是進讒言，於是急得大叫。

「不得無禮！」黃皓見劉禪聽從自己的建言，自認陛下看重自己，便狐假虎威的對著姜維喊。

「你是什麼東西！」姜維氣得破口大罵。

黃皓露出一付勝利者的奸笑，斜眼看著姜維。

「閹逆！」姜維指著黃皓咆哮。

「好了，大將軍先下去吧，朕會頒詔書的。」劉禪以安撫的語氣下著逐客令。

姜維怒沖沖的拂衣而去。

「陛下，你看看姜維是什麼態度，根本不把陛下放在眼裡。」黃皓挑撥著說。

「不管他了，繼續說故事吧。」劉禪的臉又綻出笑容，指著膳房御廚說。

兩天後，詔書下來了，謚趙雲為「順平侯」。

詔書上是這麼寫的：柔賢慈惠為順，執事有班為平。

謚號是對國家有功臣子死後的一種稱號，通常是根據他們生平事跡而加給的。謚趙雲為順平侯，一點道理也沒有。姜維看了不禁垂淚，對著趙統和趙廣說：「我對不起趙將軍，沒為他爭取到好的侯位。」

趙統淡淡的說：「大將軍的心意，我兩兄弟銘感五內，能爭取到封侯，也沒什麼好遺憾了。」

「忠臣命，不值錢啊……」姜維痛心的說。

三

蜀漢炎興元年（公元二六三年），魏國起兵，大舉進攻蜀國，魏國執政司馬昭派鎮西將軍鍾會率兵十萬人，從子午谷奔赴漢中，長驅直入蜀漢的腹地；又派征西將軍鄧艾率領精兵三萬人，浩浩蕩蕩從狄道奔赴沓中，牽制姜維；再派雍州刺史諸葛緒率領三萬名士兵奔赴武街一地，以斷絕姜維的後路。魏軍進攻初期，蜀軍根本無從抵抗，連連丟城失池；鍾會大軍以迅雷不及掩耳之勢，迅速取得蜀境內的陽安、南鄭、漢城等郡，並趁勢取入漢中，鍾會取得漢中之後，下一步就是奪取劍閣了。

劍閣古稱「劍門天下險」，崖峰相連，有如刀劍；由於劍閣是進入成都的門戶，戰略地位相當重要，因此駐守在沓中的姜維，便帶著趙統和趙廣，迅速趕赴劍閣，與張翼、董厥大軍會合，牢牢的把守著劍閣險要，關住入蜀的大門。

鍾會傻了，他想不到姜維能夠這麼快就回防，讓他的大軍難以再往前推進一步。如果久攻劍閣不下，時間一長，將會兵疲糧盡，到時後只好撤軍回魏了。眼看滅蜀的計畫就要泡湯了。

此時鄧艾提出一個出奇制勝的計畫，他上書朝廷：「如今敵人敗退，我們應該要乘勝追擊；請陛下同意我率軍從陰平抄小路，經德陽亭直取涪城，此地在劍閣以西一百里，離成都只有三百多里了；只要逼近成都，劍閣的守軍必定回救涪城，那鍾會將軍的大軍就可長驅直入；若是劍閣守軍不來救涪城，我軍也可以攻下涪城，然後直取成都。」

朝廷方面雖然覺得此計非常冒險，但總也是個辦法，於是就答應鄧艾的出兵請求。

於是鄧艾命他的兒子鄧忠帶著五千名穿甲精兵，各持斧鑿器具，當開路先鋒；自己則率領三萬名士兵在後，一路上開路造橋，鑿山行軍，從陰平渡險。

由於陰平小道山高水深，人煙罕至，相當的險峻，兵馬十分難行，而此時帶來的乾糧也快吃完了，鄧艾的處境可說是十分艱苦。

當大軍行至一處無路可行的摩天嶺前，鄧忠與其他的開路士兵都坐在地上哭泣，鄧艾趕到後，不禁勃然大怒說：「你們不往前走，竟敢坐在這裡哭泣？」

鄧忠拭著眼淚回答說：「此嶺的西背皆是峻壁巔崖，無法開鑿，想到我們一路上的辛苦，都將前功盡棄，因此才坐在這裡哭泣。」

鄧艾怒斥道：「我們行軍到此地，已走了七百多里，過了這座摩天嶺就是涪城了，怎麼可以就這樣無功而返？」於是轉身對眾將士說：「不入虎穴，焉得虎子？我與你們今天來到此地，他日若是成功，我將與大家共享富貴！」

眾將士聽得熱血沸騰，高舉著雙手，齊聲喊道：「願聽從將軍之命，與敵決一死戰。」

鄧艾身先士卒，用毛毯裹住身體，率先從山上滾下去，鄧艾的作為激勵了麾下將士，於是個個奮勇爭先，陸陸續續的滾了下去，在經過二十多天的艱苦跋涉後，終於繞過劍閣天險，直搗涪城。鄧艾攻下涪城後，又在綿竹大敗諸葛亮之子諸葛瞻，大軍便指向蜀國的心臟—成都。

當成都眾人看到突如其來的魏軍時，頓時亂成一團，後主劉禪也嚇得驚慌失措，顫聲問黃皓說：「你不是說魏國不會打來嗎？現在怎麼辦？」

魏國剛起兵時，黃皓請來幾名裝神扮鬼的巫師，在成都城門上大做法事，然後告訴劉禪說，這樣敵軍就不會來攻成都了，而劉禪竟然也信了。

「這……這……」黃皓冷汗直冒的說：「不如去投奔吳國，吳國與我國有盟約，應該會接納我們的，到時候再聯合他們，收復蜀地。」

劉禪也慌了，顧不得一國之君的身份，訥訥連聲的說：「好辦法，好辦法。」

這時太史譙周上奏說：「自古以來，沒有寄居在別人的國家還能做天子的事，今天如果投附吳國，必然只有臣服一條路；魏國比吳國強盛，併吞吳國是早晚的事，因此臣認為與其向小國稱臣，為什麼不投降大國呢？如果投降吳國，到時候魏國攻滅吳國，那不是還要再投降一次？要受兩次羞辱，不如只受一次羞辱，請陛下明察。」

劉禪擔憂的問說：「可是現在鄧艾兵臨城下，會接受我們的投降嗎？」

譙周奏說：「目前吳國尚未投降，他們要拿我們做個招降的模式，所以肯定會接受的。」接著又拍著胸脯說：「若是鄧艾不願意接受，臣願意親自上洛陽，與他們爭辯到底。」

黃皓聽譙周這麼一分析，好像有點道理，便見風轉舵的說：「太史說得有道理。」

劉禪，這個當了四十年太平皇帝的昏君，在危難時，身邊竟然只剩一些只求自保的佞臣，這或許是報應吧。

劉禪最後派譙周捧著玉璽向鄧艾投降，接著又率太子、諸王以及群臣六十餘人，縛手於後，拉著棺木走到軍營前迎接鄧艾大軍；又派遣太僕蔣顯到劍閣去，命令姜維向鍾會投降。

劉禪第五個兒子，北地王劉諶不願投降，於是先殺了妻子兒女，然後自殺身亡。

蜀國長達四十二年的政權，滅亡了。

四

黑夜像一片帷幕，也不管大地願不願意，很霸道的將它給掩蓋住。忽地驚動起樹上一隻白頭的烏鴉，振翅飛起來，停到城樓上嘎嘎的啼叫著，好像在埋怨這漫漫的長夜。

姜維孤軍死守在劍閣山城已經五個月了，糧食都吃盡了，士兵剛開始吃著馬料，馬料吃完，就刮樹皮啃，樹皮啃光了，就只好殺馬來吃了。

這座山城只是築在山邊的小城，是用來防守敵軍的，城內沒有任何一個百姓，離最近的城池也有好幾百里之遙，而這幾百里，都讓魏兵給占領，姜維的三萬大軍，真的是孤軍了。

夜涼如水，姜維的心卻比冰還寒。他站在城上，望著被深夜包圍的群山，感覺就像是一頭頭的猛獸，準備來吞噬他。

「再撐一陣子，只要再撐一陣子，魏軍也會因為糧盡而退兵的。」姜維喃喃的說。

「嘎—嘎—」城樓上的烏鴉忽然啼著難聽的叫聲。

不祥的預兆！姜維的心緊揪了一下，蜀國自從丞相死後，自己師法丞相，竭盡才智和心力，去實現保衛國家和復興漢室的大志，但為何蜀國的國力卻愈來愈弱呢？

「後主無能？」姜維腦中閃過這樣的念頭。

「不！我怎麼能這麼想。」姜維搖晃著頭，好像要把腦中的那隻烏鴉趕走一樣。

「好重啊……」蜀國興亡的責任緊緊的壓在他身上，讓他不自覺的伸手拍了拍肩膀。

姜維的手，就這樣停在肩膀上，放不下來了。

因為他看到一幅驚心動魄的景象。

八萬名精銳魏兵向山城發動夜襲了。隨著戰鼓聲、馬嘯聲和喊殺聲傳來，城的四周湧現出無數個魏兵，黑壓壓的一片，分不清那裡是地，那些是兵了。

「咚－咚－咚－」

負責警戒的衛兵，急速的敲著銅鑼，並且大喊：「敵人來啦——」

城內頓時陷入一片混亂，到處都是嘈雜的叫喊聲和吆喝聲。

城外火光衝天，映紅了這座山城，讓它孤零零的顫抖著……

姜維臉上毫無表情，直挺挺站著，冷然的看著城下的魏兵。他，要做蜀國最後的巨人。

鍾會率領魏軍佯攻西門和南門，等蜀軍調到西門和南門防守時，便強力進攻北門。南門由姜維負責防守，東門和西門他則交給趙統和趙廣，而鍾會似乎已抓準他們的弱點：北門無大將把守。

魏兵冒著城上狂射下來的箭矢，瘋狂的往前衝，很快的就抵達城牆之下。然後豎起數十具攻城的雲梯，數百名的魏兵就爭先恐後的攀爬上來。蜀軍雖然不停的往下投擲巨檑和滾石，還是擋不住

他們的攻勢；城頭上已經冒出魏兵，兩軍就在城上混戰廝殺著。

「固守北門！」姜維嘶吼著。

趙廣由東門帶著幾百名士兵衝到北門，與魏兵浴血奮戰著。那是真正的近身肉搏戰，沒有技巧，沒有幸運，有的只是一具具應聲倒下的屍體。人在某些時刻，為了保命，必須化身為野獸；此時的趙廣，只能憑著體內的獸性，將他面前的魏兵，一個接一個的撲倒。

「倒下！倒下！倒下！」趙廣邊砍邊喊著，他相信命運掌握在自己手中，或者應該是說，掌握在手中那把刀上。

戰爭，使弱者變強，也使強者更猛。

北門守住了。但趙廣因身中多刀而血流不止，趙統哭喊著衝過去，奮力撕開衣袖，緊緊的壓住趙廣的傷口，然而鮮血還是汩汩的向外噴出。

「廣弟千萬要振作，別死啊……」趙統哽咽的喊。

趙廣的眼神卻愈來愈黯淡，在長長的呼了一口氣之後，便壯烈的犧牲了。

「嗚啊——」趙統抱著趙廣的屍體慘叫一聲，悲痛萬分的仰天呼嘯著。復仇的火，在他心中熊熊的燃燒著，趙統提著槍衝下城

去。又是一頭猛獸！一頭充滿怒火的猛獸！

趙統策馬殺出城去，高喊著：「全部都過來吧！」

魏兵仗著人多，全部都圍過來，瞬間萬箭齊發，千刀亂砍，目標都在趙統身上。

趙統在敵陣中衝殺一圈之後，左臂和大腿都陸續中箭，但他仍揮刀拚命砍殺。

砍一個，還趙廣一滴血；砍兩個，還趙廣一塊肉；砍十個……

「我砍光你們，還我廣弟的命來……」趙統用盡全身的力氣嘶喊著。

城裡的蜀兵看了，士氣大振，姜維命令他們殺出城去，殺得魏軍人仰馬翻，終於暫時遏止了魏軍的攻勢。魏軍退去了，但此時城內的蜀兵個個已是披頭散髮，滿身血污，衣甲不整的癱軟在地。

「明天呢？明天怎麼辦？」姜維不安的想著，一夜的鏖戰，竟讓他看起來憔悴了許多。

這時一名士兵跑過來報說：「太僕蔣顯來了。」

「快請！」姜維眼角露出一絲欣喜的說。

蔣顯一上城來，姜維就握著他的手說：「怎麼這麼遲才來？是不是成都要派兵來支援？」

蔣顯低著頭，愧然的說：「有密詔。」

「我們進去說吧。」姜維聽說是密詔，趕緊領著蔣顯進入廳內。

趙統雖然殺退敵兵，但還沒從悲傷的情緒中恢復過來，頹然的坐在地上，握著趙廣冰冷的手掉淚。身邊的士兵也都茫然的坐著，沒有人開口說話。過了好一會，有個士兵忽然哭起來，啞聲的說：「我們還回得去嗎？」

悲傷的情緒就像瘟疫般蔓延開來，四周紛紛響起啜泣聲。趙統怕這樣下去會影響士氣，便霍地

站起身來喊說：「大家不必擔心，不守此城，我們可以南去建寧，那裡地廣山險，還可以堅持一段時間的。」

「來不及了………」姜維忽然出現在大家面前，眼角噙著淚水說：「成都已經失守了，皇上……皇上派太僕來命我們全軍向鍾會投降。」

恍如一聲巨雷，打在每個人的頭上。

在場的人個個氣憤填膺，有的拔刀砍石，有的仰天嘆息，有的坐地痛哭，有的舉頭撞牆。

「為什麼？為什麼？」這是他們心中唯一的疑問。

他們死守這座山城，犧牲了多少兄弟，為的就是替蜀國盡忠，想不到他們的皇帝，昏聵的蜀後主，就這樣把他們給拋棄了………

大家沉默了一陣之後，趙統率先發話說：「我們殺出去！」

「唉……」姜維搖搖頭說：「國家都滅亡了，我們還有存在的意義嗎？」

「今晚大家好好休息，明天，出城投降去吧！」姜維說完，踏著沉重的步伐走了。

當天晚上，沒有幾個人睡得著。趙統便是其中一人。他坐在營火旁邊，沉重的心靈，是一種迷惘、惆悵和感慨。若是父親在世，一定不容許蜀國投降的。若是父親在世，蜀國怎麼會亡？

趙廣死了，皇上投降了，再也沒有敵人了。

降敵！他不想走上這一條路，但目前彷彿只有這一條路擺在他眼前，讓他沒有選擇的餘地。

火光，炖炖的映在他的臉上，趙統看著營火的明滅，忽然悟出一個道理：路，不是只有一條。

在這感傷的夜晚，趙統背起趙廣的屍體，悄悄的走出城去………

尾聲

一

趙統說完後，眼框濕潤著。

趙平問說：「爺爺你怎麼哭了呀？」

趙統伸手拭去眼淚，淡淡的說：「爺爺沒哭，眼淚早在那個時候就已流乾了……」

「我長大也要帶兵去打仗，像曾祖父那麼了不起。」趙平童聲童氣的說著。

趙統笑著說：「國家已經被晉統一了，還打什麼仗啊？」

「呀，不能打仗啊？」趙平有點失望的說。

「那我以後也要像曾祖父一樣封侯！」趙平又興奮的大聲說著。

「乖孫，你知道爺爺為什麼將你的名字取為趙平？」趙統語氣慈愛的問。

趙平的頭搖得像波浪鼓一樣。

「爺爺希望你好好唸書，做個平凡人就好了，平凡，是最幸福的啊。」趙統似有感慨的說著。

「嗯！」趙統的這一番話，趙平聽不懂，他只聽懂要他好好唸書，便張著嘴笑說：「我聽爺爺的話，好好唸書，將來做大官。」

趙統捏著趙平紅噗噗的臉頰，笑說：「等你做了大官啊，就不要爺爺囉。」

「我才不會呢！我對爺爺也很忠心啊。」趙平嘟著嘴巴說。

趙統聽了後，轉頭面對趙雲的墓丘，百感交集的說：「姜大將軍說過，忠臣命，不值錢，現在我只想當個平凡的老百姓，父親，你會原諒我吧？」

他的心中就像在湖面打著水漂兒，起了一陣漣漪激盪後，逐漸歸於平淡……

二

白雲環繞的山峰，綿亙十幾里，每一峰都像是一座的羅漢像，渾然天成，並列而立。皚皚白雪的山頭，在陽光的照射下，耀目生輝。山下奇花異卉，紅紫交織，微風吹過，便擺動出嬌媚動人的姿態。點蒼積雪，洱海映月，這裡是雲南大理。由於這裡盛產大理石，家家戶戶的門前都堆著各色的大理石，松青、粉紅、翠綠、蔚白……琳瑯滿目。

當年趙統離開劍閣山城後，就隻身來到這裡，娶妻生子。他來到大理後，便以雕刻大理石碑為業。曾經拿槍的手，現在拿著刻刀，或許這就是天下太平吧。

老伴早在幾年前就去世了，唯一的兒子和媳婦，去山上採大理石時，摔死了，現在只剩下一個孫子趙平陪伴他。

趙統從成都回來後，打算挑一塊質地好的大理石，為父親打造一面新的墓碑。

明年去成都時，再給他送去。

上面就刻著「常勝侯」吧！

國家圖書館出版品預行編目資料

三國演義之鐵膽英雄：趙子龍 / 戴宗立 著—三版.

-- 臺北市 :廣達文化，2012.04

; 公分. - (三國文學館:3)（文經閣）

ISBN 978-957-713-495-0 (平裝)

1.（三國）趙子龍　2.傳記

782.82　　101004119

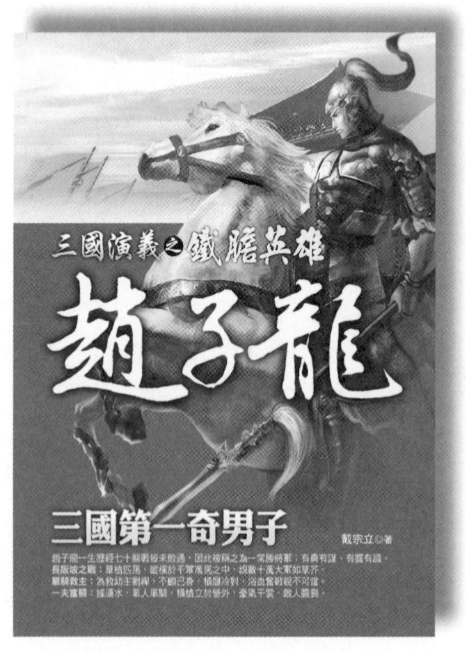

書山有路勤為徑
學海無涯苦作舟

三國演義之鐵膽英雄 趙子龍

作　者：戴宗立 著
叢書別：**三國文學館**：03
出版者：廣達文化事業有限公司

書系：文經閣
Quanta Association Cultural Enterprises Co. Ltd
編輯執行總監：秦漢唐

發行所：臺北市信義區中坡南路 287 號 5 樓
通訊：台北郵政信箱 51-83 號
電話：27283588　傳真：27264126
劃撥帳號：19805171
戶名：廣達文化事業有限公司
E-mail：siraviko@seed.net.tw
www.quantabooks.com.tw

製　版：卡樂製版有限公司
印　刷：大裕印刷排版公司
裝　訂：秉成裝訂有限公司

代理行銷：創智文化有限公司
23674 新北市土城區忠承路 89 號 6 樓
電話：02-2268-3489　傳真：02-2269-6560

CVS 代理：美璟文化有限公司
電話：02-27239968　傳真：27239668

三版一刷：2012 年 4 月
定 價：260 元

書山有路勤為徑．學海無涯苦作舟